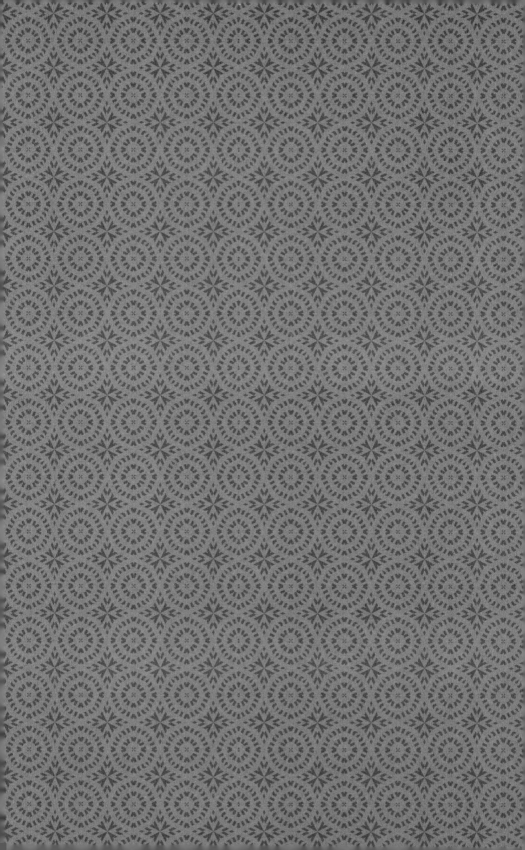

고대부터 현대까지
교양으로 읽는 건축 양식의 역사

Period Style

고대부터 현대까지 교양으로 읽는 건축 양식의 역사

건축의 형태는 시대를 반영한다

초판 1쇄 발행 2024년 2월 29일

지은이 양용기
펴낸이 장미옥

편집 정미현, 박민정
마케팅 김주희

펴낸곳 크레파스북
출판등록 2017년 8월 23일 제2017-000292호
주소 서울시 마포구 성지길 25-11 오구빌딩 3층
전화 02-701-0633   **이메일** creb@bcrepas.com
인스타그램 www.instagram.com/crepas_book
페이스북 www.facebook.com/crepasbook
네이버포스트 post.naver.com/crepas_book

ISBN 979-11-89586-73-7 (03900)
정가 22,000원

건축의 형태는
시대를 반영한다

양용기 지음

크레파스북

목차

고대의 서막이 열리다

중세, 비잔틴 문화가 시작되다

르네상스, 근세의 출발선에 서다

건축의 형태는 시대를 반영한다

근대, 제2의 건축 형태가 시작되다

현대, 새로운 시대를 기대하다

건축에는
두 가지 형태만
있다

우리가 외국인을 만났을 때 그가 어느 나라 사람인지 정확히 알지 못해도 동양사람인지 서양사람인지 정도는 가려낼 수 있다. 그 기준이 무엇이지 설명하기는 어려워도 분명히 기준이 있을 것이다. 건축도 마찬가지이다. 건축물을 보고 어느 시대 형식을 따른 건물인지 판단하는 기준만 알면 건축물을 보는 재미가 있을 것이다. 그 이상의 정보를 얻고 싶다면 책이나 자료를 찾아가며 공부하면 된다. 그러나 중요한 것은 그 분야에 대한 지식을 쌓는 것보다 먼저 흥미를 갖는 것이다. 이 흥미는 소소한 지식을 갖는 것부터 시작한다. 이 책은 건축물에 대한 흥미를 가질 수 있도록, 깊지는 않지만 어떤 건축물이 어느 시대의 양식을 담은 건물인지 이해하는 데 보탬이 되고자 한다.

Sie sind wunderbar!

이 문장은 독일어다. 아는 사람도 많겠지만 일반적으로 영어보다는 모르는 사람이 더 많을 것이다. 하지만 진짜 독일어를 몰라서 모르는 것일까? 사실 이것이 어느 나라의 언어인지 몰라서 모르는 것이 아니다. 어느 나라의 언어라는 것이 중요한 것이 아니라 이 문장 안에 있는 세 개의 단어를 알지 못하기 때문이다. 전체를 이루고 있는 요소들에 대한 정보를 모르는 것일 뿐이다. 즉 문장의 문법이 맞는지 그렇지 않은지, 단어를 모르는 경우에는 그다지 중요하지 않다. 단어에 대한 이해가 먼저라는 뜻이다.

You sind wunderbar!

이것은 세 개의 단어 중 앞의 한 단어 'Sie'를 'You'로 변경한 문장이다. You가 영어의 You인지 아니면 다른 언어의 You인지 정확하지는 않지만 일단 우리가 많이 알고 있는 영어의 You와 유사하다는 것을 인식할 수 있다. 약 30퍼센트의 사람은 이 문장의 의미를 인식할 수 있겠지만 아직 정확한 의미를 알아낼 자신은 없을지도 모른다.

You are wunderbar!

이번에는 세 개의 단어 중 두 개를 변경해 보았다. 세 개 중 두 개를 변경해 보니 왠지 영어에 가깝다는 것을 알 수 있고 문장의 의미도 어느 정도 알 수 있을 것이다. wunderbar가 무슨 뜻인지는 몰라도 '당신은 wunderbar입니다'라는 것은 알아챌 수 있다. 이제 100퍼센트 중

60퍼센트가량을 이해할 수 있게 되었으므로 처음만큼 답답하지는 않을 것이다.

You are wonderful!

단어 세 개를 완전히 변경했더니 이제는 이것이 영어라는 것을 확실히 알았고 문장의 의미도 확실히 전달되었다. 이를 한국어로 '당신은 훌륭합니다!'라고 바꾸었더니 문장의 의미를 깨닫기 전에 감정의 전달이 더 빠르다.

아는 것만큼 보인다는 것을 말하려고 여기까지 온 것이다. 그리고 더 잘 알면 그 객관적인 내용뿐 아니라 그 안에 담긴 의미까지 전달된다는 것을 말하려고 한 것이다. '아는 것만큼 보인다.' 누구나 잘 알고 있는 말이지만 이를 실행으로 옮기는 사람들은 그렇게 많지 않다. 배우고자 하는 분야가 어려울지도 모른다는 선입감이 있을 수도 있고, 전문적인 입장에서 시도하려는 의도가 선뜻 시작하지 못하게 막기 때문이다. 하지만 알고 보면 하나도 어렵지 않다. 통 속에 담긴 물건을 꺼내려면 먼저 뚜껑을 어떻게 열어야 하는지 정확하게 파악하는 것이 중요하다. 뚜껑만 열면 물건을 꺼내는 것은 무척 쉬울 것이다. 그런데 안에 들어 있는 물건을 먼저 꺼내려고 하다 보면 뚜껑을 열지도 못하고 포기하는 경우가 많다. 뚜껑만 열면 물건을 꺼내지 않아도 그것이 무엇인지 알 수 있는 수준이 된다. 이 책이 바로 그 뚜껑을 역할을 해냈으면 하는 바람이다. 모든 작업을 설명하는 데는 그에 따른 용어를 아는 것이 먼저

다. 이 용어는 왜 이렇게 부르게 되었는지 궁금할 때가 있을 것이다. 사실 용어에 그 의미와 내용이 담겨 있다. 예를 들어 중세의 고딕에 대해 배우며 고딕 시대에 대한 설명을 다 들었지만 돌아서면 잊어버리는 경우가 많다. 이유는 바로 고딕이라는 이름의 내용을 이해하지 못하고 고딕에 대한 설명만 들었기 때문이다. 이는 뚜껑의 모양을 기억하지 못하고 그 내용만 봤기 때문에 뚜껑을 닫아 버리면 어느 통에 그 내용물이 들어 있는지 찾지 못하는 것과 같은 것이다. 내용은 2차적인 것이다. 먼저 뚜껑을 기억하고 왜 그 내용물을 그곳에 담아두었는지 이해한다면 굳이 내용을 기억하지 않아도 뚜껑만 열면 그 내용물이 보이는 것과 같은 이론이다. 즉 고딕의 이름에 관한 내용을 먼저 이해하고 내용을 들으면 이해하기 쉽다. 이름 속에 내용이 들어 있기 때문에 굳이 내용을 기억하지 않아도 이름만 이해하면 되는 것이다. 이 책에서는 건축을 설명하기 위해 하나의 틀을 사용하기로 했다. 그것은 바로 세계 연대표이다. 건축은 시대를 반영하기도 한다. 그래서 연대표를 이용해 세계사를 바탕으로 설명하고 거기에 맞추어 건축을 접목할 것이다. 그러나 세계사 또한 누구나 알 수 있는 기초적인 이야기들이다.

무엇이 건축을 어렵게 느끼게 하는지 생각해 보았다. 그 첫 번째가 '형태'에 관한 것이 아닐까 한다. 나는 이것이 건축으로 들어가는 뚜껑이라고 생각했다. 사실 뚜껑은 내용물보다 중요하지 않다. 그러나 뚜껑을 찾아야 내용물을 찾을 수 있듯 양식에 대한 지식이 있다면 건축에 더 가까이 가는 방법이라고 생각하기 때문이다.

이 책에서는 시대적 코드를 사용하여 왜 그 시대에 그러한 건축물들이 탄생하게 되었는지 아주 쉽고 간단하게 설명할 것이다. 최소한 어떤 건축물을 보면서 어느 시대 건축물인지 알게 되거나 집을 꾸미는 데 선택할 수 있는 최소한의 정보를 줄 수 있을 것이라고 생각한다. 우선 형태를 나누는 데 있어서 그 종류가 너무 많기 때문에 그 많은 양식의 숫자에서 이미 포기할 수도 있다. 그래서 이 책에서는 형태를 단순히 두 가지로 구분했다. 건축물의 형태는 크게 두 가지가 있다. 이는 사실이다. 단 두 가지만 기억하면 된다. 만약 믿을 수 없다면 추후에 스스로 깊게 공부해 두 가지가 아니라는 것을 증명하면 성공한 것이다.

이 두 가지의 기준은 바로 근대이다. 근대 이전의 형태를 제1의 형태, 그리고 근대 이후의 형태를 제2의 형태라고 구분했다. 이렇게 단 두 가지이다. 하지만 이 두 가지도 많다면 한 가지만 이해해도 된다. 다행히 단 두 가지이기 때문에 하나만 확실히 이해한다면 나머지는 다른 형태라고 생각하면 되는 것이다. 이 책에는 제1의 형태를 클래식한 형태, 제2의 형태를 모던한 형태라고 이름 붙였다. 근대를 기준으로 이렇게 두 개로 나눈 것은 근대 이전까지는 유사한 형태로 이어지다 근대 이후로 건축 형태가 전혀 다른 변화를 보여주었기 때문이다.

제1의 형태에는 고대, 중세 그리고 근세가 속해 있다. 그러나 여기에서도 고대만 잘 이해하면 된다. 중세와 근세는 고대의 형태에서 크게 벗어나지 않고 기본적인 형태의 틀이 지속적으로 이어오기 때문이다. 즉 중세와 근세는 고대의 신고전주의 같은 성격이다. 고대는 세 개의 형태, 중세도 세 개 그리고 근세는 다섯 개로 나누었다. 그런데 근대는 앞의 세 개의 기간을 합친 것보다 더 많은 종류의 형태가 등장한다. 여기에

건축의 형태는 시대를 반영한다

는 분명히 그 이유가 있을 것이다.

　고대, 중세, 근세 그리고 근대로 시기의 구분은 어느 날 갑자기 이루어진 것이 아니라 어떤 사건에 의해서 나뉘었을 것이다. 이 책에서는 그 사건을 살펴보고 그것이 시기별로 건축에 어떤 영향을 미쳤는지 설명하고자 한다. 건축의 형태는 그 시대를 반영하기 때문이다. 시대적으로 건축의 형태가 다르게 나타나는데 우리는 이를 양식이라고 한다. 이를 시대적 양식(Period Style)이라고 해야 좀 더 정확할 것이다. 이 책에서는 주로 현대에 영향을 주었고 지금도 주로 사용되는 것들을 소개했다. 그리고 각 시대의 이름에 관하여 설명했다.

　각 시대의 양식을 그렇게 부르는 데에는 분명 이유가 있으며 그 이름 안에 기본적인 내용이 들어 있기 때문이다. 내용은 잊어버리더라도 이름의 의미만이라도 기억한다면 이 책은 성공한 것이라고 생각한다. 책을 읽다가 이해하기 어려운 내용이 있다면 굳이 기억할 필요는 없다. 그러나 각 시대의 이름은 왜 그렇게 부르게 되었는지 이름의 의미라도 기억해주기를 바란다.

건축 형태의 변화는
집터의 변화에서부터 시작된다

ca. BC 200만년

> **구석기 시대**
> 무리사회 (Band)

ca. BC 1만년

> **신석기 시대**
> 부족사회 (Tribe)

> 수렵과 채집을 하며 유랑 생활

> 농업 시작. 정착 생활, 장례문화 등
> 공동체 문화 발생

- 동굴생활, 막집, 타원형 집터
- 가운데 화덕, 아치 형태

- 원형 집터, 웅덩이가 있는 움집(수혈식 구조)
- 주로 강가에서 발견
- 수혈식 구조는 여름에는 시원하고 겨울에는 따뜻하나
  바닥을 파야 하고 낮이 어둡다는 단점이 공존

건축의 형태는 시대를 반영한다

선사시대

ca. BC 1,000년

청동기 시대
군장사회(Chiefdom)

ca. BC 800년

철기 시대
초기연맹왕국(국가)

최초의 금속 시대, 권력 집단 발생,
인류의 초기 문명 출현(문자)

초기 운석 등에서 발견된
철 이용

- 사각형 집터, 다양한 기둥 움집(일반)
- 다양한 수혈식 구조의 등장(바닥에 짚이나 풀)
- 집단 생활, 고인돌의 등장

- 초기 고대국가, 장방형 평면
- 수혈식 구조의 지상화(온돌의 발달)
- 풍부한 땔감(난방 해결)
- 사냥 기술의 발달(의복의 발달)
- 벽체의 발달(공간 분리로 사각형 집 등장)

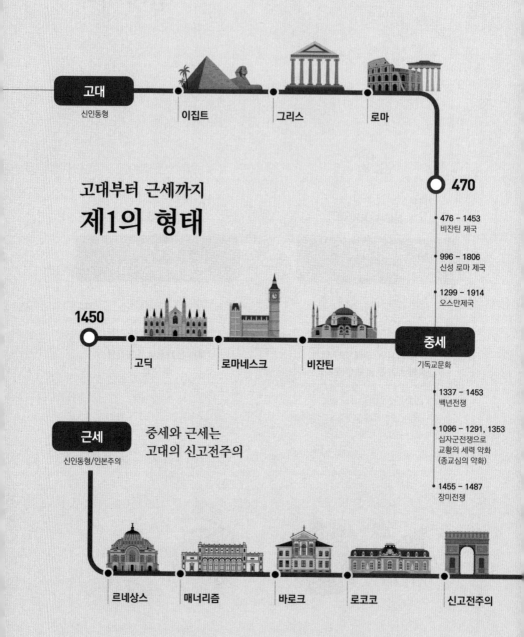

고대
신인동형

이집트

그리스

로마

470

476 – 1453
비잔틴 제국

996 – 1806
신성 로마 제국

1299 – 1914
오스만제국

고대부터 근세까지
제1의 형태

1450

고딕

로마네스크

비잔틴

중세
기독교문화

1337 – 1453
백년전쟁

1096 – 1291, 1353
십자군전쟁으로
교황의 세력 약화
(종교심의 약화)

1455 – 1487
장미전쟁

근세
신인동형/인본주의

중세와 근세는
고대의 신고전주의

르네상스

매너리즘

바로크

로코코

신고전주의

건축의 형태는 시대를 반영한다

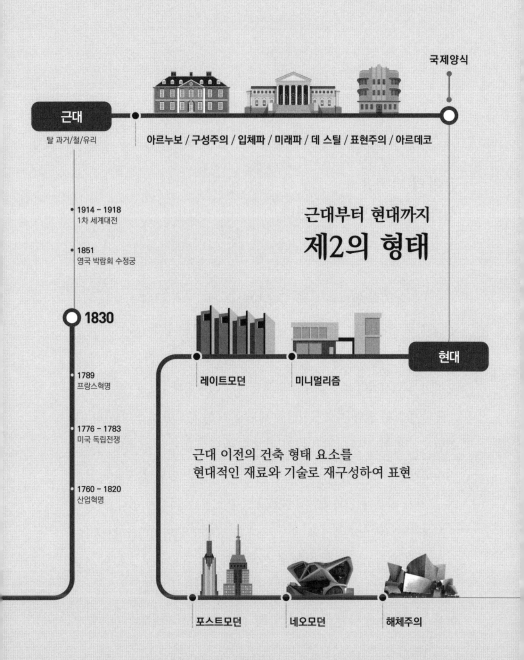

국제양식

근대

탈 과거/철/유리

아르누보 / 구성주의 / 입체파 / 미래파 / 데 스틸 / 표현주의 / 아르데코

- 1914 – 1918
  1차 세계대전

- 1851
  영국 박람회 수정궁

근대부터 현대까지
제2의 형태

1830

- 1789
  프랑스혁명

레이트모던

미니멀리즘

현대

- 1776 – 1783
  미국 독립전쟁

근대 이전의 건축 형태 요소를
현대적인 재료와 기술로 재구성하여 표현

- 1760 – 1820
  산업혁명

포스트모던

네오모던

해체주의

문자의 기록은
형태의 기록으로 이어졌다

  인간은 문자의 발달과 함께 지적 발달을 꾀하면서 삶에 필요한 체계를 문서로 작성하기 시작한다. 국가가 지금과 같은 형태보다는 부족국가 또는 도시국가 형태로 발달하고 집권체제와 권력이라는 개념이 등장하면서 원시적이지만 법률이 만들어지기 시작한다.

  특히 종교의 발달은 도시권력을 하나로 묶는 중요한 요소가 된다. 그러면서 다양한 부족의 숫자만큼 종교도 발달하고 강한 부족의 종교는 지배국가의 우선순위에 놓이게 된다. 특히 그리스의 발달된 라틴 문화와 문자가 빠르게 전파되면서 지배적인 문화로 자리잡게 된다. 그러나 도시국가 중 로마의 성장과 확장은 다른 도시국가를 점령하면서 다양한 문화를 통합하는 역할을 하게 되고 특히 기독교의 전파는 다른 종교의 성장을 막는 데 중요한 역할을 하게 된다. 여기서 지배층의 라틴 문화는 피지배층의 학문과 정보전달에 장애가 되고 건축물은 종교로부터 디자인적인 형태 기능을 부여받아 사회에서 정보전달의 역할을 하게 된다.

건축물은 제1차적인 기능인 자연과 맹수로부터 보호하는 역할에 도시의 상징적인 역할을 하면서 이제 시각적인 기능으로 벽의 형태가 중요한 발달 요소로 등장하게 된다.

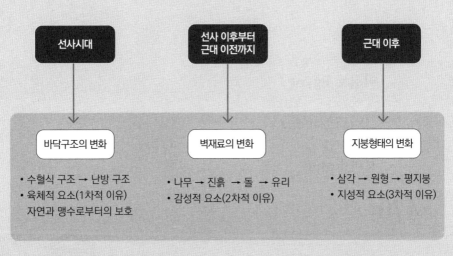

시대적 건축물의 변화와 건축물이 우리에게 필요한 이유

고대

| 이집트 Egypt
| 그리스 Greece
| 로마 Rome

470

#제1의 형태   #다신교 시대   #신인동형   #수평적 표현

#동로마와 서로마(395년)   #서로마의 멸망

고대의
서막이
열리다

고대의 시대적 배경이 된
'신인동형'

고대, 그리고 중세로 시대를 구분한 것은 르네상스이다. 당시 근세가 시작되는 르네상스는 자신들이 시대의 첨단이라고 생각해 이전 시대와 구분하기 위해 고대와 중세로 나눈 것이다. 그러나 여기에는 기준이 있었다. 그것은 바로 시대적 코드로 고대는 신인동형, 그리고 중세는 기독교라는 신분주의에 바탕을 두었다는 것이다. 즉 공통적인 시대적 코드가 있었기 때문이다.

신인동형 시대였던 고대에는 당시 왕이나 영웅은 마치 신과 같은 대우를 받았다. 즉 인간과 신을 동일시했다. 그리고 중세는 기독교 공인 후 발생했다는 특징 때문에 기독교라는 시대적 코드를 바탕으로 묶은 것이다. 제1의 형태에서는 고대가 가장 중요하다. 그다음 시대인 중세와 근세는 사실 완전히 새로운 것이 아니고 사실 건축물의 형태가 고대에서 출발하여 점차 변화한 것이기 때문이다. 그러므로 고대의 건축 형태적 요

건축의 형태는 시대를 반영한다

소를 잘 기억한다면 다음 시대의 건축물 형태는 아주 쉽게 이해할 수 있다.

단순과 복합의 반복, 부정적일까? 긍정적일까?

모데와 데모데 양식의 관계에서 미적 가치는 표면적 미적 가치와 근본적 미적 가치로 구분해 놓았다. 표면적 미적 가치는 그 시대에 등장하는 모든 미적 가치를 의미한다. 시대가 흐르면서 유행처럼 등장하는 모든 것들을 '모데'라고 지칭하는데, 이 중 유행의 성격을 띠는 것들은 시간이 흐르면서 사라지고 마지막까지 남아서 전해지는 것을 '양식'이라고 명명했다. 그러나 양식도 그 시대를 반영한 것이기 때문에 마치 우리의 한복과도 같이 여전히 사용하지만 시대에 따라 변화한다. 물론 한복의 기본적인 의미는 남게 된다. 이를 미적 기본 가치라고 한다. 즉 한복이 시대에 따라 변화하지만 한복처럼 보이려면 그 기본적인 형태는 남아 있어야 양복과 구분할 수 있는 것과 같다.

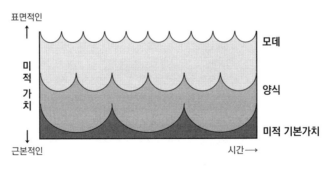

모데(데모데)와 양식의 관계

'양식 전개의 3단계 사이클'은 고대, 중세 그리고 근세를 통틀어 어떻게 형태의 내용들이 변해가고 있었는지 그 복잡성 또는 단순성의 흐름을 나타낸 것이다. 전체적으로 3단계를 거치는 것을 볼 수 있는데 1단계는 단순하지만 점차 형태가 복잡해져가는 것을 볼 수 있다. 그리고 시간이 흐르면서 계속 형태가 복잡해지는 것이 아니라 다시 단순해지는 단계로 접어들고 점차 복잡한 단계로 발전하는 반복 과정을 볼 수 있다. 이는 만족함을 모르는 인간의 부정적인 면모를 보이기도 하지만 끊임없이 변화를 추구하는 긍정적인 면모도 엿볼 수 있다. 근세 이후에는 근대가 시작된다. 그런데 이 '양식 전개의 3단계 사이클'에서 근대는 아직 등장하지 않는다. 근대는 제2의 형태다. 즉 제1의 형태는 근대의 등장으로 일단락되었기 때문에 이를 정의해 볼 수 있지만 여전히 근대는 진행형이다. 아마 근대도 단순성에서 복잡성으로 진행하다가 다시

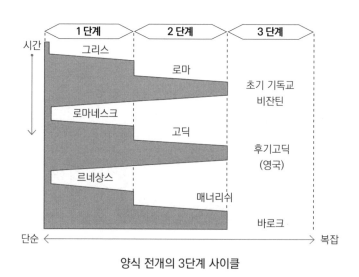

양식 전개의 3단계 사이클

건축의 형태는 시대를 반영한다

단순성으로 향해 가는 주기를 반복하지 않을까 한다.

연대표에서는 고대, 중세, 근세 그리고 근대로 구분되어 있다. 그리고 그 아래는 이집트에서 시작하여 근세는 신고전주의까지 나열된 것을 볼 수 있다. 우리는 이 시대적 이름을 양식이라고 부르기도 한다. 예를 들어 이집트 양식, 그리스 양식처럼 부르는 것이다. 이들은 현재도 존재하는 나라이기에 이와 연관되어 이해를 할 수 있지만 사실 그 뒤의 이름들을 기억하기란 쉽지 않다. 이 이름들은 분명히 이렇게 부르는 이유가 있다. 이름이 그렇게 불리게 된 이유를 먼저 알게 되면 그에 따른 내용을 이해하는 데 많은 도움이 될 것이라 생각했다. 예를 들어 비잔틴 부분에 있어서 왜 비잔틴이라고 이름을 붙였는지 이해한다면 그에 따른 내용을 파악하는 데 도움이 될 것이다. 건축에 대한 책이지만 건축은 시대를 반영하고 있다. 특히 근대 이전의 시대는 시대와 건축의 연관성을 알지 못하고서는 이해할 수 없다.

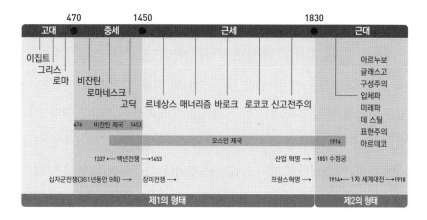

연대표

이집트의 피라미드는
왕의 무덤일까? 건축물일까?

이집트 하면 떠오르는 이미지는 무수히 많다. 이집트의 다양한 요소 중 건축물과 연관성이 있는 것을 꼽으라면 단연 피라미드일 것이다. 그렇다면 피라미드의 용도는 무엇일까? 왕의 무덤이다. 그렇다면 피라미드는 건축물일까? 여기서 우리가 다시 한 번 짚고 넘어가고 싶은 것은 건축물에 대한 정의이다.

개집은 건축물일까? 건축물의 정의는 무엇인가? 이를 설명하기 전 묻고 싶은 것이 있다. 방의 문은 큰가, 아니면 작은가? 아마도 이에 대한 답은 다양할 것이다. 어떤 사람은 크다고 말하고 어떤 사람은 작다고 대답할 것이다. 그렇다면 다시 한 번 묻고 싶다. 방문은 비행기가 들어오기에 어떤가? 그렇다면 작다고 대답할 것이다. 그렇다면 저 방문은 쥐가 들어 오기에 어떤 크기인가? 이번에는 크다고 말할 것이다. 동일한 크기이지만 어떤 기준을 적용하는가에 따라 답은 달라진다. 물론 방문은 사

건축의 형태는 시대를 반영한다

람의 크기를 기준으로 했기 때문에 그 크기를 갖고 있는 것이다. 여기서 말하고자 하는 것은 전문가는 적절한 기준이 주어지기까지 기다리거나 기준이 없으면 답을 결정하지 않는다는 것이다. 즉 지식을 쌓는다는 것은 곧 기준을 많이 갖는다는 것이다. 전문가는 자신의 생각으로 상황을 판단하지 않고 지식을 기준으로 판단한다.

그러면 개집은 건축물일까? 여기서 우리는 건축물이다, 아니다를 답하기 전에 건축물의 기준을 생각해 보아야 한다. 건축물의 기준은 공간이 인간을 위한 것인가 하는 것이다. 그렇다면 개집은 아무리 큰 공간을 갖고 있어도 건축물로 보아서는 안 된다. 입체적인 형태에서 건축물이 아니라면 조형물이다. 그 조형물이 내부에 공간을 갖고 있다면 그것은 건축물에 가깝지만 아직 완전한 건축물은 아니다. 그 공간이 인간을 위한 공간이어야 한다는 것이다. 그렇다면 버스 정류장은 건축물인가? 여기서 우리는 공간에 대한 기준을 다시 한 번 생각해 볼 수 있다. 공간이 되기 위한 기준은 무엇일까?

일상도 죽음도, 왕은 왕답게

공간을 형성하는 요소에는 바닥, 벽 그리고 지붕이 있어야 한다. 그렇다면 이 세 가지 요소가 모두 구성되어야 공간이라고 부를 수 있는 것일까? 그렇지 않다. 바닥만 있을 때 우리는 이를 공간으로 정의하기보다는 영역으로 여긴다. 벽도 마찬가지이다. 벽만 존재한다면 건축물의 공간을 갖고 있다고 말하지 않고 영역을 표시하는 요소로 간주한다. 그렇다면 지붕도 그럴까? 이 세 가지 요소 중 하나만 존재해야 한다면 공간으로 인정받는 요소는 바로 지붕이다. 항공사진에 어둡게 나타난 부분을 새로운 건축물로 보고 조사에 착수한다. 그래서 어떤 사람들은 건축물로 인정받지 않으려고 지붕을 가변형 구조로 시공하기도 한다. 즉 지붕이 고정 구조물로 지어졌을때 비로소 건축물로 간주된다는 것이다. 그래서 발코니(노대)가 1.5미터 이상 돌출되면 바닥 면적으로 산정되는 이유가 여기에 있다.

그렇다면 피라미드는 건축물인가? 피라미드는 왕의 무덤이다. 그래서 처음에는 건축물로 생각하지 않고 거대한 조형물로 간주했다. 인간을 위한 공간이 그 안에 존재하지 않는다고 판단했기 때문이다. 즉 피라미드는 건축물로 취급될 수 없었다는 것이다. 피라미드에 관한 이야기들은 아주 많다. 인터넷을 통해 피라미드에 관한 정보를 얼마든지 얻을 수 있는 시대다. 어느 왕조에 지어졌는지, 어떻게 정교한 삼각형 형태로 진행되었는지, 굴속에 있는 신전에 대한 이야기부터 이집트의 역사와 나일강에 얽힌 이야기까지 수없이 다양한 이야기들을 접할 수 있다.

고대의 시대적 상황을 이해하기 위해서는 당시의 종교관을 알면 큰 도움이 된다. 고대를 신인동형으로 시대적 코드를 묶은 이유도 종교와 관계가 깊기 때문이다. 이집트는 다양한 종교가 있었지만 특히 태양신 라(Ra)의 영향력이 가장 강력했다. 이들은 사후 세계를 믿었기에 미라를 필요로 했다. 그래서 그들에게 미라의 보존은 무엇보다 중요했다. 소똥에 알을 낳아서 부활한다는 쇠똥구리를 가슴에 붙여 놓은 것은 부활의 상징으로 이집트 영화에서는 오히려 살을 파먹는 공포의 상징으로 많이 등장한다. 이집트에서는 부활을 준비하는 단계로 미라를 만들었기에 미라를 보존하기 위해 무덤은 안전하게 보호되어야 했다. 미라는 부활의 뜻도 있지만 이집트인들에게 죽음은 여행이라는 의미도 담겨 있다.

왕은 왕답게 여행을 해야 했다. 왕에게는 수행원도 필요했고 그만큼의 여행경비도 있어야 했다. 이러한 연유로 피라미드 안에 사람을 위한 공간이 있음을 알게 되면서 피라미드가 건축물로 인정받게 되었다. 피라미드 내부에 관한 사실이 알려지면서 이는 도굴의 원인이 되기도 했다. 하지만 아무리 이러한 목적이 있었다고 해도 그 피라미드의 크기는 아직 미스터리이다. 이와 관련하여 피라미드 대부분이 기자(Giza)에 몰려 있는 이유를 살펴보려고 한다. 미라의 보관을 위한 공간을 비롯해 왕의 사후 여행을 위해 필요한 모든 인력과 금은보화를 보관하기 위한 공간임을 감안하더라도 피라미드의 크기는 과할 만큼 거대하다. 여기에는 분명 다른 목적이 있었을 것이다. 이를 알아보기 위하여 그들의 도시가 어떻게 구성되었는지부터 살펴보기로 한다.

이집트에게 나일강의 의미는 아주 중요하다. 나일강은 남에서 북으로 흐르고 있다. 일정 주기로 범람하는 까닭에 측량술 등 여러 기술이 발달했다고 하지만 어쨌든 이집트에게 나일강은 신성한 의미뿐 아니라 모든 행위의 중요한 요인으로 작용했다. 여기서 이집트의 도시 배치를 보면 나일강을 주축으로 한 자연적인 흐름을 이용하여 도시를 구성하고 있음을 알 수 있다. 도시의 배치나 형태의 구성은 단순히 물리적인 작업을 통해 이루어진 것이 아니라 감성적이고 이미지나 의미를 형태로 변환하는 작업이 더해진 것이다. 건축 형태는 그 나라의 언어로서 건축이란 상징적인 것을 형태로 변환하는 작업이기도 하다.

　나일강의 우측은 동쪽이다. 동쪽이라는 의미는 단순히 해가 뜨는 곳이라는 방향성만 있는 것이 아니다. 해가 뜬다는 것은 희망적이고 생명을 나타내며 긍정적인 의미를 부여할 수 있다. 이러한 형태 변환의 작업은 단순히 건축가에게만 있는 것이 아니라 모든 사람들의 감성에 작용한다. 이는 이집트인들에게도 마찬가지이다. 그래서 그들은 의도적으로 나일강의 동쪽에 마을을 형성한 것이다. 이와 반대로 서쪽은 해가 진다는 부정적이며 절망이자 죽음을 상징하는 의미를 적용했다. 그래서 이들은 나일강의 좌측, 즉 서쪽에 죽음을 상징하는 피라미드를 배치한 것이다. 당시 피라미드를 건설하기 위해 돌을 운반하는 방법으로 배를 이용했다고 한다. 그래서 강에서 가까운 나일강 주변에 피라미드를 건설했다고 하지만 이 또한 피라미드의 크기를 설명하기에는 부족하다.

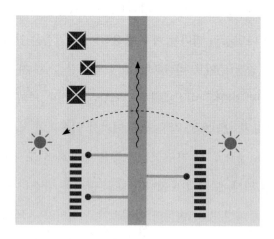

나일강과 마을의 위치

건축의 형태는 시대를 반영한다

이러한 주장대로라면 나일강의 동쪽에 피라미드를 건설해야 했다. 그러나 이집트인들이 나일강의 서쪽에 피라미드를 건설한 이유가 있었을 것이다.

기독교가 지배적이던 중세의 로마가 이곳을 점령하기 전까지 이들의 태양신 문화는 이렇게 유지되었고 미라의 작업도 계속되었다. 이렇게 기독교가 유입되기 전까지 이집트인들은 나일강의 서쪽에 피라미드가 배치되어 있고 나일강의 동쪽에는 마을이 있다는 것을 누구나 알고 있었다. 이는 일반적인 이집트인뿐 아니라 상류층을 포함한 이집트 전체의 일반적인 상식이었다. 그래서 지배층은 피라미드에 단순히 왕의 무덤이라는 기능만 부여한 것이 아니라 사회적인 역할도 부여하기를 바랐던 것이다. 피라미드의 크기는 상당하지만 사막이라는 지역적인 상황을 고려했을 때 더 크게 만들기를 바랐을 수도 있다. 이는 사막이라는 끝없이 펼쳐진 지평선을 바라보면 이해할 수 있을 것이다.

아주 먼 곳에서 좌우로 길게 펼쳐진 지평선 위에 피라미드를 놓았을 때 그 크기는 그리 위협적이지 않다. 특히 사막의 모래바람은 수시로 모래 언덕을 만들기도 하고 그 위치 또한 자주 바뀐다. 만일 모래 언덕 뒤에 피라미드가 있다면 이를 인식하는 것은 더 어려울 것이다. 그렇기 때문에 피라미드는 단순히 그 하나의 크기만으로 평가해서는 안 되며, 길게 펼쳐진 지평선 위에 놓인 크기를 생각해야 한다. 멀리서 바라본 지평선 그리고 모래 언덕과 비교하면 피라미드는 그리 큰 것이 아니라는 뜻이다.

그렇다면 왜 그렇게 보아야 하는가? 이 물음이 바로 피라미드의 크기에 대한 의문을 푸는 열쇠이다. 피라미드가 크면 클수록 사막에서 찾기가 쉬울 것이다. 사막은 이정표로 삼을 만한 것이 거의 없다. 특히 사막의 모래 언덕은 위치의 변동이 심하여 이정표로 삼기에는 적절하지 않았고 유일하게 태양의 위치가 중요한 요소였다. 그래서 태양을 더 의지하게 됐는지도 모른다. 이러한 사막의 지형적 단점을 인식하여 피라미드의 크기를 사막의 이정표로 적용되도록 한 것이다. 사막에서 길을 잃었을 때 피라미드를 발견하면 이집트인들은 피라미드의 동쪽에 나일강이 있고 나일강의 동쪽에 마을이 있다는 것을 알아차렸을 것이다.

사막에서 방황하다 물을 발견했을 때 우리는 이를 오아시스라고 부른다. 오아시스는 물의 의미보다 생명의 희망을 담고 있다. 이같이 피라미드는 기능적으로 왕의 무덤이지만 사막에서는 오아시스의 의미를 갖게 되는 것이다. 그러한 기능을 부여하여 피라미드를 사막에서 쉽게 찾을 수 있도록 그 크기를 본래의 목적보다 더 크게 만든 것이다. 피라미드와 미라의 전통은 로마에 점령되면서 기독교에 의해 지속되지는 못했지만 현대 건축에 있어서 그 고유의 기능보다는 오아시스로서, 또는 사막의 이정표로서 상징적인 의미를 담고 있다.

도시의 랜드마크가 된 피라미드

현대 건축에서 피라미드 형태를 사용하는 경우는 바로 이렇게 특별한 목적을 갖는 랜드마크적인 성격이 더 강하게 작용한다. 예를 들어

건축의 형태는 시대를 반영한다

파리 루브르박물관 입구에 설치된 아이엠페이(I.M.Pei)의 유리 피라미드를 이해하려면 왕의 무덤으로서 기능이 아니라 피라미드가 오아시스라는 의미로 사용된 것을 먼저 이해해야 이 건축물뿐 아니라 세계 곳곳에 있는 피라미드 건축물의 형태를 이해할 수 있을 것이다. 프랑스 미테랑 정부 시절 많은 문화사업을 진행하던 시기에 건축물도 건설하기 시작했는데 유리 피라미드도 그 시기에 건축되었다. 포스트모더니즘 역사 건축가 찰스 젱스는 이 피라미드를 가리켜 "아이엠페이는 이 피라미드를 통해 프랑스에 옛 영광을 되돌려주려고 했다"고 표현했다. 이 삼각형은 과거의 화려했던 프랑스 시절 거둬들인 보물들로 가득한 루브르 박물관의 입구이다. 세계에서 가장 큰 왕의 무덤인 피라미드가 그 중심에 있다. 이러한 상징적인 의미 외에도 여기에는 또 다른 형태적 암호가 있다. 바로 그 위치와 재료이다.

루브르 박물관의 'ㄷ'자 형태를 보면 파리의 시내로 향하고 있다. 루브르 박물관 영역은 과거이며, 밖의 영역은 현재다. 즉 과거와 현재를 연결하는 경계선으로 과거의 영광을 현재로 이어가고 싶은 소망을 나타낸 것이다. 이집트의 피라미드는 시야가 단절된 석회석 및 사암 석재로 되어 있는 반면 왜 아이엠페이는 유리로 선택하여 시야의 연속성을 시도했는지 생각해 보아야 한다. 이 시야의 연속성이 바로 시간 흐름의 연속성을 나타내는 것이다. 벽은 곧 시야가 더이상 나아가지 못하는 것을 의미한다. 차단의 의미를 갖고 있는 것이다. 그러나 아이엠페이는 프랑스의 옛 영광이 차단되지 않고 과거에서 현재로 연속성을 시도한다. 특히 이 피라미드를 통하여 지하로 내려가면 그 피라미드의 뿌리를 볼

루브르박물관 아이엠페이(I.M.Pei)의 유리 피라미드

건축의 형태는 시대를 반영한다

수 있다. 이는 연속성을 말하는 것이다. 이렇게 삼각 형태의 피라미드는 일반적인 건축물의 형태보다는 경제적, 도시의 탑 또는 권위적인 상징으로서의 메시지를 나타내려는 의도로 많이 사용되고 있다. 일반적으로 피라미드는 이집트의 상징적인 건축물의 형태로 생각하고 있지만 과연 피라미드는 이집트에만 있었을까?

숲속에 자리해 숨겨진 듯한 작은 피라미드도 있다. 이는 기원전 6세기에 지어진 것으로 추정되는 과테말라의 피라미드이다. 또한, 멕시코 아즈텍 사람들의 피라미드는 1,2백만㎥ 대지에 광범위하게 퍼져 있어 태양의 피라미드로 불린다. 중앙에 거대한 피라미드가 자리잡고 있고 그 주변으로 소형의 피라미드들이 배치된 것으로 피라미드 집단 지역인 셈이다.

아시아에도 피라미드가 많이 분포되어 있는데 특히 중국 북서쪽에 위치한 산시성의 진(Chuan) 평원에 위치한 피라미드는 약 100개에 이른다. 특히 놀라운 것은 일본 최남단의 요나구니 섬 근처 바닷속에 있는 피라미드다. 1987년 키하치로라는 스킨스쿠버 강사가 바닷속에서 1,000미터×750미터 규모의 거대한 피라미드를 발견했다. 이렇게 피라미드는 전 세계에 걸쳐 분포되어 있는데 이는 문화교류가 활발하지 않았던 당시 상황으로 볼 때 이 형태가 전파되었다기보다는 상당히 긴 시간 속에서 여러 형태를 시도해 본 결과 가장 안전한 형태로 받아들여졌을 것으로 추측하고 있다.

카자흐스탄 아스타나에 있는 피라미드는 영국의 건축가 노만 포스터의 계획안으로 탄생한 세계 종교의 통합을 기원하는 상징적인 건축물로, 그의 건축 형태의 특징인 격자가 돋보인다. 또한, 세계 각지 건축물의 집합지로 알려진 라스베이거스에 자리한 룩소르 호텔은 1993년에 준공된 건축물로, 광활한 사막에 지어진 이집트 피라미드의 분위기를 그대로 담고 있다. 이렇게 피라미드 형태를 갖춘 건축물은 경제력을 갖춘 도시의 면모를 드러내기도 하며, 도시의 랜드마크, 또는 권위적인 상징으로 널리 사용되고 있다.

*이집트 피라미드 건축 정의

- **삼각형인 이유** 삼각형은 가장 안정된 형태(절대 형태) 이미지를 갖고 있다.
- **석재의 종류** 화강암(내부구조), 석회암(외부표면), 사암
- **석재 가공방법** 큰 돌에 쐐기를 박아 물을 먹이면서 팽창시키는 방법으로 돌 가공
- **인력** 14,500~40,000명(피라미드 하나당)
- **피라미드와 미라가 중지된 이유** 기독교 이집트 정복

　　　　　　　　　　　　　　건축의 형태는 시대를 반영한다

피라미드는 세계 곳곳 건축물에 다양한 형태로 등장하며 이는 도시의 랜드마크가 되기도 한다
위) 카자흐스탄 아스타나에 위치한 평화의 하모니
아래) 라스베이거스 룩소 호텔

신화의 나라 그리스,
완벽한 신전에 필요한 세 가지

그리스를 떠올리면 연상되는 많은 상징 중 압도적인 것은 그리스 신화일 것이다. 그리스는 왜 그렇게 신화가 많을까? 그리스는 부족국가의 성격이 아주 강했는데 부족 대부분이 신화를 갖고 있었던 것이다. 한 부족이 다른 부족을 점령하면 점령당한 부족의 신은 점령한 부족의 신보다 계급이 낮아지거나 나쁜 신으로 전락하게 되지만 결코 사라지는 것은 아니었다. 그들이 사라지면 점령한 부족의 신이 돋보이는 효과를 발휘하기 어렵기 때문이다. 또한 그리스는 이집트와는 달리 지형이 험난했기에 신에 의지하며 인간의 한계를 극복하려는 경향이 컸다. 이 때문에 그들에게는 신화가 더없이 필요했다.

특히 지도자는 목적을 달성하는 데 있어 자신의 지도력에 신화를 적용하면 더 좋은 효과를 얻을 수 있다는 것을 깨달았던 것이다. 그러나 인간의 다양한 심리 탓에 이것이 지속지되지는 못했다. 그래서 그리스

건축의 형태는 시대를 반영한다

는 정신교육의 필요성에 주목했고, 원형극장을 통하여 신들이 어떻게 인간의 삶에 개입하는지 알리고자 했다. 특히 곳곳에 신전을 만들어 이를 통해 양심을 자극하는 기능을 하도록 했다. 그리스 지역에 신전과 원형극장이 그룹을 이뤄 모여 있는 것도 이러한 이유에서였다. 이집트는 지형적인 성격상 명확한 도시의 형태를 만들기가 어려웠으므로 신전 자체에 도시의 형태를 만들어 입구, 하이퍼 홀(Hyperhall, 열주랑이 있는 영역), 그리고 신전을 구분함으로써 소도시적인 성격을 갖추었다. 로마는 길을 정비하고 사각형의 도시형태를 만든 반면 그리스는 지형의 불규칙적인 성격을 그대로 살려 도시를 정비했기에 건축물의 배치도 일정한 규칙을 갖기보다는 여러 축을 갖고 형성되었다. 그러나 건축물에는 일정한 규칙을 적용하여 전체적으로 간결한 구성을 보여주고 있다.

신전의 단과 기둥에 담긴 의미

그리스의 대표적인 건축물은 신전이다. 신전의 형태는 규칙을 따르고 있다. 디테일한 부분보다 전체적인 형태를 살펴보면 삼각지붕, 기둥 그리고 단과 같은 세 가지 요소로 구성되어 있다. 이것이 신전의 대표적인 요소로 자리잡았다. 즉 신전을 만들 때 이 세 가지 요소가 모두 적용되어야 완벽한 신전의 모습인 것이다. 지금 클래식한 형태로 가장 많이 쓰이는 형태는 그리스 양식인데 세 가지 요소 중 가끔 한두 가지가 부족한 형태로 그리스 양식을 흉내 내는 것을 볼 수 있다. 하지만 이는 옳지 않다. 특히 세 가지 요소 중 단은 중요한 의미를 갖고 있다. 삼각지붕은 그리스가 완전한 형태를 추구하려는 의도를 나타내는 것으로 가장

불국사 대웅전

윗부분에 삼각지붕을 얹음으로써 신전이 구조적으로 안정감 있게 보이
도록 한 것이다. 기둥은 내부 공간의 폐쇄성을 탈피하는 요소로 이는
신의 영역과 인간 영역의 소통을 의미한다. 특히 기둥은 고대의 신성한
분위기를 나타내려는 의도로 높게 만들었으며 이는 연속성을 띤다.

　세 가지 요소 중 단의 역할이 아주 중요하다. 이는 신전이 반드시 갖
추어야 하는 요소로 동서양 모두 동일하게 쓰인다. 대지는 인간의 영역
이고 신전은 신의 영역이다. 이 두 영역이 직접적으로 만나는 것은 신의
대한 모욕이 될 수도 있으며 인간에게도 해로운 것으로 생각했다. 단은
이 두 영역을 분리하기 위해 사용되었다. 그렇기에 단은 신성한 요소이
다. 이러한 단의 사용은 동양에도 그대로 적용되었다. 예를 들어 사찰
에 가 보면 대웅전 같은 경우 그리스 신전처럼 입구에 단을 만들어 놓

은 것을 볼 수 있다. 이러한 배치 구조는 동서양을 막론하고 우연으로 볼 수 없으며 반드시 단의 의미적 역할이 있음을 알 수 있다. 그렇기에 현대 건축물에 그리스 신전의 이미지를 반영하는 경우에는 반드시 이 세 개의 요소가 집합적으로 적용되어야 하는 것이다. 그런데 지금의 건축물을 살펴보면 삼각 지붕과 기둥은 적용하면서 단의 요소가 빠져 있는 경우를 보게 된다.

그리스 신전에서 변화되는 요소가 있다면 그것은 기둥의 종류이다. 그리스 양식에서 대표적인 기둥에는 세 가지 형식이 있는데 도리아식, 이오니아식 그리고 코린트식이다. 이 기둥은 단순히 디자인의 차이가 아니다. 도리아식 기둥은 남성적인 이미지를 상징하는 것으로 세 가지 기둥 중 가장 단순한 형태로 위에 건축물의 기둥 머리인 주두(柱頭) 부분

도리아식   이오니아식   코린트식

만 있고 기둥 하단부에 단이 없는 것으로 이는 강함을 나타내기 위한 의도임을 알 수 있다.

이오니아식 기둥과 코린트식 기둥은 여성적인 이미지를 갖고 있는데 기둥 부분에 보이는 선은 섬세함과 수직성을 나타낸다. 이러한 이유로 남성 신전에는 남성적인 기둥을, 그리고 여성 신전에는 여성적인 기둥을 적용하고 있다. 하지만 르네상스 시기에 접어들면서 도리아식 기둥은 거의 사용하지 않게 되었으며 코린트식 기둥은 큰 기둥에, 그리고 작은 기둥은 이오니아식 기둥을 의도적으로 사용하게 되었다. 물론 로마 시대에도 기둥이 사용되는데 그리스 기둥을 그대로 사용하지 않고 이를 변형하여 사용하는 것을 볼 수 있다. 이렇듯 기둥은 클래식 건축물에서 중요한 요소로 구조적인 역할보다는 장식적인 의미를 더 많이 담고 있어 후에 근대가 시작되면서 제거 요소 중 하나가 되었다.

클래식한 건축물을 시도하는 데 있어서 이집트의 피라미드는 그 형태 자체를 적용해야 하기 때문에 부담이 될 수 있지만 그리스 신전은 부분적인 요소로 건축물의 디자인에 첨가할 수 있기 때문에 클래식한 이미지를 갖는 현대 건축물에 가장 많이 도용된다. 특히 경제적인 부를 나타내고자 할 때나 권위적이거나 가볍지 않은 이미지를 건축물에 적용하고자 할 때 그리스 신전의 이미지를 많이 사용한다.

건축의 형태는 시대를 반영한다

그리스 양식의 미국 4대 아름다운 건축물

왼쪽 위) 워싱턴에 위치한 미국 연방 대법원(캐스 길버트, 1789년)

오른쪽 위) 워싱톤에 위치한 미국 국회 의사당(윌리엄 손턴, 1800년)

왼쪽 아래) 버지니아에 위치한 몬티첼로 역사 기념관(모터스 제퍼슨, 1772년)

오른쪽 아래) 버지니아 주 의사당(모터스 제퍼슨, 1788년)

광대한 영토를 차지했던
로마의 아치 활용법

　로마의 역사는 트로이 영웅 아이아네스까지 연결된다. 알바롱가 왕에게는 아물리우스와 누미토르라는 두 아들이 있었는데 후에 동생 아물리우스가 왕이 된 후 형 누미토르는 쫓겨나게 되고 그의 후손을 끊고자 조카 딸을 여사제로 만든다. 그런데 조카딸 실비아가 전쟁의 신 마르스의 쌍둥이 아들 로물루스와 레무스를 갖게 되자 차마 죽이지는 못하고 바구니에 담아 강에 띄워 버린다. 이 두 아들은 늑대에게 발견되어 키워지고 그 후 농부에게 발견되어 성장하면서 버려진 외할아버지 누미토르를 만나게 된다. 그리고 자신들의 출생의 비밀을 알게 되면서 아물리우스를 물리치고 왕이 되어 부족을 이끌고 이동하다 일곱 개의 언덕으로 이뤄진 지금의 로마에 정착하면서 부족국가 로마를 건설하게 된다.

　BC753년부터 약 200년간 왕을 세습하며 권력을 이어오다 마지막 왕

　　　　　　　건축의 형태는 시대를 반영한다

타르퀴니우스 수페르부스에 이르러 법률이나 합법적인 반대 세력의 의견에 상관없이 국가와 국민을 무제약적으로 통치하는 군주제로 바뀌는데, 그의 아들이 다른 남자의 정숙한 아내 루크레티아를 겁탈하는 사건이 발생하고 수치심에 루크레티아가 자결하자 폭력 혁명이 일어나 왕조가 무너지면서 이에 대한 견제 세력으로 공화정 정부가 수립하게 된다. 이에 원로원이 생기고 다른 국가와는 차별 있게 국가의 통치자를 선출하는 방식을 도입하지만 이후 제정시대가 되어 군인황제가 통치하게 된다.

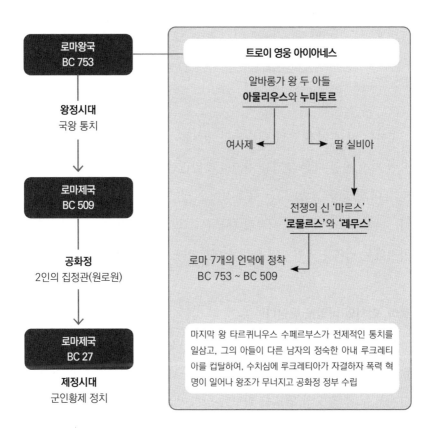

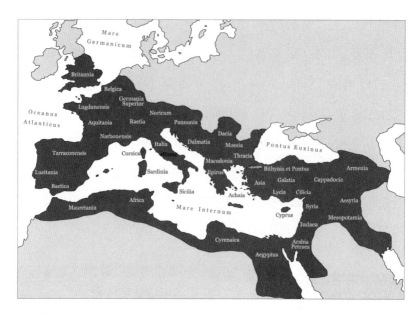

로마 제국

로마는 오랜 기간 유럽 대부분의 영토를 차지했다. 그렇게 한 국가가 오랜 기간 동안 다른 영역을 차지하고 있었던 역사는 드물다. 이 배경으로 로마가 말살 정책보다는 융화정책을 썼던 것이 가장 큰 이유로 꼽힌다. 아프리카의 북부와 서유럽 대부분 그리고 동쪽으로는 라인강까지 차지하는 영역은 그야말로 광대한 영토였다.

로마, 아치의 비밀을 깨닫다

로마는 이집트와 그리스뿐 아니라 아시아까지 영토를 확장했다. 더 많은 영토를 차지할 능력이 있었지만 기후 문제와 더불어 이미 지배의 한계를 느낄 정도의 영토를 확보한 상황이었다. 각 영토를 차지하면서

건축의 형태는 시대를 반영한다

그 지역의 장점을 자신들의 문화로 흡입하기도 하고 자신들의 문화로 받아들이기도 했다. 이들이 그렇게 넓은 영토를 확장할 수 있었던 가장 큰 이유는 바로 현대화되고 잘 훈련된 로마 군인의 활약 때문이었다. 이들은 용맹스럽기도 했지만 절도 있고 조직력 또한 뛰어났다. 그러한 정신이 문화에도 적용되어 로마의 건축은 군인 정신처럼 용감함이 잘 드러나야 했다. 체스 게임에서 졸은 옆이나 뒤로 갈 수 없고 오로지 앞만 보고 갈 수 있으며, 단지 상대방을 취할 때만 옆으로 이동할 수 있다. 이렇게 체스는 로마 군인의 정신을 잘 반영한 것으로 로마 건축도 오로지 정면만 신경 쓴 탓에 옆이나 뒤는 밋밋한 외관을 갖고 있었다. 도시를 정비할 때 질서 있고 획일화된 정신을 그대로 반영하여 바둑판처럼 도시를 구획한 것이다. 기본적으로 모든 도시를 사각형으로 구획하고 모든 도시는 대로와 연결되도록 했는데 이는 로마에 빠르게 도달할 수 있도록 한 것으로, 대로 건설은 식민지에서 걷은 세금 덕분에 가능했다. '모든 길은 로마로 통한다'는 말이 탄생한 것은 이런 이유에서다. 또 한

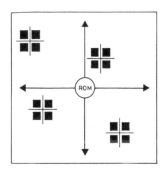

고대 로마의 도시 배열구조

가지 특징은 대로의 끝에 반드시 개선문을 만들어 입구의 의미를 부여했다는 것이다.

로마 군인은 개별적으로 움직이지 않고 집단행동을 하는 체계를 갖추고 있었다. 그런데 다른 지역을 방문했을 때는 집단행동을 하기에 불편함이 있었다. 입구가 좁고 공간 또한 협소했기 때문이다. 이에 로마는 더 넓은 입구와 공간을 연구하기 시작했다. 기둥의 폭을 좌우로 넓혀 넓은 입구를 얻으려고 했지만 위에 놓인 보는 폭이 넓어질수록 중심부가 아래로 처지면서 결국 부서지는 문제가 있었다. 로마는 위에서 내려오는 하중을 줄이는 방법을 연구하기 시작했다. 다른 점령지역들도 이러한 문제가 있었지만 근본적인 문제를 해결하지 않고 안전한 구조만을 유지하다 보니 입구의 높이도 낮아졌던 것이다.

이집트의 피라미드 재료는 대부분이 석회암이다. 석회암의 강도는 다른 재료에 비하여 약하기 때문에 가공이 쉽다는 장점이 있지만 당시 석회가 많은 그 지역에서 용이하게 얻을 수 있는 재료였다. 그리고 이집트와는 반대로 그리스는 단단한 대리석이 풍부했다. 그래서 다른 어느 나라보다 정밀하고 섬세한 조각을 할 수 있었다. 그러나 넓은 입구와 공간을 원했던 로마는 이집트의 석회암으로는 원하는 구조를 얻을 수 없었고 대리석 또한 자체 하중으로 적용이 어려웠다. 로마는 먼저 집중 하중을 감소시키는 방법에 대한 해결책이 필요했다. 이를 연구하던 중 수직으로 내려오는 하중은 100퍼센트 무게가 전달되지만 각을 가질수록 본래의 하중이 감소된다는 것을 알게 된 것이다. 그러던 중 집중 하중을 방지할 수 있는 원 형태에 착안하고 이와 같은 형태를 찾던 중 아

건축의 형태는 시대를 반영한다

치의 비밀을 알게 되었다. 사실 아치를 로마의 형태로 알고 있지만 이는 로마 이전부터 있었던 형태로 자연스럽게 쓰인 것일 뿐 로마처럼 의도적으로 적용한 것이 아니기에 마치 로마의 형태처럼 인식된 것이다.

로마는 더 넓은 입구를 만들기 위하여 아치를 적극적으로 활용하기 시작했다. 그런데 아치는 단점이 있었다. 아치가 만든 원의 좌우의 반지름과 높이의 반지름이 같아야 효과를 얻을 수 있다는 것이었다. 이는 곧 원의 좌우가 넓을수록 높이 또한 그만큼 높아져야 한다는 뜻이다. 그래서 입구가 크면 클수록 높이 또한 그만큼 높아지게 되는 것이다. 이것이 최초에 로마가 시도한 아치(반원 아치) 다. 이러한 단점이 계속 보완되면서 후에는 궁형, 장원, 첨두, 말발굽형, 오지, 3점 오지 아치 등 다양한 형태가 등장하기 시작했다. 그러나 정확한 로마 아치는 반지름의 좌우와 위가 동일한 길이를 가져야 하는 것이다.

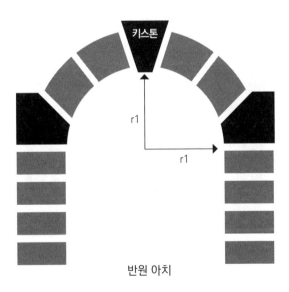

반원 아치

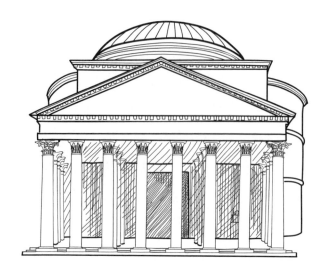

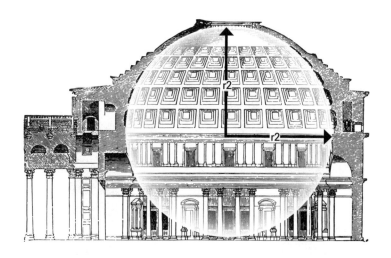

판테온 신전의 단면도

건축의 형태는 시대를 반영한다

이에 대한 예를 잘 보여준 건축물이 바로 그 유명한 판테온(Pan모든+Theon신) 신전이다. 판테온 신전 내부는 완전한 구의 형태를 갖추고 있다. 내부 지름이 40미터에 이르는 거대한 건물로 반지름 20미터만큼 높이 또한 20미터이며, 지붕 꼭대기에는 오쿨루스(Oculus), 즉 눈(Eye)이라 불리는 구멍이 있다. 이에 대한 많은 이야기들이 있지만 개인적인 견해를 소개하자면 이는 의도적으로 만든 것이 아니라 거의 8미터에 가까운 키스톤(Keystone: 아치 꼭대기의 쐐기돌)이 커서 제 역할을 할 수 없고 온전히 하중이 전달되어 밑으로 떨어질 수 있는 위험으로 인해 구조적인 문제를 해결하지 못하고 비워 둔 것이다.

이 키스톤은 아치에서 매우 중요한 역할을 한다. 키스톤은 마름모꼴로 하중을 좌우로 분산시키는 역할을 하는데 판테온 신전의 경우는 너무 커서 구조 전체에 악영향을 줄 수 있으므로 제 역할을 할 수 없다. 로마가 원하는 아치 구조를 얻기 위해서 선택한 재료는 조적조였다. 아치의 형태는 지속적으로 각을 변경해야 하는데 이를 위해서 거대한 돌은 유익하지 않았으며 그 자체 하중의 전달이 너무도 컸기 때문이다. 다행히 로마 지역에는 화산이 많아 화산재가 풍부했다. 이를 사용하여 만든 것이 바로 벽돌이다. 물론 때로는 시멘트도 사용했지만 벽돌처럼 아치에 잘 어울리는 재료는 없었던 것이다.

벽돌과의 대화를 통해 얻은 것

현대 건축가 루이스 칸이 어느 강연에서 벽돌과 대화를 했다는 이야기를 한 적이 있다. "벽돌아, 너는 무엇이 되고 싶니?"라고 묻자 벽돌은

이탈리아 로마의 콜로세움(80년)
로마는 수로의 발달로 풍부한 물의 공급이 가능했다

건축의 형태는 시대를 반영한다

아치를 원한다고 대답했다는 것이다. 즉 아치는 벽돌로 만드는 것이 잘 어울린다는 의미이다. 아치는 벽돌로 만들어야 제멋이다. 아치의 발달은 돔의 가능성 또한 제시했다. 아치를 360도 회전하면 돔이 된다. 넓은 입구에서 시작한 로마는 이제 거대한 공간을 위하여 돔을 갖게 되었고 이를 발전시켜 여러 돔을 연결하면서 볼트에 대한 구조적 진보를 이루었다.

로마는 이렇게 건축물의 구조 발전뿐 아니라 사회적으로 다양한 선진 기술을 보유하고 있었는데 그중 하나가 수로의 발달이다. 이를 통하여 각 지역에 물을 공급할 수 있었고 풍부한 물의 공급은 목욕탕의 발전을 가져왔다. 각 도시에 수로를 통하여 연결하는 것은 가능했지만 지금의 수도관처럼 완벽한 마무리가 어려웠던 탓에 가공이 용이한 납으로 관을 만들어 공급하는 바람에 납중독이라는 사회적 문제를 일으키기도 했다. 하지만 로마는 그 당시에 이미 화장실 바닥에 흐르는 물을 이용한 수세식 화장실의 원리를 공공화장실에 적용했다.

당시에는 화장실을 위한 폐수 시설이 제대로 되어 있지 않아 배설물을 창밖으로 버리는 일이 흔했다. 이는 로마가 유럽에서 물러난 뒤 일어난 해프닝이기도 하다. 우리가 길을 걸을 때 여자를 도로에서 먼 쪽으로 걷게 하고 남자는 도로 쪽으로 걷는 것을 에티켓이라고 여기는데 이를 자동차의 위험으로부터 여자를 보호한다는 취지로 알고 있으나 사실은 로마의 화장실에서 시작된 것이다.

우리나라처럼 유럽의 도시에서도 과거에는 요강을 사용했는데 아침이면 창을 열고 도로를 향해 버리는 것이 일상이었다. 유럽의 건축물은 지금처럼 대부분 주상복합 빌딩으로 지상층은 상가이고 그 위가 주거지였으므로 창을 열고 가능한 멀리 버리려고 했던 것이다. 이런 경우 도로 쪽의 사람이 오물을 맞을 확률이 컸으므로 여자를 안쪽으로 걷게 하고 남자가 도로 쪽으로 걷게 되었다. 그래서 과거 남자들의 복장은 챙이 있는 검은 모자와 긴 외투를 걸치는 것이 일반적이었는데 변을 맞으면 모자와 외투를 벗어 털어야 했기 때문이다. 그리고 도로에 쌓인 변이 많은 탓에 여자들은 굽이 높은 신을 신게 되었다.

로마가 다양하고 거대한 규모의 건축물을 보유하게 된 데에는 조적조의 적극적인 활용이 컸던 것이 사실이다. 그러나 이 조적조를 가능하게 했던 것은 시멘트에 그 해답이 있다. 콜로세움의 거대한 건축물을 모두 벽돌로 짓는 게 가능했던 것은 시멘트를 잘 활용했던 덕분이었다. 그러므로 현대의 클래식한 건축물에 사용되는 로마 건축의 이미지는 아치, 돔 그리고 조적조 이렇게 세 가지만 기억하면 된다.

로마의 **목욕탕**은 **본래**의 기능 외에도 커뮤니케이션이 이루어지는 장소로 중요한 역할을 했다. 이렇게 목욕탕 건설을 가능하게 했던 것은 바로 온돌구조였다. 그러나 로마의 온돌은 우리처럼 발달하지 않고 단순히 아래에서 불을 때는 구조로 우리보다 간단한 구조였다. 우리의 온돌 구조는 열기의 상황에 따라 구들과의 간격을 달리한 반면 로마의 온돌은 동일한 높이에서 불을 지피는 방식으로 발달했다. 로마에서 온돌은 특수한 경우에만 사용했지만 로마가 멸망한 후 유럽의 주거 형태가 침대 형식으로 바뀌면서 온돌이 사라져 현재 우리나라만 유일하게 온돌 문화를 이어오고 있다.

건축의 형태는 시대를 반영한다

거대한 건축물이 아니더라도 로마 아치를 사용하는 건축물은 많다
아치는 넓은 입구를 위해 사용되기도 했다

중세
470

비잔틴 Byzantine

로마네스크 Romanesque

고딕 Gothic

1450

#제1의 형태   #기독교 시대   #수직적 표현(신앙의 상징)
#서로마 멸망   #비잔틴 제국(476~1453)   #십자군 전쟁 9회(1096~1291, 1353)

중세,
비잔틴 문화가
시작되다

중세 건축 양식에 담긴
수직의 상징

중세로 넘어가기에 앞서 짚고 넘어가야 하는 것이 있다. 우리의 기억은 네트워크처럼 조직화되어 있다. 이를 스키마(Schema) 이론이라고 부른다. 이 네트워크는 마치 나무의 가지처럼 결절점과 노드(Node)로 구성되어 있어 옆의 가지로 이동하는 것이 가능하다. 이 네트워크가 잘 되어 있을수록 풍부하고 다양한 상상력을 발휘할 수 있게 된다. 여기서 중요한 것은 옆의 가지로 뻗어 갈 수 있는 결절점의 역할이다. 이것이 옆으로 뻗어가는 기능을 하는데 이를 위해서는 연상적인 연결 능력이 있어야 한다.

대부분의 수업에서는 "고대가 끝났으니 다음 장은 중세입니다"라고 소개하는데 고대와 중세의 연관관계를 정리하지 않은 경우 기억의 스키마에서 고대 가지 따로, 중세 가지 따로 즉, 두 개의 나무가 만들어지기 때문에 이를 기억하는 데 어려움이 있는 것이다. 그런데 이것은 여러

건축의 형태는 시대를 반영한다

개가 아니고 하나다. 그래서 고대에서 중세로 넘어갈 때 '오늘부터 중세라고 하자'라고 공표 후 시작된 것이 아니라 분명히 중세라는 시대가 시작되어야 하는 사건이 있었을 것이다. 이것을 이해해야 고대와 중세를 연결하는 스키마 가지가 만들어지고 이를 기억하는 데 도움이 된다. 이는 고대와 중세뿐 아니고 중세에서 근세로 가는 경우에도, 근세에서 근대로 가는 경우에도 마찬가지다. 이렇게 시대가 바뀌거나 새로운 시대를 요구하는 사건을 반드시 이해해야 스키마 가지를 통하여 기억 장치를 원활하게 작동하도록 도울 것이다. 분리되어 기억하지 말고 연관시켜서 이해하자는 것이다.

이 책에서는 각 시대로 바뀌는 원인의 사건을 주로 전쟁으로 간주하였다. 유럽 역사는 사실 전쟁의 역사이기 때문이다. 로마는 유럽뿐 아니라 주변의 광대한 영토를 점령하여 정세도 안정되고 실로 태평세월을 보내고 있었다. 로마 정치는 초기 일정한 세력이 정치와 왕을 결정하는 공화정 시대였다. 그러나 영토가 광대해지면서 각 지역에서 일어나는 사건을 긴급하게 처리할 수 없는 상황을 인식하였으며 특히 왕의 세력이 강해지면서 공화정에서 왕의 주도로 정치가 진행되는 제정시대로 바뀌게 된다. 이때 로마는 태평성세를 이루지만 이러한 평화는 로마 사회를 향락과 사치에 빠지게 하고 만다.

로마제국이 오래 지속될 수 있었던 이유

이 시기에 유럽의 북쪽에서는 노르만 민족의 대이동이 러시아까지 이어지고 동쪽에서는 게르만 민족의 이동이 시작되면서 로마의 영토는

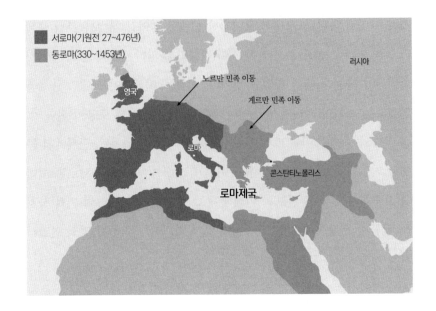

다양한 민족이 섞이게 된다. 로마는 그리스 문화를 비롯하여 점령한 지역의 문화를 흡수하지만 점령된 지역민들도 차차 라틴어를 사용하면서 로마인들 사이에 서서히 스며들어 로마인이라는 정통 국민성이 희석되고 있었으며 이 때문에 여러 부족이 로마군과 로마 시민으로 섞여 살게 되는 현상이 나타난다. 이즈음 동쪽에서 오던 게르만 민족이 라인강을 경계로 로마와 대치하고 있던 중 훈족이 동쪽에서 이동하자 로마는 여러 사회문제로 어려움을 겪던 가운데 게르만 민족과 협동하여 훈족을 무찌르면서 게르만 민족은 자연스럽게 로마에 편입된다. 이 게르만 민족이 후에 강해지면서 아직도 남아있는 공화정 체제를 통하여 로마 정치에 군인 신분으로 참여하게 된다. 주변 국가의 계속되는 침공으로 게르만 민족은 군인을 결속하면서 소위 군인황제 시대를 열었고, 이를 토

건축의 형태는 시대를 반영한다

대로 로마의 황제를 갈아치우기도 하였으며 이들 스스로 황제에 오르기도 하자 로마의 정치는 혼란에 빠진다.

하지만 디오클레티아누스라는 로마 황제가 등장하면서 공화정 체제를 완전히 폐지하고 전제군주정치를 정착시킨다. 그러나 이미 로마의 광대한 영토는 황제 혼자 다스리기에는 세력이나 영토가 한계에 도달해 있었으므로 결국 통치영역을 네 곳으로 분할하여 두 명의 황제와 두 명의 부황제를 세워 통치하게 한다. 그렇지만 이미 로마의 내부는 환란과 경제침체로 병들어 있는 상태였다. 분할한 네 영역 중 영국의 한 영역을 다스리는 통치자였던 콘스탄티우스가 병사한 후 아들인 콘스탄티누스가 왕으로 추대되어 아버지의 영토를 다스리고 있던 중 군사를 이끌고 부패한 로마로 진격한다. 로마에 진입하기 전 밀비안 다리에서 치열한 전투 끝에 콘스탄티누스가 승리한 후 로마는 다시 통일되어 단독 황제 체제로 돌아간다.

이후 황제는 완전한 제정시대로 정치를 안정시키려 하지만 공화정을 맛본 데다 특히 군인황제시대를 거친 로마의 정치에 대한 불신을 갖게 된다. 이에 믿을 만한 새로운 조직을 필요로 하지만 이미 기존의 모든 세력은 이전 제국과 관계가 있기에 불신을 지우기란 어려운 일이었다. 군인황제 시절 50년 동안 26명의 황제가 암살 또는 폐위되는 과정을 익히 보아왔기에 그 불안감을 떨칠 수 없었던 것이다. 그래서 이전 정치와 무관한 세력, 믿을 만한 세력을 찾던 중 그것이 기독교인이라는 점에 착안했다. 로마는 원래 고유의 종교가 없었다. 그리스를 점령하여 그리스 신화를 믿었으며 이집트를 점령한 후에는 태양신도 믿었고, 중동을 점령했을 때는 중동신화도 믿었으며 후에 가서는 황제를 숭배하기도 했다. 이것이 로마제국이 다른 제국보다 오래 지속될 수 있었던 종교적 융화정책의 장점이다.

네로 황제 이후 기독교의 박해가 시작되었다. 기독교의 교리상 황제는 신보다 우위에 설 수 없었고, 국가에 세금을 내는 것도 적극적이지 않았기 때문이다. 그러나 박해에도 불구하고 기독교의 확장은 더 커졌으며 카타콤이라는 지하세계를 통하여 기독교는 계속 확장되었다. 이들의 믿음이 콘스탄티누스에게는 큰 관심으로 다가왔다. 이들의 종교를 인정한다면 정치적으로 이용할 수 있었고, 기독교인들이 종교적인 믿음으로 황제에게 충성할 것이라 여긴 것이다. 기독교가 콘스탄티누스에게 더 매력적이었던 것은 바로 이전 정치와 친분이 없다는 것이었다. 그래서 콘스탄티누스는 기독교를 지하세계에서 지상으로 끄집어냈다. 이로써 기독교는 로마의 보호 아래 지상에서 활동을 시작했고 후에 교황이 왕관을 씌워주는 자가 황제로 인정받을 수 있도록 함으로써 막강한 권력을 얻게 된다. 그러나 이미 로마의 세력은 과거와 같이 탄탄하지 않고 성장세에 있는 외부 세력으로부터 계속 공격을 받고 있었다. 그 침략으로부터 로마가 버티기에는 지형적으로나 여러 가지 면에서 불리했다. 그래서 황제는 탄탄한 경계적 조건을 갖춘 지형과 외부세력으로부터 안전한 당시 그리스 영토였던 비잔틴(지금의 이스탄불)으로 수도를 옮기기에 이른다. 이것이 중세의 시작을 알리는 비잔틴 문화의 시작이다.

비잔틴은 동로마라는 지역의 이동도 있었지만 로마황제의 시대에서 기독교가 세운 교황의 시대도 시작하는 시기이다. 콘스탄티누스의 기

건축의 형태는 시대를 반영한다

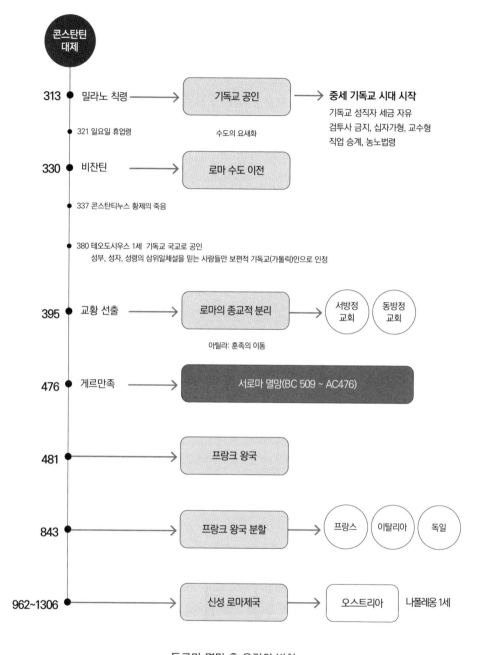

콘스탄틴
대제

313 ● 밀라노 칙령 ──────→ 기독교 공인 ──→ **중세 기독교 시대 시작**
기독교 성직자 세금 자유
검투사 금지, 십자가형, 교수형
직업 승계, 농노법령

● 321 일요일 휴업령   수도의 요새화

330 ● 비잔틴 ──────→ 로마 수도 이전

● 337 콘스탄티누스 황제의 죽음

● 380 테오도시우스 1세 기독교 국교로 공인
성부, 성자, 성령의 삼위일체설을 믿는 사람들만 보편적 기독교(가톨릭)인으로 인정

395 ● 교황 선출 ──────→ 로마의 종교적 분리 ──→ 서방정   동방정
교회   교회

아틸라: 훈족의 이동

476 ● 게르만족 ──────→ 서로마 멸망(BC 509 ~ AC476)

481 ● ──────────────→ 프랑크 왕국

843 ● ──────────────→ 프랑크 왕국 분할 ──→ 프랑스 이탈리아 독일

962~1306 ● ──────────→ 신성 로마제국 ──→ 오스트리아   나폴레옹 1세

동로마 멸망 후 유럽의 변화

독교 공인 67년 후 동로마와 서로마를 모두 통치했던 마지막 황제 테오도시우스 1세는 기독교를 국교로 제정하면서 다른 종교의 존재를 부정하게 되었으며, 기독교가 급속도로 확산되면서 교황의 세력은 황제에 버금가는 세력으로 확대된다. 기독교가 국교로 제정되면서 모든 가치관은 기독교가 기본이 되고 이에 상응하는 체제가 되어야 인정받을 수 있게 되었다. 중세를 기독교 시대로 결정짓는 이유가 여기에 있다. 이 시대의 모든 것은 기독교와 연관지어 이해해야 했다. 당시 사회적 통념 또한 기독교와 관계되지 않은 것은 마치 이단으로 취급되는 경향이 컸다. 기독교가 공인될 당시에는 다른 종교들도 공존하고 있었다. 그러나 기독교 교리상 다른 종교와의 공존은 인정할 수 없었고 공인 이후 국교로 성립되면서 다른 종교는 이단으로 취급되어 점차 사라지게 되었다. 로마에 점령당한 이집트 또한 기독교를 국교로 내세운 후에는 피라미드와 미라의 전통도 점차 사라지게 되었다.

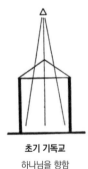

초기 기독교
하나님을 향함

로마네스크
하나님이 계신 하늘을 표현

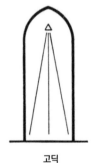

고딕
하늘로 향하여 올라감

건축의 형태는 시대를 반영한다

중세는 비잔틴, 로마네스크 그리고 고딕으로 이어진다. 이 시대에 등장하는 건축물도 모두 기독교의 시대적 상황을 고려한 것이다. 각 시대의 건축물을 살펴보면 지붕의 형태와 높이가 모두 다르다는 것을 알 수 있는데 이 시대 건축물의 가장 큰 특징은 바로 수직성을 갖고 있다는 것이다. 수직성은 소망이나 방향 그리고 바람을 나타내는 것으로, 근대에 들어 심리상태를 나타낸 표현주의가 수직성이 가장 강한 고딕의 형태를 취한 것도 바로 수직이 갖는 상징성 때문이었다. 중세에 들어 서로마가 멸망하며 정치에 변화의 바람이 일고 봉건주의가 강해지는 등 그 시대를 반영한 건축물이 등장하지만 그 바탕에는 기독교 정신이 주를 이루고 있었다. 이 때문에 중세 시대 대부분의 건축물은 교회 중심으로 발달했다.

성소피아 성당,
기구한 운명을 타고난 비잔틴의 걸작

비잔틴은 지금의 이스탄불로 당시에는 그리스 소유의 땅이었으나 로마가 그리스를 점령하면서 로마 영에 속하게 되었다. 로마가 비잔틴으로 옮기면서 로마는 유럽의 서쪽을 차지하는 서로마와 비잔틴을 중심으로 동로마 두 개로 나뉘지만 아직은 하나의 로마였다. 476년 서로마는 게르만 용병대장 오도아케르에 의해 멸망하게 되고 마치 춘추 전국시대처럼 프랑크 왕국을 시점으로 여러 세력으로 나뉘게 된다. 그러나 동로마는 지역적인 요새가 단단하여 경제적 요충지로 부강을 꾀하고 콘스탄티누스가 제정시대를 더욱 굳건히 하여 제국으로 자리하게 된다. 서로마와 동로마가 존재할 때 서방 가톨릭과 동방 가톨릭으로 각각 분리되었는데 서로마가 교황을 세우자 동방 가톨릭에서는 이를 인정하지 않았고 이로 인해 두 가톨릭은 서로의 길을 분리하여 걷게 된다. 당시 교회는 예루살렘 교회를 시작으로 안디옥 교회, 알렉산드리아 교회, 비

건축의 형태는 시대를 반영한다

잔틴 교회 이렇게 네 개의 가톨릭이 있었고, 서로마의 로마 교황청은 다섯 개의 지역에 있었는데 로마 교황청만 제외하고는 모두 동방 정교회에 속했다. 동방 정교회는 자신들이 더 정통성을 가졌다고 믿었으며 그 후 종교개혁에 의해 로마 교황청의 서방 정교회가 변화하자 동방 정교회는 더더욱 서방 정교회를 인정하지 않게 되었다. 이후 예루살렘, 안디옥 교회 그리고 알렉산드리아 교회가 이슬람에 점령당하고 중세 말에 비잔틴마저 멸망하자 비잔틴으로부터 종교를 이어받은 러시아에 유일한 동방 정교회가 존재하게 되었다. 후에 그리스가 생기면서 그리스 정교회가 등장하게 되었다.

박물관이 된 성당

중세는 교회의 역할이 역사에 등장하는 시기로 이때 건축물의 대부분이 교회 위주로 발달하기 시작한다. 본래 서양 건축의 대표적인 특징인 평면 형태가 있었는데 이것을 바실리카(Basilica)*라고 한다. 바실리카는 서양 건축의 대표적인 형태로, 사실 바실리카는 로마 시대부터 시작해 초기 기독교가 시작되기 전까지 대표적인 평면 형태였다. 그러나 기독교 시대가 시작되면서 이 평면 형태는 십자가 형태로 변화한다. 일반적으로 비잔틴을 초기 기독교라고 부르기도 하고 콘스탄티노플이라고 부르기도 한다.

* 건물의 한 유형으로 일반적으로 중앙 교회와 통로가 있는 직사각형 모양의 건물로 기독교 교회의 경우 약간 높아지고 한쪽 끝이나 양쪽 끝에 애프스(Apse)가 있다.

성 소피아 성당(537년)

건축의 형태는 시대를 반영한다

로마가 여러 지역을 점령하면서 각 지역의 문화를 흡수하는 융화정책을 펼친 까닭에 비잔틴 또한 서로마가 멸망했음에도 불구하고 오스만 제국에 멸망하기까지 1천 년의 세월을 유지할 수 있었다. 서로마는 실로 복잡한 전쟁과 혼란스러운 정치 상황을 겪으면서 멸망으로 치달았지만 비잔틴은 탄탄한 대로와 러시아에 동방 정교회를 전파할 만큼 세력을 떨치고 있었던 것이다.

로마는 비잔틴으로 수도를 옮기면서 융화정책의 일환으로 그 지역의 문화를 흡수하여 그 문화를 함께 누리고 표현하기 시작했다. 지금도 이스탄불에 가면 노랑머리의 터키인들을 볼 수 있는데 그들이 바로 이 시대에 섞이게 된 로마인들의 후예이다. 이렇게 로마의 융화정책을 볼 수 있는 것이 바로 건축평면의 변화다. 이때 바실리카는 다른 모습으로 등장한다. 로마인들이 서양의 형태는 사각형이고 동양의 형태는 원이라고 생각했기 때문으로 이에 바실리카에 원형이 등장하기 시작한다. 이들은 이 비잔틴이 동양이라고 생각했던 것이다. 당시 건축물을 보면 바실리카 평면에 원형이 추가되고 십자가의 형태가 분명해지면서 기독교의 영향을 받았음을 알 수 있다. 만약 수직성 원형이 추가된 건축물을 보게 되면 최소한 비잔틴의 건축물로 생각하면 된다. 비잔틴 이전에는 첨탑과 같은 수직성의 원형이 등장하지 않았기 때문이다.

비잔틴에서 지은 교회 중 대표적인 건축물은 성 소피아 성당이다. 비잔틴으로 수도를 옮긴 후 537년 유스티니아누스 황제 때 만든 성당으로 비잔틴 교회 건축물 중 가장 오래된 건축물이지만 가장 기구한 운명을 가졌다. 초기 비잔틴 제국의 성당으로 탄생했지만 그리스 정교회의 본산으로 바뀌었고(1054~1204) 같은 기독교인 제4차 십자군(1202~1204)에게 비참하게 점령당하면서 서방 가톨릭 성당(1204~1261)이 되었다가 다시 그리스 정교회 건물(1261~1453)로 돌아오지만 오스만 제국에 점령(1453~1931)당하면서 모스크로 그 기능이 변화하게 되었다. 그리고 결국 오스만 제국의 몰락과 함께 지금의 튀르키예(1931~현재)가 성립되면서 박물관이 되었다.

두 개의 바실리카 평면도를 살펴보면 원형이 들어 있지 않았다. 그러나 소피아 성당에는 중앙에 하나의 원과 좌우로 또 하나의 원을 반으로 잘라 배치했다. 이는 하늘을 표현한 것으로 비잔틴부터 중세의 기독교 시대를 알리는 상징으로 작용한다. 이 시대의 모든 작업에는 기독교적인 바탕이 작업의 기초를 이루고 있었다. 로마의 돔과는 다르게 중세의 돔 지붕은 대부분이 하늘을 의미하는 것이었다. 로마 시대에는 고위층의 무덤을 제외하고는 건축물에 원형 돔 외에는 등장하지 않았다. 그러나 비잔틴부터는 원형을 적극적으로 건축물에 적용하여 사용하고 있다. 그러므로 돔 외에 원형이 적용된 건축물을 보았다면 비잔틴 이후 또는 중세 건축물이라고 생각하면 된다. 그러나 초기 서로마와 동로마가 분리되고 특히 서방 정교회와 동방 정교회의 분리는 문화의 차이까지 보여주며 비잔틴 문화는 서방으로 전파되기보다 동방으로 전파된다.

특히 노르만 민족이 유럽 북쪽으로부터 계속 동쪽으로 이동하여 러시아까지 진출하면서 비잔틴의 동방 정교회 또한 러시아로 진출한다. 서로마의 멸망 후 동로마가 로마를 계승하는 것처럼 보였지만 동로마의 비잔틴마저 오스만제국에 무너지면서 러시아를 제2의 로마 제국이라고

건축의 형태는 시대를 반영한다

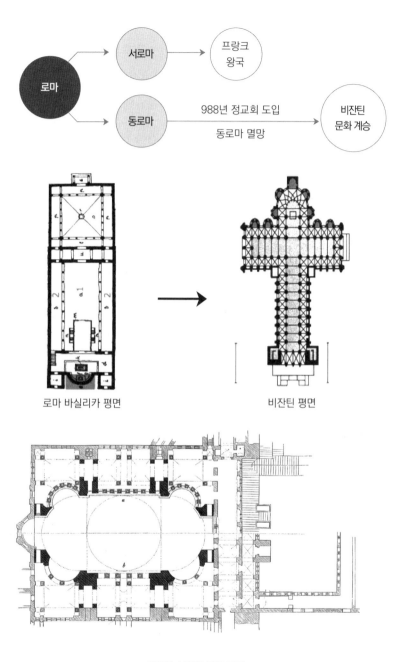

로마 바실리카 평면

비잔틴 평면

하기아 소피아 성당 평면

부를 정도로 러시아에 로마의 문명이 많이 흡수되었다. 러시아의 기후와 종교적인 성격으로 약간의 변화를 보이기 시작했으나 돔 형태가 적용된 건축물을 쉽게 볼 수 있는 것은 비잔틴으로부터 전해진 동방 정교회의 영향 때문이다. 우리는 이를 러시아 건축물로 인식하고 있지만 사실 이는 비잔틴 건축이다. 아직 러시아라는 나라가 세워지지 않고 유럽의 노르만인들이 주축이 되어 있었기 때문에 유럽의 영향이 남아 있는 것이다.

988년에 블라디미르 대공이 비잔틴으로부터 동방 정교회를 받아들이면서 돔 형태 또한 비잔틴으로부터 유입되었지만 러시아의 돔 형태는 겨울이면 쌓이는 눈 때문에 하중이 발생할 수 있어 규모도 작아지고 눈이 흐를 수 있도록 변형되었다. 또한 교인들의 믿음을 상징하고자 유럽의 돔보다 더 수직성을 강조하기 위하여 돔을 바로 지붕에 얹지 않고 수직선 위에 놓았다. 이는 당시 병사들의 투구 모양으로 병사들이 교회를 수호하는 이미지를 나타낸 것이다.

동방 정교회는 자신들이 기독교의 정통성을 잇고 있다고 생각하여 기독교의 상징을 더 강하게 적용하기를 원했다. 흰색은 순수 또는 순결함을 나타내고 믿음의 강한 표현으로 돔에 황금색을 적용함으로써 기독교의 고귀함과 신성함, 그리고 교회가 세계를 환하게 밝혀주기를 소망하는 의미를 담은 것이다. 러시아의 정교회 건축물이 비잔틴 멸망 이후 후에 정교회의 대표적인 상징처럼 여겨지면서 곳곳에 정교회의 건축물을 쉽게 구분할 수 있게 되었다. 러시아 또는 다른 지역에서도 이러한 건축물을 볼 수 있다. 이는 모두 비잔틴 양식에서 유래한 것이며 후

건축의 형태는 시대를 반영한다

위) 성 마르크 성당
아래) 러시아 정교사원

에 러시아에 정교회가 유입되어 로마의 돔이 러시아식으로 변형된 것으로 러시아의 정교회 건축물이 세계의 정교회 건축물의 상징으로 쓰이게 된 것이다.

　로마의 돔 형태와 비교한다면 로마는 돔을 얹기 위하여 돔 밑을 벽체 구조로 설계한 것이며, 비잔틴의 돔은 돔의 공간과 돔의 하부 공간을 따로 설계함으로써 마치 두 개의 형태가 구분되어 위아래로 얹어 놓은 것 같은 형태이다. 즉 로마의 돔은 하부 구조와 일체형이고 비잔틴은 두 개의 형태로 구분된다. 이는 로마보다 비잔틴이 더 발달된 구조 형태를 시도했다는 뜻이기도 하다. 로마 시대는 기독교가 공인되기 이전이기 때문에 돔의 형태는 공간 형성을 위한 구조적인 목적이었다면 비잔틴은 기독교 공인 후 교회 하부를 기독교 성인들의 무덤으로 사용하게 되면서 지하는 동양의 무덤 형태를 띤다. 또한, 지붕에 있는 돔은 하늘의 반구 형태를 따른 것이며 그 사이의 공간은 인간의 세계를 의미하는 것으로 공간을 분리할 목적으로 3분리 공간을 형성하게 된 것이다. 그래서 돔이 있는 로마의 건축물과 비교하면 비잔틴 건축물은 로마의 건축물보다 여러 축의 집합체를 이루고 있으며 돔과 아치가 한 건물에 복합적으로 쓰였다는 것을 알 수 있다.

　비잔틴이라는 이름은 오스만 제국 이후 지금까지 쓰이지 않고 있다. 물론 그리스나 아르메니아 등 그 주변의 국가들은 이스탄불(이슬람인의 땅이라는 뜻)이라 부르지 않고 콘스탄티노플이나 비잔틴이라는 이름을 사용하기는 하지만 지금은 쓰이지 않기에 우리가 일상적으로 접하는 이름은 아니다. 이 때문에 거리감을 느끼기는 하지만 이후로 비잔틴이라고 하

　건축의 형태는 시대를 반영한다

면 지금의 이스탄불을 생각하고 기독교의 시작과 함께 로마의 수도 천도로 시작되었다는 것, 그리고 콘스탄티노플도 이와 같은 뜻으로 기억하는 것이 혼돈을 막는 방법일 것이다.

*비잔틴 양식의 변형

- **변형 이유** 비잔틴 건축이 러시아로 가면서 수직성과 지역적 배경(흰 눈)에 의해 변화
  러시아 날씨, 신자들의 기도, 교회 수호 병사 투구
- **그리스도 상징** 흰색은 순결, 순수 / 황금색은 빛, 고귀함, 신성, 불빛
- **돔의 숫자** 1개 유일 신 / 3개 삼위일체 / 5개 그리스도와 4명의 전도자

로마풍의 부활을 알리는 이름,
'로마네스크'

서로마가 멸망했지만 기독교가 멸망한 것은 아니었다. 오히려 기독교는 이전보다 세력이 더 확장되고 복잡한 정치 속에서 기득권과 세력을 잡으면서 더 넓은 지역으로 퍼지기 시작했다. 유럽의 역사는 전쟁의 역사이다. 그래서 당시 전쟁을 통하여 유럽의 문화가 타 지역으로 전파되었는데 특히 이 전파 속에 기독교가 함께 유입됐다. 그런데 비잔틴이 오스만 제국에 의하여 멸망하면서 이슬람화하여 그 역할이 중단되고 타 지역에는 주로 서방 정교회, 즉 로마 교황청의 기독교가 전파되면서 타 지역에도 로마의 문화와 서방의 문화가 함께 흘러들어온 것이다. 그래서 많은 지역에서는 동방 정교회에 대한 정보가 오히려 서방 정교회에 대한 내용보다 많지 않았다. 이렇게 서양의 역사는 기독교와 함께 들어오면서 그들의 살아남은 문화와 그들의 정책이 주를 이루었기에 객관적인 판단을 위해서는 조금 더 관심을 갖는 것이 필요하다.

건축의 형태는 시대를 반영한다

로마네스크에서 네스크는 우리말로 '풍(風)'이라는 뜻이다. 그러므로 로마네스크는 로마풍이라는 뜻이다. 로마 시대를 거치면서 대부분의 문화가 로마의 것으로 인식되었지만 사실은 로마의 멸망 후 로마 이전의 것들이 되살아나는 경우가 생겼다. 이는 어느 시대나 있었던 일로 한 시대가 망하면 이전 시대의 것들이 다시 등장하는 경우가 종종 있다. 로마 이전의 것들은 로마 시대를 거치면서 로마의 취향에 맞는 것들만이 살아남게 된 것이다. 즉 로마네스크는 로마풍이란 뜻이지만 로마의 것을 말하는 것이 아니라 로마 이전의 것을 말한다. 사실 로마 건축은 로마풍의 건축에서 유래한 것이다.

노르만족과 게르만족의 대이동이 가져온 것

중세를 기독교 공인 후부터라고 한다면 4세기 초부터 비잔틴 제국이 멸망한 15세기 중반까지 거쳐 왔으니 거의 천 년을 이어 온 세월이다. 서로마가 멸망하기 전 훈족의 서쪽 진출로 로마와 훈족 사이에 있었던 게르만족의 대이동이 급하게 진행되었고 이들이 급기야 로마를 멸망시키는 데 막대한 영향을 끼쳐 유럽은 서로마 멸망 후 크게 혼란스러운 시대를 맞게 된다. 그러나 게르만 민족 중 프랑크족이 다시 과거 로마제국의 영토를 평정하면서 로마제국 이후 5세기 말 프랑크 왕국이라는 새로운 체제가 들어선다. 프랑크 왕국은 400년 정도 9세기 말까지 이어오다 서로마 제국이 동서로 세 개의 형태, 즉 지금의 프랑스 지역의 서프랑크, 중간 지역의 중프랑크, 그리고 지금의 동유럽 지역인 동프랑크까지 세 개의 지역으로 나뉘게 된다. 후에 중프랑크가 지금의 이탈리

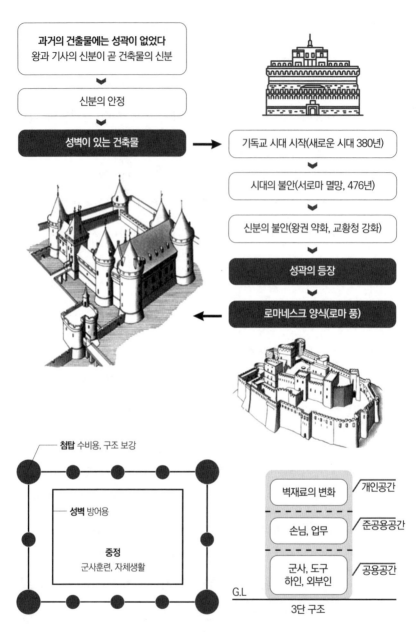

과거의 건출물에는 성곽이 없었다
왕과 기사의 신분이 곧 건축물의 신분

신분의 안정

성벽이 있는 건축물

기독교 시대 시작(새로운 시대 380년)

시대의 불안(서로마 멸망, 476년)

신분의 불안(왕권 약화, 교황청 강화)

성곽의 등장

로마네스크 양식(로마 풍)

첨탑 수비용, 구조 보강

성벽 방어용

중정
군사훈련, 자체생활

벽재료의 변화 / 개인공간

손님, 업무 / 준공용공간

군사, 도구 하인, 외부인 / 공용공간

G.L

3단 구조

로마네스크 건축물 형태의 특징

건축의 형태는 시대를 반영한다

아 부근으로 축소되면서 동프랑크의 세력이 커진다.

　이러한 국가 체제를 유지하다 더욱 세력이 막강해진 동프랑크가 교황령이 있는 이탈리아 남부를 제외한 유럽의 전 지역을 통일하고 지금의 독일 프랑크푸르트를 수도로 정하게 된다. 이에 유럽에서 오토 1세를 황제로 추대하지만 교황이 있는 지역은 여전히 침략을 받고 있는 상태였다. 이에 교황이 오토 1세에게 도움을 청하자 교황의 신임이 통치 세력에 도움이 될 거라 계산한 오토 1세는 이탈리아마저 평정하고 교황은 오토 1세의 세력을 이용하기 위하여 그에게 로마제국 황제의 왕관을 씌워준다. 이렇게 서로마 멸망 후 프랑크 왕국을 거쳐 로마 제국이 다시 탄생하는데 이를 신성 로마 제국이라 칭한다. 이것은 10세기 중반 962년의 일로, 1448년에 오스트리아 황제가 신성 로마 제국 황제가 되어 수도를 빈으로 옮기며 이 신성 로마 제국은 근대 초기 1806년까지 이어진다.

　이렇게 복잡한 상황에 놓여 있는 유럽 지역에 또 다른 복병이 있었는데 그것은 바로 바이킹 노르만족이었다. 용맹스럽고 전쟁을 잘하는 이들은 북쪽에서 이동을 시작하여 유럽 북부 해안지역을 주로 습격하는 민족으로 프랑스 지역뿐 아니라 남쪽 이탈리아 시실리아까지 이동하고, 또다시 동쪽 팔레스타인까지 대이동하면서 로마제국을 상대로 힘겨운 침략을 이어가고 있었다. 이들의 일부는 서프랑크 왕국인 프랑스 노르망디에 정착하여 프랑스의 신하가 되기도 하고, 봉건제도 아래에서 후에 영국을 침략하여 영국의 왕이 되기도 하지만 후에 프랑스와 백년전쟁을 치르면서 영국 앵글로 색슨족과 하나가 된다.

유럽에서 노르만족과 게르만족의 대이동은 로마 제국에 많은 영향을 끼친 사건이었다. 이렇게 정치가 복잡한 상황에서도 기독교는 더욱 확장되고 과거에 없었던 수도승이 생겨났으며, 수도원과 성인을 안치한 대성당은 유럽 권력의 주요장소로 성장하기 시작했다. 정치의 혼란함과 상관없이 주교와 중요 수도원의 원장들은 왕처럼 살고 있었던 것이다.

수도원은 모든 교육의 발상지가 되었다. 대부분의 책은 수도원에서 수작업으로 생산됐는데 수도원 바깥에서는 이를 접할 수도 없었고 집필할 수도 없었다. 즉, 곧 수도원이 집필하지 않은 책은 인정하지 않았고 읽어서도 안 되는 것이었다. 모든 교회나 수도원의 설계도 중앙 수도원에서 지시하는 대로 따라야 했다. 이는 기독교가 지대한 권력의 중심에 있었음을 시사하는 것으로 수도원은 모든 책을 라틴어로 집필했

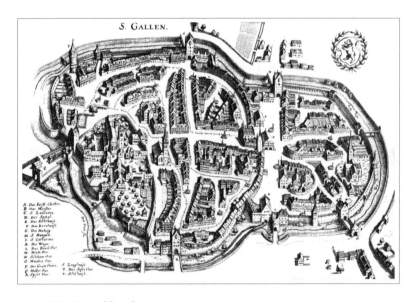

스위스 세인트 갈렌 수도원(719년)

건축의 형태는 시대를 반영한다

던 것이다. 로마네스크에 와서 수도원이라는 건축물이 등장하게 된 이유가 바로 여기에 있다. 이러한 교회 정책이 동로마 비잔틴과 마찰을 겪게 되었다. 특히 과거에 하부 계층으로 여겼던 게르만족을 신성 로마 제국의 황제로 만든 교황의 행위에 대하여 비잔틴은 몹시 화가 난 상태였다. 비잔틴이 로마의 정통계승자이고 기독교의 원조라고 생각했으므로 로마에서 교황을 기독교의 대표로 세운 것도 동로마 황제는 인정하지 않는 상황이었다. 한때 비잔틴이 무너지고 러시아를 정통 로마제국으로 인정한 적도 있었다. 그래서 로마 정교회(로마 가톨릭)와 동방 정교회(비잔틴 가톨릭)의 사이는 그다지 좋지 않았다. 과거 로마 황제가 있었던 시절에는 공화국제도이든, 제정시대이든 정치 상황이 내부적으로 안정되어 있어 중앙집권적인 형태로 통제가 가능했지만 이제 프랑크 왕국이 생긴 탓에 세 개의 영역에서 눈치를 봐야 했고, 의지했던 왕이 무너지면 불안한 상황이 야기될 수 있었다. 더욱이 교황의 교리는 종교적인 부분뿐 아니라 황제에 대한 충성을 같이 보여주어야 했으므로 교황의 눈 밖에 나기라도 한다면 이단으로 몰려 퇴출을 당할 수 있는 상황이었다. 더욱이 강력한 왕권이라기보다는 세력의 흐름이 날로 달라지는 상황에서 지방 자치 성주는 자체적인 방어능력이 필요함을 느끼게 된 것이다.

　기사가 공을 세우면 황제에게 충성을 맹세하고 영토를 받아 그 지역의 왕처럼 귀족이 되는 봉건제도도 생겼는데 그 영토라는 것은 한 국가에 가까운 거대한 규모였다. 왕은 봉건제도로 인해 처음에는 가진 영토가 컸음에도 불구하고 분배 후에는 가장 적은 영토의 왕으로 전락하기도 했고, 한 영주는 여러 왕에게 땅을 받기도 하여 충성에 대한 우선권

계약서를 작성하기도 했다. 이러한 충성을 맹세한 땅의 계약제도인 봉건제도로 인하여 후에 십자군 전쟁이 발생했을 때 왕이 군사를 모집하는 데 유용하게 쓰이기도 했다. 이렇게 넓은 땅을 하사받은 귀족들은 불안한 정세에 자체적인 방어력을 키우고자 했는데 이것이 바로 성곽이 등장하게 된 배경이다. 이것이 로마네스크를 다른 시대와 구분할 수 있는 특징 중 하나라고 설명할 수 있을 것이다. 이때는 바이킹족의 침략뿐 아니라 다른 부족의 침략도 자주 발생하는 시기여서 이전 시대와는 다른 요새 기능이 있는 건축물이 등장한다. 그러나 처음에는 요새의 목적으로 건축물을 지었지만 오랜 시간이 흘러 이 요새가 점차 도시형태를 갖게 되었다.

이때 울(울타리)이라는 개념이 등장했다. 광대한 영역은 울의 개념이 없고 빈번한 침략은 점차 불안감으로 작용하면서 울의 개념이 건축물에 등장해 요새가 만들어지고 이를 보호하기 위한 첨탑과 먼 거리 측정을 위한 수직적인 요소가 건축물에 등장하게 된다. 특히 기독교의 전성기를 맞으면서 수도원이 점차 소도시와 같이 여러 기능을 갖게 되고 이에 따른 새로운 성곽도 등장하며 십자군의 일원인 상인조합 길드의 등장으로 전에 없었던 새로운 건축물들이 등장하는데 이것이 바로 로마네스크의 모습이다. 그러나 이러한 기능은 오랜 시간이 흐르면서 로마 시절의 건축 형태만으로는 충족할 수 없었으므로 로마제국 이전의 건축물 형태가 등장하지만 이것 또한 로마의 건축술이므로 로마풍, 즉 로마네스크라고 부르는 것이다. 수도원이 장려하는 수도원과 교회의 평면만으로는 이 기능들을 다 수용할 수 없었으므로 새로운 기능을 추가한

건축의 형태는 시대를 반영한다

위부터) 영국 웨일스 북부의 콘위 성 / 이탈리아의 피사 성당 / 독일 안더나흐의 마리아 라흐 수도원

요새로서 울이 있는 성곽, 방어 기능과 성곽의 구조적인 기능을 하기 위한 수직적인 첨탑이 등장했다. 특히 수직적인 형태의 건축물이 등장하면서 이는 3단 형식을 갖추기 시작한다. 그러나 이러한 건축물은 로마 시대에 즐겨 사용한 아치와 조적조의 형식을 그대로 반영한 것으로 로마 건축양식과 크게 다르지 않다.

건축물에 디자인을 입히다

기독교가 전성기에 이르면서 등장한 수도원은 소도시의 기능을 갖게 되는데 소도시의 기능이란 큰 의미로는 도시의 역할이지만 기능을 세분화함으로써 공간의 기능이 다양해졌으며 이러한 공간의 다양성은 건축물의 다양성으로 나타나기 시작했다.

궁궐이나 성곽 같은 건축물을 축조하기 위해서는 다수의 인원을 동원해야 하지만 국가의 세력이 분권화되면서 돔을 축조하는 것은 결코 쉬운 일이 아니었다. 그래서 변화한 것이 바로 지붕인데, 지붕과 벽이 만나는 부분에 오히려 디자인의 가능성이 생겨났고 이에 장식적인 모양들이 나타나기 시작했다. 특히 로마 시대 건축과 비교하면 창틀에 디자인 요소를 가미하고 층을 구분하는 경계선이 생기면서 건축물의 디자인이 달라지는 것을 볼 수 있다.

일반 건물에 3단 규모의 공간 층이 생기면서 1층은 노동인구와 집기들을 위한 공간으로 사용되고 중간층은 공용공간으로, 상층은 개인공간으로 구분되기 시작한다. 즉 다층 구조의 건축물은 로마네스크에서 시작된 것이다. 수직적인 건축물의 형태는 수평적인 요소인 벽과 같은

건축의 형태는 시대를 반영한다

구조적인 용도의 기능과 함께 방어적인 기능을 담고 있지만 이는 인간과 하나님 모두 지상에 있다는 기독교적인 의미로 가능한 높이 올라가려는 신앙적인 표현이 담겨 있다. 이러한 수직적인 표현이 후에 고딕에 새로운 건축물에 대한 아이디어를 제공하게 되면서 더 높이 올라가려는 기독교인들의 신앙적인 희망에 로마네스크보다 더 복잡한 건축물이 등장하는 요인이 되었다. 이러한 로마네스크적인 건축물은 지금도 건축물의 디자인으로 많이 사용되고 있는데 대표적인 것이 시카고 건축과 마리오 보타이다. 그러나 이 두 개의 형식뿐 아니라 지금도 많이 쓰이는 중정 형식을 적용한 건축물의 원조는 바로 로마네스크다. 지금도 도시 한복판에 영역의 구분을 위한 성곽과 같은 건축물을 시도하거나 아니면 조용한 분위기의 공간을 도시 내 조성하고자 할 때 중정을 두는데 그 기원은 로마네스크이다.

시카고에 있는 마셜 필드 백화점은 1871년 시카고 대화재 이후 지은 건축물이다. 시카고는 당시 인구가 3백만 명이 넘는 거대한 도시로 미국의 상업도시로 성장하고 있었다. 대부분의 건축물이 목조로 이루어진 탓에 대화재 시 시카고 도시의 건물 60퍼센트를 잃어 집을 잃은 많은 사람들이 도시 재건에 힘써야 했다. 이 당시 건축물이 많이 들어섰는데 이에 주도적인 역할을 한 건축가가 바로 라이트의 스승 루이스 설리반이었다. 그는 목조 건축물 대신 철골구조로 빌딩을 시도하였으며 고층 빌딩을 위하여 엘리베이터를 도입하여 새로운 빌딩의 시대를 열었다. 당시 시카고 건축을 주도한 대부분의 건축가는 파리 보자르에서 건축을 배운 사람들이었다. 보자르 건축학교는 근대 이전의 양식 중에서

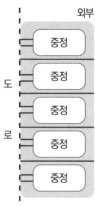

위) 시카고의 마셜 필드 백화점(헨리 홉슨 리처드슨, 1887년)
아래) 앞면이 좁고 뒤로 길게 배치된 중정이 있는 건축물

건축의 형태는 시대를 반영한다

도 특히 로마네스크 양식을 가르친 학교였다. 즉 근대가 시작되었지만 새로운 디자인을 시도했다기보다는 클래식한 디자인을 가르친 학교였다. 이것이 근대 건축가들에게는 큰 걸림돌이 되었다. 특히 장식적인 클래식을 거부하고 모던의 시대를 이끌던 바우하우스에서는 보자르학교의 교수들에게 가르치는 것을 그만두라고 권고할 정도였다.

이 시카고 건축이 포스트모더니즘의 시작이었다. 유럽에서는 근대의 물결이 급물살을 타고 흘러 들었지만 사실 미국으로서는 역사적인 배경이 짧기 때문에 유럽과 같이 근대의 물결만을 타고 갈 수는 없는 노릇이었다. 그래서 미국은 이미 그 당시부터 독자적인 노선을 걷는 양상을 보였는데 특히 근대에 등장하는 아트 앤 데코만 보아도 이러한 성향이 잘 나타난다. 이렇게 로마네스크는 시카고에서 그 명맥을 유지해오다 지금은 포스트모더니즘 건축가들이 로마네스크 양식을 즐겨 사용하는 경향이 있다. 이 같은 현상을 잘 정리하여 보여주는 건축가가 바로 영혼의 건축가라 불리는 마리오 보타다. 고딕 건축물은 전체적으로 3단 구조로 이루어져 있었는데 그는 건축물에 3단 구조를 잘 표현하여 로마네스크의 명맥을 이어가고 있다. 이는 현대에 등장하는 건축물이 수직적인 형태 또는 고층 건축물로서 근대 건축은 그 외부적인 디자인이 단순하며 내부적인 기능에 충실하지만 이를 외부적으로 표현하기에는 수직적 형태의 원조인 로마네스크가 가장 적합하기 때문이었다.

유럽에 가 보면 도로에 접해 있는 건축물 중 앞면이 좁고 뒤로 길게 배치된 건축물이 있다. 이는 당시 앞면의 면적으로 세금을 매겼기 때문에 생긴 현상이다. 이러한 건물 내부에 들어가 보면 가운데 중정이 놓여 있는 경우가 많은데 이는 로마네스크의 스타일을 빌려 만든 것이다. 또한 현대식 건축물 중 공간을 사이드에 배치하고 가운데 중정을 두어 휴식공간을 만들어 놓았는데 이는 로마네스크 양식을 빌린 것이다. 사이드에 있는 공간과 중정을 분리하여 소음을 차단함으로써 휴식공간을 조성한 것이다. 이같이 중정의 형태는 사실 다른 의도로 시작되었지만 현대에 와서 공원이나 휴식공간이 부족한 환경에 좋은 아이디어를 제공하기도 한다.

로마네스크 양식은 울타리와 3단 구조라는 특성으로 인해 현대에 와서 지역적으로 제한받을 수 있지만 새롭게 창작되어 등장하기도 한다. 로마네스크 양식을 갖춘 성으로 유명한 건축물 중 하나로 독일 최남단 퓨센이라는 지역에 있는 노이슈반슈타인 성을 꼽을 수 있다. 이 성은 백조의 성으로 더 알려져 있는 건축물로, 전체적으로 3단 구조를 이루고 있으며 첨탑과 성곽 모두 로마네스크의 양식을 갖추고 있어 관광객의 빌길이 끊이지 않고 있다.

건축의 형태는 시대를 반영한다

독일 바이에른 주 퓨센의 노이슈반슈타인 성(1886년)

첨탑은 더 높게, 벽은 더 얇게,
'고딕 시대'

　십자군 전쟁에서 역사에 등장한 상인조직 길드는 무역을 통하여 상업을 더욱 발전시키면서 도시에 대한 인식을 바꾸기 시작했다. 사람들이 농촌에서 도시로 몰리자 왕가와 교회 측을 포함한 권력층은 이에 대한 새로운 정책이 필요했다. 특히 분권화된 왕권이 교황청을 위협하고 상인계급이 성장하면서 교회는 더욱더 강력한 권력이 요구되었던 것이다. 초기 기독교는 인간과 신의 영역이 하늘과 지상으로 구분되어 분리되었으나 로마네스크에서는 신을 인간의 지상으로 끌어들여 숭고한 삶을 추구해야 한다고 강조했다. 건축물은 이러한 이미지를 표현하고자 수직적인 형태를 취했다. 그러나 시대가 변하고 봉건주의제도 아래에서 교회의 막강한 이미지를 강조하기 위해 이전 시대보다 더 강렬한 형태의 교회 건축물을 세우고자 했다. 이러한 목적에 부합하는 건축물로 로마네스크의 수직 형태는 좋은 예가 되어주었다. 즉 고딕은 로마네스크

　　　　　　　　　　　건축의 형태는 시대를 반영한다

에서 비롯된 것이다.

고딕은 프랑스에서부터 시작되었는데 노르만족이 프랑스에 귀화하면서 세운 노르만 양식의 건축물이 급속도로 퍼진 것이다. 로마네스크에서 크게 변화된 점이 있다면 바로 벽의 두께였다. 기독교가 고딕 시대부터 지상에 인간이 있고 신이 하늘로부터 내려온다는 교리를 내세우면서 인간은 이에 대비하는 삶을 살아야 한다고 주장했는데 이에 신을 맞이하러 가는 인간의 소망을 표현하기 위해 로마네스크보다 더 높이 하늘로 치솟는 수직성의 건축물을 고안한 것이다. 그러나 로마네스크 건축물의 단점은 위로 더 치솟기에는 문제가 있었는데 그것은 바로 두꺼운 벽이 갖는 무게였다.

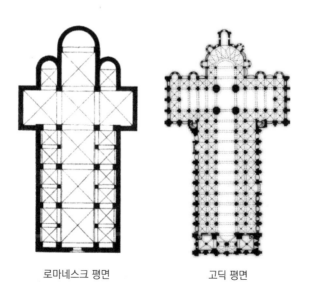

로마네스크 평면   고딕 평면

고딕 시대에는 왜 색유리가 유행했을까?

평면은 고대 로마의 바실리카에서 그대로 이어받았지만 더 높이 올라가기에는 벽 두께에 한계가 있었기에 고딕은 벽 두께를 줄이는 작업에 나섰다. 그러나 여기에는 안전에 대한 문제와 첫 시도라는 점에서 불확실함과 불안감이 있었기 때문에 개구부에 아치 형태의 변화를 시도할 수밖에 없었다. 거의 원형에 가까웠던 아치는 위에서 내려오는 하중을 견디기 위하여 뾰족 아치로 형태를 바꾸고 벽의 두께도 더 얇게 만들었다. 그러나 벽이 위의 하중을 견디지 못하고 측면으로 넘어갈 수 있다는 불안감에 벽을 지탱할 수 있는 구조를 시도하는데 이것이 바로 플라잉 버트레스(부벽)이다. 고딕의 건축물은 위로 올라가기 위하여 하중을 줄이는 방법을 시도했는데 벽이 얇아지면서 측면으로 벽이 넘어갈 수 있다는 불안감에 버트레스로 보강을 하여 벽의 구조를 안전하게 구현하고자 했던 것이다. 그래서 로마네스크의 벽 두께는 모든 공간을 감싸고 있는 반면 고딕 평면은 벽이 개방되면서 버트레스와 같은 지지대로 받치는 형태의 건축물로 탄생하게 되었다.

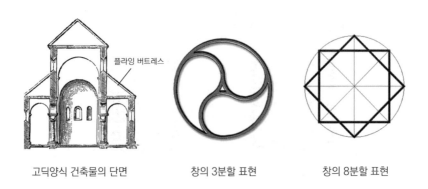

| 고딕양식 건축물의 단면 | 창의 3분할 표현 | 창의 8분할 표현 |

건축의 형태는 시대를 반영한다

이렇게 벽을 개방하면서 그간 두꺼운 벽으로 인하여 기능을 하지 못했던 창의 역할이 두드러졌다. 고딕 시대에 이르러 창의 활용방법을 생각해낸 것이다. 벽이 두꺼우면 환기, 채광 그리고 시야 확보에 대한 창의 기능을 제대로 할 수 없다. 더욱이 이 시대에는 구조적인 문제로 인해 창의 높이가 사람의 시야보다 높은 곳에 위치해 있기 때문에 시야 확보에 어려움이 있었다. 그러나 고딕 건축물은 얇아진 벽에 의하여 창이 채광의 역할을 부여받게 됨에 따라 창의 활용에 대해 주목하게 된 것이다.

이 시대 대부분의 문서는 수도원에서 작성했고 상류층의 공통 언어가 라틴어였기 때문에 일반인들은 교회에서 제공하는 정보 외에는 습득할 수 있는 교리가 없어 대부분이 문맹자였다. 그래서 고딕 시대에는 새로운 기능을 부여받은 창에 종교적인 내용을 담아 이를 교화하는 데 이용하기 시작하면서 색유리를 적극적으로 활용하게 된 것이다. 이것은 일반인들에게도 영향을 주어 고딕 시대에는 색유리가 유행하게 되었다. 고딕의 건축물은 로마네스크에서 그 형태적인 아이디어를 얻었지만 로마네스크보다 더 하늘을 향하여 치솟기를 바랐기 때문에 건축물의 무게 줄이는 작업이 필요했다. 그 작업의 일환으로 성경에 언급된 이야기를 모든 벽에 조각하여 벽의 자체 하중을 줄였고, 첨탑을 조금이라도 더 높이 올리기 위해 마지막 부분까지 조각하는 것을 잊지 않았다. 그러나 아직 높은 건축물의 필요성에 대한 인식이 적었고 특히 모든 부분을 남기지 않고 조각한 건축물의 벽면의 형태가 사람들에게는 익숙하지 않았다. 오히려 뼈대가 드러난 건축물의 형태가 너무 단순하여 군데군데 돌기와 같이 튀어나와 있는 요소들은 흉물스러운 느낌을 주기도 했다. 이전에는 내부에 아치들이 만나 이루어지는 볼트는 자연스러운 느낌의 둥근 모양이었는데 위로 치솟는 형태로 건축하다 보니 뾰족형의 아치가 등장하게 되고 개구부에도 이전에 볼 수 없었던 로마의 반원 아치가 변형되어 이를 자연스러운 형태로 받아들이지 못했던 것이다. 그래서 조르지오 바사리(Giorgio Vasari, 1511~1574)는 고딕을 아주 경멸스러운 건축물로 간주하고 이를 고딕 양식이라고 이름 붙였다. 고딕(Gothic)은 게르만족의 이름에서 파생된 이탈리아어 Gotico로 이는 '외계인, 야만적인'이라는 의미를 담고 있다.

사실 고딕 건축물은 건축물 자체만 보아서는 안 된다. 조각, 그림과 같은 회화적인 면에서 바라보아야 한다. 그러나 바사리는 고딕에 대한 결정적인 단어를 사용할 수 없었던 고딕의 이전 시대나 그 이후 시대에 중요한 역할을 하게 되었지만 바사리의 평가가 그대로 자리 잡게 되면서 고딕을 부정적인 건축물로 인식하게 된 것이다. 1773년 독일의 문호 괴테가 〈독일의 건축〉이라는 책을 통해 고딕을 19세기 국가 건축물로 지칭하게 되면서 경멸 속에서 이어온 고딕에 대한 재평가가 긍정적으로 바뀌게 되었다. 그는 이 책에서 스트라스부르 대성당(Straßburger Münster, 1439)을 보고 '사람이 어떻게 이러한 위대한 건축물을 돌로 만들 수 있는가'라는 찬사를 보낼 때까지 고딕은 암울한 시대를 살아온 것이다. 그러나 고딕은 고대와 중세를 통틀어 실험적인 건축물의 기술적인 개발과 건축의 기본을 다시 시도한 것으로 로마네스크 정신에 기반을 두고 출발했다. 고딕은 당시 영적인 것, 신학적인 것, 정치적, 그리고 경제적,

건축의 형태는 시대를 반영한다

기술적인 출발점으로 교회 건축물에 대한 사회적 요구에 부흥하기 위한 실험적 시도와 변화이자 권력에 대한 시위이기도 했다. 왕의 권한과 군주제를 지향하는 귀족들, 대성당의 사회적 역할과 주교, 그리고 도시의 지도자들에 대한 시위에서 촉발된 장인 정신의 시작이었지만 이것이 점차 화려해지고 거대해지면서 초기의 경건한 열정으로부터 점차 벗어난 형태가 탄생되었다.

고딕에서 가장 주목할 것은 바로 빛이다. 내부로 신성한 빛을 끌어들이기 위하여 벽면 자체를 사라지게 하고 커다란 창문을 만들기 위해서는 구조 변경이 필수적이었다. 태양 광선으로부터 시작되는 신비한 빛이 교회 전체를 장식하고 건축물 자체를 형이상학적으로 보이도록 해야 했으므로 이러한 목적 아래 로마네스크 건축물을 변형한 고딕이 탄생한 것이다. 그러나 사실 고딕이라 부르게 된 것은 르네상스에 새로운 로마를 건설하기를 갈망했던 로마인들로부터 비롯되었다. 고딕의 뾰족한 아치와 로마의 둥그런 아치의 대립이 만들어낸 이름이었다. 고딕을 고트족이 만들었다는 모함은 근거 없는 것이다. 중세는 비잔틴, 로마네스크 그리고 고딕으로 구분한다. 이때 시대 코드는 기독교로 신본주의이다. 이 순서로 보았을 때 고딕은 로마네스크 건축에서 발전하여 근세 초기인 르네상스 건축으로 연결됨을 알 수 있다.

고딕은 야만적인 독일 스타일?

고딕이라는 이름이 고트족 또는 동고트족에게서 유래되었다고 생각하는 경우가 많은데 이는 전혀 상관없는 일이다. 고딕은 초기 1130~

1240년, 중기 1240~1350년, 후기 1350~1500년 이렇게 세 개의 시기로 구분된다. 초기의 건축물은 3단 구성, 아치 등 로마네스크의 영향을 받았지만 중기에 와서 점차 화려해지고 후기에 올수록 수직성이 더 강해진다. 고딕은 프랑스 노르망디에서 시작되어 후에 르네상스가 시작된 후에도 유럽 전 지역으로 전파되었다.

여기에서 왜 노르망디인가? 하고 생각해 볼 필요가 있다. 여기에는 두 가지 이유가 존재한다. 스페인은 이미 1000년 동안 이슬람의 지배를 받으면서 그들의 문화가 깊이 내재해 있었는데 이것이 노르망디에 영향을 미쳤고 또 하나는 노르만족이 주도한 1차 십자군 전쟁(1096년)을 통하여 사라센 양식이 유럽에 전파된 것으로 추측한다. 후기 르네상스까지 고딕이라는 이름은 없었다. 단지 사라센 양식이라 불렸던 것이다. 근세에 들어 유럽인들은 고대 그리스와 로마 문화를 다시 부활시키려는 운동(Renassance=Re+nassance)을 벌이고 있었는데 이슬람 형식을 띤 고딕이 점차 유행하자 로마를 계승하려는 르네상스인들이 이를 저지하려 했다. 이들은 로마의 멸망이 게르만족 때문이라 생각해 게르만족을 미개하고 혐오스러운 문화로 간주하던 시기였다. 이 중 게르만족의 대표적 부류인 고트족의 출입을 통제하는 글을 입구에 붙이기도 했으며 조르지오 바사리는 〈예술가들의 삶(Lives of the Artists)〉이라는 책에서 고딕을 야만적인 독일 스타일이라고 정의하기도 했다. 그 이유는 기독교 시대에 반하여 고대 로마를 부활시키는 데 있어 고대 로마를 멸망시킨 게르만이 눈엣가시였기 때문이다. 고딕 양식을 사라센 양식이라고 처음 명명한 사람은 크리스퍼 렌이다. 이렇게 고딕 건축은 고대 로마와 그리스

건축의 형태는 시대를 반영한다

양식을 추구하려는 르네상스 사람들에 의해 경멸적으로 붙여진 이름으로 흉측하다, 혐오스럽다는 이미지를 담고 있다. 그래서 둥근 아치를 추구하는 고대 로마(초기 고딕)와 다른 뾰족한 아치를 가진 사라센 건축물은 이후 고딕 건축이라는 이름을 얻게 되었다.

300년에 걸친 십자군 전쟁으로 신앙심이 약해진 유럽은 도시 어디서나 볼 수 있는 고층의 교회 건축물이 필요했는데 이를 위해 적합한 뾰족한 아치를 적용하여 수직 형태를 가능하게 했으며, 얇아진 벽에 성경 속 내용의 부조가 등장(후기 고딕)하기 시작하면서 고딕 건축물은 점차 더 화려하게 발전했다. 하지만 고대 로마(둥근 아치)를 꿈꾸는 이탈리아에서는 다른 지역에 비하여 고딕 건축물의 취지는 받아들였지만 뾰족 아치가 아닌 둥근 아치를 사용했다. 고대 로마를 재건하고자 하는 르네상스의 열망은 동로마 멸망 후 신본주의(기독교 시대)가 아닌 인본주의 시대를 꿈꾸는 인문학자들에게로 옮겨갔다. 이것은 동로마 멸망 후 로마 교황청(신본주의 영역)이 있는 로마보다는 당시 교류가 활발한 도시 피렌체가 배경이 되었다. 비교해보면 지금의 이탈리아 지역과 다른 지역의 고딕 건축물에서 아치의 형태가 분명히 다르게 나타나는 것을 볼 수 있다. 이는 곧 고대 로마를 지향하는 것인가, 아니면 새로운 시대를 향한 건축물을 지향하는가 하는 각각의 의도에 따른 것이다. 그러나 신앙이 약해져 가는 상황을 고민하던 종교 지도자들이 도시 어디에서나 볼 수 있는 교회 건축물을 통하여 사라져가는 신앙을 잡아보려는 의도는 유럽이나 이탈리아 지역이나 동일했으므로 높은 고딕 건축물이 필요하다는 사실에는 서로 동의하고 있었던 것이다.

초기 고딕 건축물인 파리의 노트르담 성당, 영국의 솔즈베리 대성당, 프랑스의 스트라스부르 대성당, 이렇게 세 건축물을 비교해보면 초기는 벽면에 성경 내용을 음각으로 나타내지 않았지만 표현 방식이 점차 다양해졌으며 첨탑 또한 점점 높이 올라가게 되었다. 고딕 건축물이 전체적으로 3단 구성 형태인데 이는 로마네스크의 영향임을 알 수 있다. 여기서 최고의 고딕 건축물로 선택한 밀라노 대성당은 첨탑이나 벽면의 음각이 절정에 이르고 있다. 중세(신본주의 기독교)의 건축물의 전체적인 특징은 고대나 근세와는 확연한 차이를 느낄 수 있는 수직 형태를 띠고 있다는 점이다. 이에 대한 특징은 바로 첨탑의 역할인데 이는 신앙적인 소망을 나타내는 것으로 후기 고딕에 와서는 더 높아지려는 의지가 고스란히 담겨 있음을 알 수 있다. 여기에 나열한 고딕 건축물은 뾰족한 아치(이탈리아를 제외한 유럽 지역)를 갖고 있는 반면 밀라노 대성당은 로마의 아치를 고수한 것으로 보아 로마 재창출에 대한 의지가 담겨 있음을 알 수 있다. 이러한 의도는 현대 건축물에도 많이 적용되는데 이는 고딕 건축물이 갖고 있는 구조적인 아이디어로 바로 플라잉 버트레스 같은 부벽의 사용이다. 고딕에서는 부벽이 구조적인 시도였지만 현대에 와서는 형이상적이고 연속성에 대한 지루함을 감추기 위한 용도로도 많이 쓰이고 있다. 이는 심리적으로 안정된 느낌을 주기도 하고 제2의 스킨으로 사용되기도 하는데 이는 리처드 마이어와 같은 유명 건축가도 즐겨 사용하는 표현이다. 오히려 현대에 와서는 고딕이 필요로 했던 반투명 유리의 콘셉트보다는 반대로 직사광선이 내부로 유입되는 것을 막아주는 선바이저와 같은 기능을 하는 데 사용되기도 한다.

건축의 형태는 시대를 반영한다

위) 파리 노트르담 성당(1163년) / 영국의 솔즈베리 대성당(1258년) / 프랑스의 스트라스부르 대성당(1439년)
아래) 이탈리아의 밀라노 대성당(1386년 기공)

근세
1450

르네상스 Renaissance

매너리즘 mannerism

바로크 Baroque

로코코 Rococo

신고전주의 Neoclassical

1830

#제1의 형태 #신인동형 #인본주의 #산업혁명 #프랑스혁명(1789)
#오스만 제국(1299~1914) #장미 전쟁(1455~1487)

르네상스,
근세의 출발선에
서다

비잔틴의 멸망이
가져온 것

　고대와 중세를 시기적으로 구분한 것은 바로 근세의 시작인 르네상스였다. 이들은 자신들이 당시 최첨단이라고 여겼기 때문에 이전 시대와 구분이 필요했다. 그래서 고대와 중세를 나누었는데 여기에는 시대적 코드로 신인동형과 기독교라는 특징이 있다. 근세가 시작되는 데 있어서 많은 사건이 있었다. 그리고 이 사건들은 근세의 필요성을 불러왔다.

　기독교가 공인되고 급기야 국교화되면서 기독교는 황제의 권력과 함께 로마 제국의 중요한 역할을 담당하게 된다. 황제는 권력을 유지하는 데 종교의 힘을 빌리고 물리적인 통치뿐 아니라 정신적인 면을 지배하는 데 있어서도 종교가 중요한 역할을 한다는 것을 알게 되었다. 이러한 필요성으로 인하여 권력과 함께 기독교의 역할이 점차 확대되었다. 그러나 로마에 위치하고 있던 제국은 노르만족과 게르만족의 이동으로 인한 잦은 침략으로 로마가 지형적으로 불안정하다는 결론에 이르자

　　　　　　　　　　　　　　건축의 형태는 시대를 반영한다

당시 그리스에 속해 있던 지금의 터키 비잔틴으로 수도를 옮기게 된다. 이곳은 이미 로마가 점령하고 있었지만 중요한 도시로서의 역할을 담당하지 못하고 있었고 수도를 옮긴 후에는 서서히 권력이 옮겨 가기 시작했다.

이즈음 로마 제국에 편입된 게르만족이 늘어나고 공화당 시절의 로마는 결국 게르만의 오도아케르 장군에 의하여 화려했던 로마 제국의 막을 내리게 된다. 그러나 비잔틴으로 옮긴 로마, 즉 동로마는 여전히 건재했으며 공화정에서 제정시대로 강력한 왕권을 유지하고 있었다. 서로마 지역은 게르만족뿐 아니라 노르만족의 이동과 함께 지속적인 침략으로 혼란스러운 상황이 이어지고 있었다.

프랑크 왕국의 탄생

서로마가 무너지고 마치 춘추전국 시대와 같은 상황 속에서 유럽은 암흑시대로 접어들었다. 교황청은 로마 황제가 있던 시기만큼 안정을 찾지 못하고 외부의 침략을 받아야만 했으며, 종교를 이용하려는 세력들이 교황청을 자신의 권력 안에 두려는 시도로 늘 불안했다. 여러 왕국으로 불안정하게 지속되던 옛 로마 제국에 게르만족의 하나인 프랑크족이 강대해지면서 하나의 국가를 세우는 데 이를 프랑크 왕국이라 부른다.

하지만 무능한 선왕이 죽은 뒤 세 아들의 분열로 프랑크 왕국은 다시 세 개로 분열되는데 둘째 아들은 서프랑크, 셋째 아들은 동프랑크, 그리고 첫째 아들이 중프랑크를 통치하게 된다. 이 프랑크 왕국이 지금의 프랑스, 독일 그리고 이탈리아의 모습이다. 후에 게르만족인 동프랑크의 세력이 커지면서 작아진 중프랑크 왕국을 제외하고 옛 로마 제국의 대부분을 통일하게 된다. 이 왕이 바로 동프랑크 게르만의 오토 1세이다.

침략의 위협을 받고 있던 교황은 옛 로마 황제처럼 자신을 지켜줄 강력한 권력을 필요로 하던 시기로 오토 1세에게 도움을 청한다. 아직 기독교의 영향력이 크던 시기이기에 오토 1세도 교황의 신임을 얻는 것이 중요하다는 판단에 교황을 돕기 위해 지금의 이탈리아 지역인 중프랑크로 내려가 그곳마저 평정한다. 이렇게 다시 옛 로마 제국의 영토가 하나의 왕 체제로 확립된다. 그리고 이 기회를 틈타 교황은 황제인 오토 1세에게 로마 황제 왕관을 수여한다. 이렇게 로마 제국이 재탄생하게 되는데 이를 신성 로마 제국이라 부른다.

하지만 신성 로마 제국은 로마인과 관계가 없다는 이유로 아직 건재한 비잔틴 제국은 이를 받아들이지 못했다. 자신들이 로마 제국의 정통성을 가졌다고 믿었던 것이다. 교황청(서방 정교회)보다 자신들이 더 오래된 기독교의 뿌리라고 여겼지만 로마에서 교황을 세운 것에 불만이 많았던 비잔틴 제국(동방 정교회)은 로마 황제까지 세우게 되자 거세게 반발하기 시작했고, 이를 계기로 서로마와 동로마의 관계는 더욱 악화되고 만다.

서방 정교회와 동방 정교회는 서로 불신하게 되면서 정치적으로도 분리되었고 유럽에는 개신교의 등장으로 30년 종교전쟁으로까지 번지게 되었는데 이는 오늘날 유럽 공통의 역사로 자리잡게 된다. 황제와 교황은 다시 옛 로마 제국처럼 안정을 찾기 시작하고 수도원과 교회도 막강한 권력을 갖고 자리 잡게 된다. 이즈음 기독교는 비잔틴 제국을 기점

건축의 형태는 시대를 반영한다

으로 하는 비잔틴 교회, 예루살렘 교회, 안디옥 교회, 알렉산더 교회를 기점으로 하는 동방 정교회와 로마 교황청을 기점으로 하는 서방 정교회 이렇게 다섯 개의 교회를 중심으로 자리 잡게 된다. 그러나 신성 로마 제국의 탄생으로 안정을 되찾은 서로마에 비해 동쪽에서는 다른 세력들이 등장하기 시작한다. 바로 이슬람인들이었다. 이들은 아직 조직화되지는 않았지만 서서히 동쪽에서 세력을 키워가고 있었다. 이전까지 이슬람 지역이었던 예루살렘은 기독교인들이 마음대로 성지순례의 목적으로 방문할 수 있었으나 이슬람인들이 점차 세력화되면서 이마저도 어렵게 되었다. 이에 격분한 서방에서는 다시 예루살렘을 탈환하고자 했다. 그런데 예루살렘은 사실 기독교의 성지뿐 아니라 이슬람의 성지였으며 유대인의 성지이기도 했다. 이러한 이유로 예루살렘을 서로 차지하려 했던 것이다.

교황청은 다시 예루살렘의 방문을 자유롭게 하고자 군사를 모집하여 예루살렘으로 떠나는데 이것이 바로 제1차 십자군 전쟁이다. 이들은 모두 옷에 십자가 문양을 그려 넣고 전쟁터로 떠난다. 그래서 십자군이라 부르는 것이다. 십자군 전쟁은 여러 차례에 걸쳐 진행된다. 이는 곧 성공하지 못했다는 의미이다. 1차에서는 성공적으로 탈환하지만 그 후 다시 빼앗기게 되자 전쟁이 지속되었던 것이다. 그러나 이렇게 실패한 배경 속에는 다른 원인이 있었다. 전쟁 참여의 큰 주제는 예루살렘 탈환이지만 전쟁에 참여하는 군인들은 모두 다른 뜻을 품고 있었던 것이다. 교황은 교세 확장에 목적이 있었으며, 왕의 목적은 영토 확장과 불안한 정세에 대한 외부로의 관심이었다. 또한 상인들에게는 무역 확대

(이때 상인조합 길드가 만들어짐)라는 목적이, 군인들에게는 의식주 해결에 그 목적이 있었다. 이러한 다양한 의도들이 십자군을 잔인하고 약탈하는 군대로 만든 것이다. 이렇게 다양한 목적을 가지고 시작된 전쟁에서 집약된 힘을 발휘하기 어려웠다.

특히 제4차 십자군 원정은 본래의 의도를 망각하고 약탈과 침략의 성격을 띤 원정으로 잔인무도한 성격을 갖고 있었다. 다른 원정은 육지를 돌아갔던 것에 반해 4차는 빠른 길을 선택하기 위하여 배를 타고 가게 되었는데 이때 등장한 것이 바로 베네치아 상인(베네치아 공화국)들이다. 이들은 무역에 사용하는 배로 군인들의 수송을 맡게 되었는데 이때 가난한 십자군이 지불하지 못한 수송비를 감해주는 조건으로 비잔틴 제국을 침략하는 제안을 내놓은 것이다. 십자군도 비잔틴도 기독교 국가이지만 베네치아 상인들은 비잔틴에 많은 보물과 풍부한 물자가 있다는 소문으로 이들을 예루살렘이 아닌 비잔틴으로 방향을 돌리게 한 것이다. 당시 비잔틴은 이집트와 무역을 하는 베네치아 상인들을 방해했기 때문에 늘 비잔틴이 걸림돌이었던 베네치아 상인들에게는 절호의 기회였던 것이다.

쇠퇴해진 교황청, 강력해진 이슬람

십자군에 비참한 모습으로 점령당한 비잔틴 제국은 1204년에서 1261년까지의 기간 동안 잠시 비잔틴 역사를 중단하고 비잔틴을 점령한 십자군은 라틴 제국(다른 이름 로마니아 제국)을 세운다. 후에 다시 비잔틴 제국으로 부활하지만 이미 많은 영토를 잃어 약소제국으로 남게 된다.

건축의 형태는 시대를 반영한다

이렇게 십자군은 여러 차례 반란을 일으키지만 오히려 이슬람이 단합하는 계기를 제공하며 십자군의 예루살렘 탈환에 대한 목적은 실패하고 만다. 이렇게 십자군 전쟁에 큰 성과를 거두지는 못했지만 서양은 이로 인해 큰 변화를 갖게 된다. 특히 상인계급이 성장하고 시민의식 또한 성장하는데 이것이 근세를 불러오는 밑바탕이 된다.

전쟁을 통하여 가장 타격을 입은 곳은 교황청이었다. 교황의 세력은 약해지고 종교에 대한 의지도 약해지는 결과를 초래한다. 십자군 전쟁을 통해 강력해진 이슬람은 세력을 확장하기 시작했는데 살라딘(술탄)이 지하드(이슬람의 성스러운 전쟁)를 조직하여 점차 유럽으로 세력을 넓혀가기 시작한다. 그 후 오스만 1세가 제국을 평정하면서 이슬람의 세력은 더욱 강대해져 오스만 제국을 건설한다. 그의 아들 오르한 1세는 후에 동로마 제국과 동맹을 맺기도 하지만 후에 동로마를 침공한다. 서로마와 사이가 좋지 않았지만 오스만 제국이 동로마를 침공하자 다급해진 동로마가 서로마에 도움을 청하게 되고 이미 세력이 약해진 교황은 이에 도움을 줄 수 없는 상황이 되어 동로마는 아주 비참하게 이슬람 오스만 제국에 점령당하게 된다. 오스만 제국은 동로마를 점령한 후 비잔틴의 이름을 이스탄불(이슬람인의 땅이라는 의미)로 바꾼다. 이는 근세를 불러오는 가장 큰 사건이 된다.

십자군 전쟁으로 기독교의 세력이 약해졌으나 기독교는 신성 로마 제국의 정신적인 줄기였다. 그러나 동로마가 멸망하자 이는 정신적인 충격으로 다가왔고 이 사건으로 인해 기독교에 바탕을 두었던 모든 사회의 틀이 흔들리기 시작했다. 이것이 중세의 마지막을 고하는 사건이 되었으며 동로마 비잔틴에 거주했던 로마인들은 다시 서로마로 피신하여 새로운 시대의 필요성을 요구하게 되는데 이것이 바로 최초의 인문학이 된다. 기독교 시대에는 모든 지식의 바탕을 성경에 두었기 때문에 이에 반하는 내용들은 모두 이단으로 취급될 정도로 금기시되었던 것이다. 특히 십자군 전쟁뿐 아니라 이즈음 유럽은 다른 전쟁으로 복잡한 상황이었다. 본래 봉건제도가 정착해 있던 시기라 기사들이 공을 세우면 왕은 그들에게 충성을 약속받고 땅을 주었는데 받은 영토는 자급자족이 가능할 정도의 규모이기에 굳이 황제나 교황에게 전폭적으로 의존할 필요가 없었다. 프랑스 황제 같은 경우는 이러한 봉건제도를 남발하여 가장 강력한 권력을 갖고 있었음에도 가장 영토가 적은 황제이기도 했던 것이다. 노르만족이 프랑스에 귀속되면서 받은 영토 중 하나가 바로 지금의 영국이다. 그래서 그들은 영국으로 가서 앵글로 섹슨족과 마찰을 빚기도 했다. 그런데 이들은 영국의 영토뿐 아니라 프랑스에 속한 노르망디 육시 땅도 소유하고 있었다.

프랑스의 신하였던 노르망디 공작이 영국 왕이 되면서 상황은 복잡해졌으며, 십자군 전쟁에서 패한 왕의 소환문제까지 겹치게 되었다. 이에 프랑스가 주도한 아비뇽 유수* 등 여러 가지 복잡한 문제로 영국과 프랑스가 끝내 영토문제로 전쟁을 하게 되는데 이는 거의 116년간 이어진다. 이에 강력한 영국이 프랑스를 침공한 이 전쟁은 프랑스 땅에서

* 프랑스가 내세운 교황 때문에 로마 교황이 로마교황청을 비우고 아비뇽으로 이전하여 70년간 정착한 사건

건축의 형태는 시대를 반영한다

만 이뤄지는데 프랑스는 거의 모든 땅을 빼앗기고 아주 작은 성에서 마지막 전투를 준비하게 된다. 이때 혜성처럼 등장한 것이 바로 시골 소녀 잔다르크이다. 신의 계시를 받았다는 이 백색의 소녀가 전쟁에 앞장서 옛 영토를 모두 회복하고 영국은 섬으로 물러난다.

이 두 전쟁을 통하여 많은 무기가 개발되고 특히 화포가 등장하면서 기사라는 역할이 역사 속에서 사라지는 계기가 된다. 시민계급이 성장하고 수직적인 사회계급이 점차 다양하게 등장하기 시작한다. 프랑스 땅에서 있었던 백년전쟁이 끝나고 재건에 힘쓰던 프랑스보다 오히려 영국이 복잡해진다. 전쟁을 주도했던 가문은 전쟁 패배의 원인을 묻는 가문이 왕위 찬탈을 위한 전쟁을 시작하는데 이 두 가문의 문장이 붉은 장미와 백장미인 탓에 후에 이 전쟁을 가리켜 장미전쟁이라고 부르게 되었다. 백년전쟁이 끝난 지 2년 만에 장미전쟁이 일어난 것을 보면 영국이 세력 다툼 속에 복잡한 상황이었음을 알 수 있다. 장미전쟁은 우여곡절 끝에 붉은 장미 가문이 승리하고 헨리 6세가 자리를 차지한 후 헨리 7세까지 이어지지만 영국은 또다시 세계에 영향을 주는 사건을 일으키게 된다.

헨리 7세는 영국 내부의 안정된 정치를 맞이하고 외부로 관심을 가지면서 강대국과 손을 잡기 위하여 당시 스페인이나 포르투갈과 같은 해상 강대국과 손을 잡기 위하여 이전부터 행해오던 왕가 간의 결혼을 준비하던 중 스페인 공주와 아들 아서를 결혼시키게 된다. 그러나 아서가 바로 사망하면서 스페인 공주를 돌려보내야 하는 상황에 이르렀는데 가지고 온 많은 지참금에도 탐이 났고 스페인과의 관계를 유지하고자 둘째와 다시 결혼을 시킨다. 그 아들이 바로 유명한 헨리 8세이다. 헨리 8세는 자신보다 나이 많은 형수와 어린 나이에 결혼을 한 것이다. 헨리 8세는 어린 시절부터 아버지를 쫓아다니며 역사 공부를 비롯해 이미 많은 경험을 했기에 장미전쟁이 왕위계승 문제로 일어났다는 것을 알고 있었다. 이에 어떻게 해서든 아들을 얻으려고 노력했지만 형수가 아들을 낳지 못하자 가톨릭의 원칙에 따라 결혼을 무효로 돌리기 위하여 교황청에 청원하게 된다. 그러나 당시 교황청에 막대한 군사와 자금을 대는 스페인 공주의 결혼을 무효로 하는 것은 교황청으로서는 엄청난 모험이었기에 교황청은 이에 반대한다. 이에 화가 난 헨리 8세는 로마교황청과 영국천주교의 분리를 선언하고 자신이 영국의 종교를 지배하겠다는 선언을 통해 충성을 강요한다. 그리고 결국 왕비를 폐위하고 그간 마음에 품고 있던 형수의 여종과 결혼한다. 하지만 기대했던 아들이 아닌 딸을 낳자 3년 만에 폐위시키고 또다시 결혼을 하는데 이렇게 무려 여섯 번의 결혼을 하게 된다. 이린 헨리 8세로 인해 로마로부터 독립한 영국의 가톨릭이 바로 성공회이다. 이미 유럽에는 종교개혁이 일어나 개신교가 있었고 영국에도 칼빈파와 루터파의 개신교가 자리 잡고 있었다. 이들이 바로 청교도인이다. 그러나 헨리 8세의 종교적인 압박과 갈등에 견디다 못해 헨리 8세 둘째 부인의 여종 앤 불린의 소생인 엘리자베스 1세 때 메이플라워호를 타고 청교도인과 승무원 약 150명이 미국으로 건너간다.

이들이 도착한 때는 혹독하게 추운 겨울이었다. 미국으로 건너오던 중 많은 사람이 죽고 남은 사람은 채 100명이 안 되었는데 겨울을 보

건축의 형태는 시대를 반영한다

내는 동안 배에 남아 있던 사람들 중 적지 않은 사람이 목숨을 잃게 된다. 목숨을 부지한 사람들은 날씨가 풀려 육지로 내려오고, 인디언들의 도움으로 옥수수 재배 방법을 배우며 살아남게 되는데 이때 첫 수확의 날이 미국의 추수감사절이다. 이제 먹을 것을 해결한 사람들은 인디언 토벌을 시작하고 신대륙 정복에 들어선다. 미국은 이렇게 청교도인들의 인디언 정복을 신대륙을 향한 개척이라는 새로운 역사를 만들어 낸 것이다.

영국이 변화를 겪는 동안 유럽은 여전히 불안한 상황을 겪고 있었다. 신성 로마 제국은 지속되고 있었고, 이즈음 기독교의 지도자들은 왕과 같은 권력을 행사하고 있었다. 교황청의 더 많은 경제력에 대한 욕구는 급기야 면죄부 판매라는 수단까지 동원하게 되어 이를 통해 많은 부를 축적하게 된다. 결국 이 사건은 독일의 마틴 루터와 스위스 칼빈에 의한 종교개혁에 불을 지피게 된다. 루터는 종교 자체의 변화에 초점을 맞추었고 칼빈은 시민의 변화가 종교개혁의 역할을 해야 한다고 맞섰다. 이것을 발단으로 독일에서 구교와 신교 간의 30년 종교전쟁이 시작되는데 시작은 이러했으나 사실상 이는 교황청과 권력의 분열이라는 바탕이 있었기에 가능했던 것이다.

구텐베르크의 인쇄기 발명이 낳은 것

종교의 권력이 막강해지는 반면 여러 국가들이 생기면서 왕의 영향은 오히려 축소되는 경향으로 서로 간에 불신이 생기기 시작했고, 면죄부 판매를 통한 교황청의 횡포가 심해지지만 이를 적극적이고 표면적으로 나타낼 수는 없었다. 그런데 신학자들이 면죄부 판매에 대해 반발하자 왕들이 이들을 비호하고 보호하면서 종교개혁이 진행될 수 있었던 것이다. 특히 칼빈의 시민의 변화에 대한 초점은 구텐베르크의 인쇄기 발명에서 비롯되었다. 인쇄기로 제일 먼저 인쇄한 것이 바로 성경이었는데 이를 접한 시민들의 지지가 큰 힘이 되었던 것이다. 그래서 독재자들은 시민들의 깨달음을 가장 두려워하기에 언론 통제를 중요한 정책으로 삼기도 하는 것이다. 모든 나라는 그 나라 국민 수준에 맞는 지도자를 갖는다는 처칠의 말의 근거는 바로 이러한 배경에서 시작된 것이다. 우리가 우매한 지도자를 갖게 되는 것은 우리의 책임도 있다. 객관적이지 못한 국민은 객관적이지 못한 지도자를 갖게 되고 정당하지 못한 국민은 정당하지 못한 지도자를 갖게 되는 것이며 국민 간에 서로 하나가 되지 못한 국가는 국민을 위하지 않는 지도자를 갖게 되는 현상을 역사 속에서 보게 된다.

당시 가장 중요했던 영적인 분야를 담당한 종교 개혁이 바탕이 되고 라틴어 위주의 문서와 정보가 인쇄술의 발달로 각 나라의 다양한 언어로 출판되면서 시민들이 깨어나고 본질을 알게 되는 과정을 통해 인문주의를 바탕으로 근세로 향하는 기초가 되었다.

비잔틴 제국의 멸망을 단순히 한 제국의 멸망으로 보아서는 안 된다. 이는 이슬람이 기독교를 무너뜨린 사건으로 보는 것이 맞다. 이로 인하여 동방의 예루살렘, 안디옥 교회. 알렉산드리아 교회가 이미 이슬람으로 넘어갔고 마지막 남은 비잔틴마저 이슬람에 무너지자 이전의 동방 교회는 모두 사라지고 유일하게 러시아 동방 교회만 남은 것이다. 이로

건축의 형태는 시대를 반영한다

인하여 기독교는 불안감을 가질 수밖에 없었으며 과거의 교황과 황제의 권력 다툼에서 이득이 될 것이 없었기에 변화된 사회에 맞추어 기독교도 변화를 모색하게 된 것이다.

특히 절대적이었던 교황청의 권력이 헨리 8세에 의하여 추락되는 사건은 국왕들에게 새로운 계기를 부여해주었으며 교황청과의 결별이 가능하다는 것을 암시하게 해준다. 로마로 피신한 학자 중 역사학자인 레오나르도 브루니(Leonardo Bruni)와 인문학자 지아노초 마네티(Giannozzo Manetti)가 제창한 인문주의 이론이 힘을 얻게 된다. 브루니의 이론을 보면 종교는 현세보다 사후를 더 중요시했던 반면 그는 현세의 중요함을 주장하고 개인의 가치를 더 나타내려 했다. 근세로 들어서면서 신학 위주의 학문을 문법, 웅변, 시 그리고 역사라는 네 개의 분야로 학문의 범위를 정하고 특히 신앙적인 것보다는 역사적인 부분을 더 강조하는데 이를 위하여 전통을 바탕으로 고대 그리스와 고대 로마의 철학과 사상을 기초로 하려는 의도가 엿보인다.

여기에서 고대 이집트는 제외되었다. 인간의 존엄성을 나타내기 위하여 필요한 것은 역사 속 영웅들의 등장과 철학인데 이 같은 내용들은 그리스와 로마가 더 많았기 때문이다. 그리고 새로운 시대이지만 이론을 정립하기 위해서는 증명이 필요한데 과거 속 등장하는 영웅들의 역사는 신에 비교되는 좋은 예가 될 수 있기 때문이다.

근세는 이러한 내용을 증명하기 위하여 중세를 제외하였는데 이는 너무도 당연한 것이었다. 근세가 탄생한 동기는 중세를 부정하고자 등장한 것이기에 당연히 그 이전의 고대를 교훈으로 삼을 수밖에 없었던 것이다. 아마도 중세가 신본주의가 아니었다면 고대를 예로 들 필요는 없었을 것이다. 즉 신본주의에서 탈피하기 위한 방법으로 고대를 예로 삼은 것이다. 그래서 근세의 시작이 르네상스(Re naissance = Again make 다시 만들다)라고 이름 붙여진 것이다. 마네티의 이론은, 중세에는 문장의 주어가 대부분 예수였다면 지금은 인간이 주어가 되어야 한다는 것이었다. 인간의 능력, 가치 그리고 존엄성을 다시 알기를 바라는 의도가 잘 나타나 있다. 근세에 들어 종교에만 의지하기보다 인간 스스로 개척하고 노력하는 새로운 사회를 요구해야 한다는 주장이 두드러졌다. 근세가 시작되기 전에는 고대와 중세라는 단어도, 시대적 구분도 없었다. 그러나 근세는 자신들이 최첨단이며 이전 시대와 차별화하기 위하여 새로운 네 개의 학문 중 역사 부분에서 이를 명확하게 구분하게 된 것이다.

역사학자 레오나르도 브루니가 시작한 인문주의 '학예 부흥(New Learning)'
1. 인간의 성질을 알려는 욕구가 있다.
2. 한 개인의 성과를 중요시하는 경향이 있다.
3. 지금 현세의 삶을 천국에서의 삶보다 중요시하는 경향이 있다.
4. 클래식 작품을 중요시하는 경향, 여기서 클래식은 그리스와 로마의 문명을 뜻한다.
5. Grammar(문법), Rhetoric(웅변), Poerty(시), History(역사)의 발달 등
   예전의 성경에 관계된 학문의 발달과 대조된다.
6. 인간을 찬양하고 영광스럽게 생각하는 경향이 있다.

인문학자 지아노초 마네티 '인간이 주인공'
1. 인간은 이 세상의 주인이며 왕이며 황제이다.
2. 인간은 아름답고 예수 그리스도를 인간의 형상으로 나타내는 것도 괜찮다.
3. 인간의 몸은 이 우주의 조화를 나타내는 생물이다.

건축의 형태는 시대를 반영한다

4. 이 세상에는 인간이 연구하여 알게 되지 못하는 비밀이란 없다.

5. 이 세상은 인간을 위해 만들어졌다. 신은 필요치 않다.

6. 인간은 신이 그의 마지막이 아니다. 인간의 마지막은 그의 지식과 창조성에 있다.

　근세는 중세와 명확한 구분을 갖기 위하여 고대의 신인동형을 다시 가져와 기초로 삼았으며 이에 인간 중심의 시대를 열고자 중세의 신본주의와 비교되는 인본주의를 정립했다. 중세의 건축은 신본주의를 지향하는 이미지로 수직적인 형태가 등장하는데 이는 신에 대한 소망을 담은 것으로 수직은 땅에서 하늘로 향하는 방향성과 소망, 믿음의 의미를 지닌다. 그러나 근세는 이를 탈피하고자 다시 고대에서 그 형태의 근원을 가져와 수평적인 이미지를 재구성하려고 시도한다. 제1의 형태에 속하는 시대 중 유일하게 중세만 수직적인 이미지를 가진 이유가 바로 이것이며 고대와 근세는 다시 수평적인 이미지를 유지하게 된 것이다. 고대의 시대적 코드는 신인동형으로 인간을 신격화하는 시대였기에 많은 동상들을 만들었지만 중세는 기독교에 바탕을 두었으므로 신 외에 다른 형상을 만드는 것을 금기시하여 동상이 사라지게 되었다. 하지만 근세에 들어 고대의 신인동형적인 정신을 받아들이면서 다시 곳곳에 동상과 같은 형상들이 등장한다. 근세는 고대의 신인동형 정신을 받아들이지만 신인동형보다는 인간의 역할을 중요시하기에 인신동형이라고 부르는 것이 옳다.

근세를 이해하는 법, 매너리즘과 피타고라스 이론

　중세의 건축물 규모과 작업 콘셉트는 모두 신에게 맞추어졌기에 인

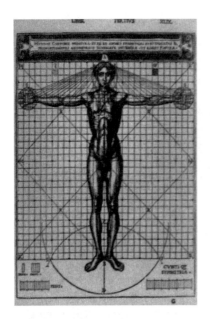

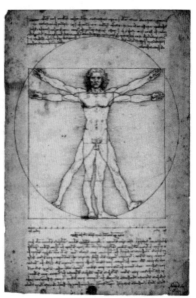

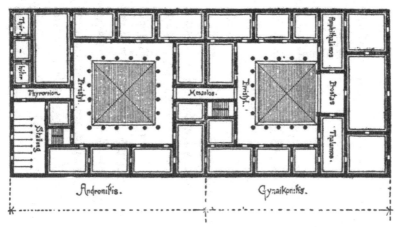

위) 다빈치의 비트루비스적 인간, 인체비례도 소묘 작품
아래) 비투르비우스의 건축 원리에 맞게 공간 형성

건축의 형태는 시대를 반영한다

간에게 그다지 안락한 공간이나 인간을 위한 요소를 갖추지는 못했다. 그러나 근세에 들어 규모과 콘셉트 또한 인간에게 맞추고자 인간의 육체적인 것뿐 아니라 정신적인 부분까지 연구하게 되면서 공간의 구조, 크기 그리고 디자인에 변화를 갖게 되었다. 근세도 새로운 이론을 갖춘 후 출발했다기보다 고대에서 많은 근거를 가져오는데 다빈치의 비투르비스적 인간, 즉 인체비례도 소묘 작품을 대표적인 것으로 꼽을 수 있다.

다빈치는 자신의 이론을 정당화하기 위하여 고대 로마 건축가 비투르비우스가 쓴 〈건축 10서〉 3장에 언급되어 있는 내용을 인용했다. 그것은 신전 건축 시 건축에 적용되는 인체의 비례규칙을 적용해야 한다는 대목이었다.

'인체의 자연적인 중심은 배꼽이다. 등을 대고 누워서 팔다리를 뻗은 다음 컴퍼스 중심을 배꼽에 맞추고 원을 돌리면 두 팔의 손가락 끝과 두 발의 발가락 끝을 연결하면 원이나 정사각형을 얻을 수 있다. 사람 키를 발바닥에서 정수리까지 잰 길이는 두 팔을 가로로 벌린 너비와 같다.'

이에 맞추어 근세의 건축 공간의 범위와 스케일의 변화가 생겼고 이것이 지금 건축계획의 기초가 되고 있다. 원래 로마는 비투르비우스의 건축원리에 맞게 공간을 형성하고자 했다. 그러나 중세에 들어 건축물을 신의 스케일을 맞추다 보니 웅장함과 신비로움을 표현하게 되어 인간의 스케일이 제외된 것이다. 여기서 로마란 기독교 공인 이전의 고대 로마를 의미한다. 이렇게 고대의 기술을 부활시킨 것이 근세의 시작이다. 그래서 근세는 고대의 숫자, 비례 그리고 우주를 하나로 보는 이론이 바탕이 되는 것이다.

우리는 간혹 근세 또는 근세의 시작인 르네상스를 문예부흥기에 초점을 맞추어 바라보기 때문에 정확한 이해에 어려움을 겪는 것일지 모른다. 그 배경을 이해해야 왜 문예부흥이 일어났는지, 어떻게 화려한 모습이 등장했는지 알게 될 것이다. 르네상스를 문예부흥, 바로코와 로코코를 떠올리면서 화려함을 함께 꼽는 것이 일반적이다. 그러나 근세에는 매너리즘이 아주 중요하며, 이 매너리즘을 통해 바로코와 로코코의 화려함을 이해할 수 있게 된다. 이 모든 시작은 고대의 철학과 이론을 바탕으로 두었기 때문에 가능했던 것이다. 1000년에 걸쳐 신학과 수도원 주도의 학문과 집필이라는 큰 틀에 맞추어 발달했던 중세에는 다양한 시도가 어려웠으나 이제 근세에 들어 새로운 시도를 하기에는 중세의 영향이 너무 크기에 근세는 고대의 기초적인 시작이 필요했던 것이다. 그래서 고대의 논리를 가져오게 되는데 이것들이 근세를 이해하는 데 중요한 열쇠가 된다.

근세에 가장 영향을 주있던 고대 논리 중에 피타고라스 이론이 있다. 그는 만물(우주)의 근원은 숫자라고 했다. 여기에 영향을 받아 이를 더 발전시킨 사람이 바로 플라톤이다. 그의 이론을 우리는 플라톤 이론이라고 한다. 그는 우주, 질서 그리고 미는 모두 하나라고 설명했다. 이러한 이론에 근세를 정착시킨 사람들이 바로 근세에 영향을 미친 레오나르도 다빈치, 미켈란젤로, 라파엘로, 브라만테 그리고 건축가 알버티이다. 이들이 이 이론에 영향을 받았다는 것은 바로 이들의 작품 또는 근세의 작품을 이러한 이론을 바탕으로 이해해야 한다는 뜻이다. 즉 근세의 작품을 우주, 질서 그리고 숫자와 연결 짓지 못하면 근세의 미를 이해하기 어렵다.

새로운 국가가 생성되고 강대국과 식민지의 새로운 조합이 생기면서 중세보다 더 넓은 영역으로 진출하는 사건이 발생하면서 이로 인하여 상인의 위치가 중요시되었다. 경제적인 부를 형성하면서 건축물의 많은 부분이 화려해지는 현상이 나타난 것이다. 근세 이전까지 역사에 등장하는 건축물 대부분이 권력자들의 소유였다면 이러한 사회 변화는 별장과 같은 다른 기능의 건축물이 등장하는 계기를 가져오기도 했다. 근세 후반으로 가면서 시민들의 의식이 달라지고 상인조합 길드가 사회적으로 큰 역할을 맡으면서 새로운 기능의 건축물이 화려하게 등장하기 시작했다.

고대의 부활을 알린
'르네상스'

르네상스는 Re + naissance 두 개의 단어가 합쳐진 합성어이다. Re + naissance에서 RE는 영어의 'Again'이라는 뜻으로 Re이라는 단어가 들어가면 대개 '다시'라는 의미가 담겨 있는 것이다. Naissance는 영어의 Make라는 뜻이다. 그러므로 르네상스는 다시 만들었다(Remake 또는 Again Make)는 뜻이다. 여기서 우리가 짚고 넘어가야 할 것이 있다. 르네상스는 다른 시대처럼 고유의 의미를 갖고 있거나 지역적인 의미도 아니며 그 시대의 형태를 담고 있지도 않다. 르네상스는 그 시대의 사회적 분위기를 담은 단어로 독창적인 시작을 뜻하지도 않고 중세에 대한 반감으로 다른 의도를 나타내기 위한 의미를 갖고 있다는 것이다.

그렇다면 무엇을 다시 만들었다는 뜻일까? 르네상스는 고대를 다시 끌고 와 새로운 시대에 적용했다는 뜻을 담고 있다. 그런데 지금에 와서 르네상스라는 이름은 그 어떤 시대보다도 더 긍정적이고 희망적인 의미

건축의 형태는 시대를 반영한다

로 인식되고 있다. 이는 바로 인본주의와 새로운 문물, 그리고 과학의 발달과 문예부흥이라는 시대적 성격을 바탕에 두고 있기 때문일 것이다. 그러나 사실 르네상스가 시작하던 시기는 그리 희망적인 사회 분위기를 갖고 있지 못했다. 전쟁이 빈번하고 흑사병이 아직도 만연하며 귀족층 외에는 비참한 생활을 하던 시기였다. 그러나 인간이 소외되고 획일화되었던 신본주의가 만연하던 중세에서 인간이 역사의 주인으로 바뀌는 과정이 실로 희망찬 메시지였던 것은 사실이다. 어쨌든 르네상스라는 이름은 신의 기준에서 인간의 기준으로 다시 만든다는 뜻이다.

근세의 영어적 표현은 'New Time'이다. 근세라는 이름은 근세 스스로 붙인 이름이다. 스스로 새로운 시대이고 첨단이라고 생각했기 때문인데 이는 사실이기도 하다. 근세라는 이름이 처음부터 등장한 것은 아니다. 고대의 정신을 이어오긴 했지만 다양한 사회변화와 발전을 이루면서 르네상스 후기에 붙여진 이름이다. 즉 르네상스는 고대의 정신을 다시 가져온 것이라고 생각하면 된다.

상상력보다 사실적인 표현을 추구하다

르네상스는 인간이 중심이지만 그렇다고 해서 기독교의 역할이 사라진 것은 아니었다. 과거보다 그 영향력이 약해진 것뿐, 기독교와 신성 로마 제국의 관계는 여전히 유지되고 있었다. 유럽은 여전히 제국의 형태로 유지되고 국가 간의 봉건제도와 같은 사회풍조는 과거보다는 약해졌지만 신성 로마 제국은 1800년 초까지 이어진다. 그러나 새로운 시대는 인간에 모든 초점이 맞춰지고 신앙이 주는 믿음보다 인간 스스로의 능력을 키워나가고 인간이 바라보는 관점에서 모든 것을 판단하기를 바라던 시기다. 신이 기뻐하는 기준에서 인간 스스로 기쁨을 느끼는 시대로 온 것이다. 좀 더 현실적으로 바뀌어야 했기에 사실적인 표현이 주를 이루게 된다.

중세에는 모든 것을 믿음으로 바라보았다면 이제는 새로운 관점에서 사실주의를 위하여 인문화에도 표정에 대한 관심이 높아졌으며 논리적인 표현을 위하여 상상력보다는 사실적인 표현이 중요해진 것이다. 이를 잘 나타낸 것이 바로 레오나르도 다빈치의 작품이다. 중세까지 불가능했던 누드화가 이제 근세에 들어 자연스럽게 등장하는 것을 보면 기독교가 과거처럼 강하게 작용하지 않다는 것을 알 수 있다. 다빈치는 한때 동성연애로 문제가 된 적이 있었다. 중세였다면 화형에 처할 수 있었지만 그런 화를 면했다는 것은 이제 사회가 많이 달라졌음을 의미한다.

중세의 모든 것은 신앙적인 목적을 이루는 데 방향을 맞추었다. 그래서 다양한 분야가 발달하기보다는 대부분 종교적인 차원에서 다루어졌다. 즉 종교에 도움이 되지 않는 것은 지향하지 않았다.

치마부에의 그림 '천사에 둘러싸인 성모와 아기 예수'에는 가운데 성모마리아와 예수가 있고 양쪽으로 여섯 천사가 있다. 중세 미술을 보면 성스러운 이미지 전달에 목적을 두었기 때문에 그림을 보면 모두 한결같이 기쁜 것인지 슬픈 것인지 알 수 없는 무표정한 얼굴이다. 여섯 천사의 얼굴이나 손의 크기가 앞이나 뒤에 상관없이 모두 같은 크기이고 성모가 앉아 있는 의자도 입체가 아닌 듯 보인다. 성화의 배경에는 금색을 두었으며 일반인과 차별화를 주기 위해 후광 또한 금색을 사용했

건축의 형태는 시대를 반영한다

왼쪽부터) 치마부에의 중세 말기 작품 '천사에 둘러싸인 성모와 아기 예수'(1270년)
레오나르도 다빈치의 근세 초기 르네상스 작품 '암굴의 성모'(1405년)
라파엘로 산치오의 '풀밭의 성모자와 아기 요한'(1506년)

다. 그러나 라파엘로 산치오의 '풀밭의 성모자와 아기 요한'과 레오나르도 다빈치의 '암굴의 성모', 라파엘로 산치오의 '풀밭의 성모자와 아기 요한'은 근세에 그린 것으로 일단 배경에는 저 멀리 파란색 계통을 사용했는데 이는 희망적인 메시지를 담고 있다. 그리고 후광 또한 테두리만 있을 뿐 금색이 사라지고 배경 또한 멀리 있는 것은 작고 가까이 있는 것은 크게, 그리고 색도 멀어질수록 흐릿해지는 원근법을 사용했다.

'풀밭의 성모자와 아기 요한'은 배경이 없는데 근세의 그림은 배경을 두어 사실적인 표현을 시도했음을 알 수 있다. 르네상스에 등장하는 여성은 그리스도의 미를 담으려고 시도했으며 위의 '천사에 둘러싸인 성모와 아기 예수'와 '천사에 둘러싸인 성모와 아기 예수'의 그림을 보면 모두 얼굴이 좌측으로 향한 것을 알 수 있다. 중세의 건축물이 수직성을 갖고 있듯 그림도 수직적인 구도를 갖고 있는 반면 르네상스 그림들은 삼각형 구도를 갖고 있다. 이 삼각형 구도가 안정감을 준다고 생각한 것이다. 이 또한 고대에서 가져온 구도로, 그리스의 동상들이 갖고 있는 방향과 일치한다. 이는 곧 우리가 성화를 볼 때 배경과 후광에 금색이 있다면 중세의 그림이라는 것을 알면 된다.

'풀밭의 성모자와 아기 요한'과 '암굴의 성모'에는 지팡이를 들고 있는 아기가 있는데 이는 세례 요한으로 르네상스 이후 그림에 지팡이를 들고 있는 사람이 있다면 이는 세례 요한이라고 생각하면 된다. 그림에서 열쇠를 갖고 있는 사람은 베드로를 뜻하는 것과 같이 르네상스부터는 성경에 입각한 사실주의를 표현하다 보니 이렇게 그림에 일정한 코드가 나타나는 것이다. 또한 '천사에 둘러싸인 성모와 아기 예수'와 '암굴의 성모' 그림에서 아기가 손가락 두 개를 펴고 있는 모습이 있는데 이는 축복한다는 뜻으로 이것은 후에 누군가를 축복할 때 하는 행동으로 자리 잡게 된다. 이렇게 르네상스부터는 모든 것에 사실적이고 질서와 규칙을 적용하려는 의도가 보인다.

중세에는 지도 또한 종교적인 성격을 반영하고 있다는 것을 알 수 있다. 1300년 무렵에 제작된 중세의 헤리퍼드 세계지도에는 십자군 전쟁 말기의 상황을 표현한 그림이 들어 있는데 지도의 동쪽은 예수의 머리, 서쪽은 발, 그리고 남북은 예수의 손을 의미한다. 그리고 예루살렘을 중앙에 위치하도록 지도를 구성한 반면 르네상스는 기하학적이며 정확한 표현을 하려고 시도했다. 경험과 이상이 서로 결합된 동질성을 나타내기 위한 것이다. 중세는 오로지 신앙적인 부분에만 주목하다 보니 2

건축의 형태는 시대를 반영한다

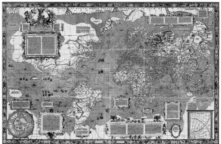

왼쪽부터) 중세의 헤리퍼드 세계지도(1300년 무렵) / 르네상스의 메르카토르 세계지도(1569년)

차원적 표현이 주를 이루었으나 르네상스는 사람이 보는 관점을 살리도록 하였으며 입체적인 표현을 시도하는 경향이 두드러진다.

걸작에서만 찾을 수 있는 화가의 언행일치

지금은 교황선출(콘클라베) 장소로 쓰이는 시스티나 성당에 있는 피에트로 페루지노의 '교회 열쇠를 받는 성 베드로'라는 그림은 1482년 작품으로 남쪽과 북쪽 벽에 그려진 성화들 중에서 가장 유명한 그림이다. 예수가 베드로에게 천국의 열쇠를 수여하는 모습을 통해 베드로의 후계자인 교황의 권위를 신성화하고 있다. 그림 속 중앙에 있는 돔형 건물은 솔로몬 성전을 르네상스 양식으로 표현한 것이고, 양쪽에 있는 개선문은 콘스탄티누스 대제의 개선문을 본뜬 것이다. 왼쪽 개선문에 적힌 'MENSV SALOMO TEMPLVM TV HOC QVARTE SACRASTI'와 오른쪽 개선문에 적힌 'SIXTE OPIBVS DISPAR RELIGIONE

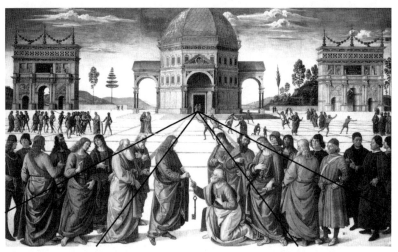

위) 수평성이 강조되는 삼각형 구성
아래) 의도적인 좌우대칭

건축의 형태는 시대를 반영한다

PRIOR'는 시스티나 성당을 건설하도록 한 교황 식스토 4세를 찬양하는 라틴어 문구로 이는 '이 거대한 성전을 축성한 그대 식스토 4세는 부유함으로는 솔로몬에 미치지 못하나, 믿음으로는 솔로몬을 능가했다'는 뜻이다.

　이 그림에서 중세와의 큰 차이를 보이는 것들이 있는데 바로 수평성이다. 중세는 주로 수직성을 강조하는 반면 르네상스는 수평성을 강조했는데 이는 고대에 주로 사용했던 특히 그리스 양식의 엔태블러처(Entablature)의 방식이다. 그림을 보면 수평성이 강조되고 주로 사용하는 삼각형 구성을 볼 수 있으며 좌우대칭을 의도적으로 사용했음을 알 수 있다. 이는 다분히 의도적으로 고대의 비례와 질서를 나타내기 위한 방식이다. 그림의 구성도 대칭이지만 그림의 사람들 또한 대칭적으로 배치되어 좌우로 몰려 있고 가운데는 비어 있는 구조이다. 건축물도 좌우가 같으며 각각의 건축물도 대칭적인 형태를 이루고 있다. 가운데 건축물의 지붕을 돔으로 표현한 것은 중심적인 의미이며 이는 로마의 상징성을 표현한 것이다. 좌우에 있는 사각 건축물 위의 장식 요소는 아주 새로운 표현으로 이는 유럽의 방식이 아닌 것으로 보아 르네상스 이후 더 넓은 세계로 향한다는 의미를 나타내는 것이다. 광장의 바닥이 격자 형식으로 되어 있는 것은 당시에는 가능하지 않은 형태이지만 이것이 원근법적인 그림의 형식을 더 강하게 보이게 한다.

　돔 지붕을 얹은 건축물의 중앙 아치 위에 삼각지붕은 고대 그리스 양식인데 이는 중세에는 전혀 없던 표현으로 근세부터 건축물에 등장하기 시작한다. 광장 가운데 예수를 중앙으로 좌우로 제자들이 일렬로 늘어선 형태는 고대에 철학자들과 제자들이 위치했던 구조를 그대로 인용한 것이다. 그림 속 예수와 제자들은 머리 위에 후광 테두리가 있고 그렇지 않은 사람들은 모두 모자를 쓰고 있다. 이는 근세로 시대가 바뀌었지만 아직 기독교가 영향력 있는 시대임을 말해준다.

 가운데 건물의 입구에 두 사람이 서 있다. 이는 개구부의 스케일을 엿볼 수 있는 부분으로 중세에 비하여 문이 크지도 높지도 않은 것을 보았을 때 이미 인간의 스케일에 맞추어졌음을 알 수 있다. 그리고 중세에는 개구부 위를 아치 형태로 설계했지만 근세부터는 개구부 상단을 수평으로 만든 것을 볼 수 있다. 이 또한 고대에 사용했던 방식이다. 하지만 이 그림에서 미스터리인 것은 세 개의 건축물 형태가 로마네스크의 3단 형식이라는 것이다. 로마네스크 또한 중세의 건축양식인데 이를 사용했다는 것은 르네상스가 가진 한계가 아닌가 한다.

 로마 시대에는 그림에서 전체적으로 삼각형 구조와 수평적인 구조를 사용했는데 이 또한 중세의 수직적인 구조와 비교되는 것으로 차별화를 둔 것을 알 수 있다. 전체적으로 원근법이 사용되는데 이 원조는 다빈치로 그의 작품 중 '최후의 만찬'이 이를 잘 보여주고 있다. 사실 미술에 조예가 깊지 않은 사람들이 작품을 잘 이해한다는 것은 어려운 일이다. 보통 유명한 화가를 가리켜 그 분야에서 실력이 뛰어나기 때문에 주목을 받게 된 것이라고 생각할 수도 있다. 사실 그렇지 않다. 여기에는 몇 가지 특징이 있다. 유명한 화가의 작품은 언행일치를 보인다. 화가는 작품을 만들 때 자신만의 콘셉트를 가지고 그대로 실행한다. 그래서 작품을 감상할 때는 작품에 대해 충분히 숙지해야 정확하게 이해

건축의 형태는 시대를 반영한다

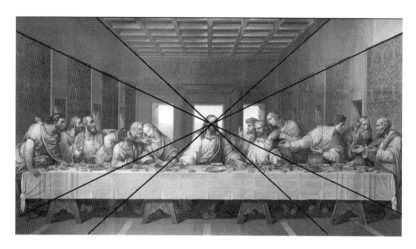
레오나르도 다빈치의 '최후의 만찬'

할 수 있다. 그리고 그들은 한 화풍의 원조일 가능성이 크다. 이것이 그들을 유명하게 만드는 가장 큰 요인이다. 피카소를 생각할 때 그가 그림을 잘 그려서 유명하다고 생각하는 사람은 적지만 입체파의 원조라는 점에서는 의심할 여지가 없을 것이다. 이것이 그를 유명하게 만든 요인이다. 화가는 자신의 작품에 메시지를 담고 있다. 그러므로 미술작품을 관람하러 갔다면 화가가 작품을 통하여 무엇을 전달하고자 하는지 그 메시지를 파악해야 하는 것이다. 유명한 화가들의 작품을 그림 실력으로 평가하려 한다면 얻는 것은 그다지 없을 것이다. 우리는 그들의 실력을 평가할 만한 지식을 갖고 있지 않기 때문이다.

다빈치의 '최후의 만찬'에서 우리는 무엇을 보는 것일까? 아마도 다빈치의 그림이라는 것, 또는 성경의 최후의 만찬이라는 것 외에 보는 것이 없는 사람도 있을 것이며 혹시라도 중심에 자리한 인물이 예수라는 것 정도만 보는 사람도 있을 것이다. 다빈치는 그림에 원근법을 사용했고, 원근법의 소실점(선이 만나는 곳, 바라보는 눈의 위치) 부분에 주인공을 넣는 기법을 사용했으며, '교회 열쇠를 받는 성 베드로'에 나타난 광장처럼 격자 형태를 넣어 원근법을 더 강조하고 있다. 물론 지금 어떤 화가가 이러한 그림을 그린다면 그렇게 주목할 만한 일은 아니다. 모두가 알고 있으니 까 말이다. 그러나 이러한 기법의 원조가 바로 다빈치라는 것이다. 그가 시도하기 전에는 중세와 같이 평면적인 표현이 주를 이루었던 것이다. 그러므로 르네상스의 3대 미술 거장 중 미켈란젤로와 라파엘로 또한 다 빈치를 통하여 원근법의 개념을 깨달았을 것으로 추정한다.

'최후의 만찬'의 탄생기 속에 담긴 메시지

1981년 러시아 에르미타주 박물관에서 약 500년 전 것으로 추정되는 노트 한 권이 발견되었다. 이는 코덱스 로미노프라 불리는 요리 노트 였는데 누구의 노트인지 알 수 없지만 양피지 종이로 된 이 노트는 요리에 대한 아이디어로 가득 차 있었다. 이 책에는 다양한 주방기구 스케치와 설명이 담겨 있었다. 노트에는 다음과 같은 글이 수록되어 있 었다. '건강하게 살려면 닥치는 대로 먹어서는 안 된다. 그리고 모자란 듯 먹어야 한다. 꼭꼭 씹어 먹어야 하고 무엇을 먹든 간단한 것을 제대로 익혀 먹어야 한다.' 또한 반복적으로 다음과 같은 글도 있었다. '담백한 요리의 이점을 세상 모든 사람들이 알아야 한다.' 이 노트에 적힌 내용은 당시 피렌체 최고의 맛집으로 불리던 '세 마리 달팽이'라는 레스

건축의 형태는 시대를 반영한다

토랑이 문을 닫은 이야기에서 시작된다. 당시 이유 없는 원인으로 사람이 죽기 시작했는데(추측하건대 당시 스페인 감기가 치명적이었다) 이 레스토랑의 요리사들이 사망하자 홀에서 일하던 아르바이트생이자 이 노트의 기록자가 주방장이 된다. 아직 스파게티가 등장하지 않았던 시기로 당시 이탈리아 음식의 주재료는 메추리, 개구리, 달팽이, 물개, 토끼, 뱀, 공작새, 양 머리 등이었는데 이 청년은 이 모든 것을 외면하고 신개념 요리를 선보이고자 했다. 자신의 일에 열정으로 가득 차고 새로운 것에 대한 상상력이 풍부한 이 청년은 지금까지의 기름진 요리법은 틀렸으며 담백한 요리가 이롭다는 것을 세상에 알리고자 했던 것이다.

요리사가 꿈이었던 그에게 주방장이라는 자리는 새로운 음식을 선보일 좋은 기회였다. 레스토랑은 안초비(이탈리아 요리에 자주 등장하는 생선)에 녹색 이파리를 덧붙인 간결한 요리를 선보였지만 이 음식이 인정받지 못하면서 레스토랑은 명성에 종지부를 찍고 폐업하게 되었다. 거리로 내쫓긴 이 청년은 손에 쥐어진 새로운 일자리를 위한 추천서(당시에는 일자리를 잃으면 이전 직장에서 추천서를 작성해 주었다)에 요리사가 아닌 만돌린 연주자로 추천된 것에 만족하지 못하고 자신이 직접 추천서를 고치기 시작했다. 장치 발명가로 타의 추종을 불허하고 회화와 조각에 뛰어난 실력을 갖고 있으며 특히 요리를 잘하는데 그중에서도 세상에 없는 최고의 빵을 구워낸다는 이야기들로 추천서의 내용을 스스로 변경한 것이다. 이 추천서는 당시 폭군으로 알려진 밀라노 스포로차 궁에 있는 총독 루노비코 스포르차(후에 이 청년의 후원자가 된다)에게 전달된다. 추천서를 받은 총독은 다재다능한 이 청년을 요리사가 아닌 파티 총 책임자로 채용하게 된다. 요리를 하지 못하게 된 청년은 무엇을 하든 열정적인 사람으로 밀라노 최고의 파티를 기획하게 되고 파티를 성공으로 이끌어 총독의 신임을 얻게 된 후 드디어 요리사가 된다. 다양한 요리를 시도할 수 있는 기회가 온 것이다.

총독 조카의 결혼 파티를 위한 음식으로 달걀을 곁들인 돼지고기와 빵, 삶은 양파 한 개, 그리고 달걀 한 개 등을 선보였는데 기름진 음식을 좋아하는 이탈리아 사람들에게 환영받지 못해 파티는 실패하고 만다. 이로 인해 총독의 노여움을 샀으나 포기를 모르는 이 청년은 궁정에 신개념의 주방을 만든다면 이는 최초가 될 것이며 사람들이 총독을 우러러보게 될 것이라고 설득하여 다시 기회를 얻게 된다. 몇 개월에 걸쳐 오리털을 뽑는 기구, 돼지고기를 써는 기구, 반죽하는 기구, 자동화된 조리기구, 자동 석쇠, 사람 대신 장작을 나르는 기계, 인공 비를 뿌려 화재를 막는 기계 등을 설계한다. 드디어 신개념 주방을 오픈하는 날 음식을 기다리던 사람들이 궁금함을 참지 못하고 주방으로 가 보니 주방은 그야말로 난장판이었다.

천장에서는 물이 멈추지 않아 바닥은 물난리가 난 상황이었고, 반쯤 죽은 소가 빠져나오려고 발버둥을 치고 있었으며, 장작 기계는 멈추지 않아 부엌은 나무로 가득했다. 단 하나, 작동하고 있는 기계는 시끄러운 반자동 북이었다. 동력을 해결하지 못한 것이다. 이런 와중에 등장한 음식은 담백함을 자랑하는 상추 두 잎에 루도비코 총독을 실물처럼 조각한 사탕무 하나(조각 실력이 뛰어났다)였다. 결국 청년은 17년간의 궁중생활을 마감하고 '이 사람은 요리 빼고 다 잘한다'는 내용의 총독 추천서

건축의 형태는 시대를 반영한다

와 함께 1495년 산타마리아 델레 그라치 수도원으로 쫓겨난다. 일을 끝 맺지 못하는 사람이라는 수식어를 안게 된 그가 수도원에서 맡은 임무는 벽화를 그리는 일이었지만 일 년 동안 붓 한 번 잡지 않고 음식과 와인을 축내기만 하자 이를 참다 못한 수도원의 책임자가 총독에게 고자질을 하고 만다. 그가 수도원에서 그려야 하는 벽화는 대부분 만찬 그림이었다. 그는 만찬 그림에 그릴 음식을 선별하는 시간이 필요했던 것이었다. 2년 7개월 동안 수도원에서 체류하면서 그가 그림을 그린 시간은 단지 3개월에 불과했다. 나머지는 모두 준비 기간이었던 것이다.

그런 그가 드디어 벽에 만찬 그림을 그리기 시작했다. 지금까지의 요리법이 틀렸음을 세상에 알리고자 했던 그가 이때 탄생시킨 걸작이 바로 '최후의 만찬'이다. 요리사를 꿈꾸며 그렇게도 알리고 싶었던 소박하고 담백한 음식으로 가득 채운 레오나르도 다빈치의 식탁이 드디어 탄생한 것이다.

다빈치의 그림을 보며 사람들은 그의 원근법적인 구도와 각 인물의 표정, 자연스러운 자세 등 전문가로서의 우수한 능력과 새로운 시도에 대해 이야기하지만 정작 그의 다양한 인간적 메시지가 담긴 모데(창조자)와 데모데(추종자)의 차이를 알아차리지는 못한다. 그가 위대한 것은 언제나 모데의 위치에 있었다는 것이다. 화가는 자신의 세계관을 자신의 작품에 담는다. 우리가 주시해야 하는 것은 그는 자신의 신념을 무척 디테일하게 표현했다는 것이다. 작품을 감상하는 방법에는 보고, 듣고, 읽는 법이 있다. 이 세 가지 중 하나라도 부족하면 충분한 감동을 받기 어렵다. 잘 알고 있다는 것은 삼박자, 즉 그림으로 그릴 수 있어야 하고,

글로 쓸 수 있어야 하며, 말로 설명할 수 있어야 한다. 이 세 가지 중 하나라도 할 수 없다면 자세히 모르는 것이다. 소위 위대한 작품들은 삼박자의 언행일치를 보여준다.

그래서 프로란 뛰어난 것이 아니고 언행일치를 보이는 능력이 있는 것을 말한다. 아마추어는 큰 그림만 그리지만 프로는 디테일을 통한 마무리라는 것을 인식하며 작품을 감상한다면 작가와의 영적 교감을 얻을 수 있을 것이다. 이렇게 르네상스는 다빈치의 작품을 통하여 신으로부터 점차 독립적인 존재로 떨어져 나가기 시작했다. 여기에 또 하나의 천재가 인간의 능력을 개발하면서 르네상스를 독자적인 시대로 만들기 시작한다.

이단으로 비판받은 미켈란젤로의 '최후의 심판'

다빈치만큼 다양한 경험과 지식을 바탕으로 왕성한 활동을 펼친 미켈란젤로는 르네상스 3대 거장 중 한 사람으로 그리스부터 전해 온 세 가지 기둥 외에 각진 기둥의 원조로서 독자적인 작품을 선보인다. 그는 다양한 직함을 가진 당대의 천재 중 한 사람으로 다빈치와 같이 조각, 미술 건축 등에 조예가 깊었다. 이렇게 훌륭한 천재들이 등장하게 된 배경에는 피렌체의 메디치 가문을 빼놓을 수 없다. 노블레스 오블리주 (Noblesse Oblige: 사회지도층의 도덕적 의무)의 원조라고 할 만한 가문으로 역사 속에서 긍정적인 영향력을 행했던 가문이다. 이 가문이 없었다면 다빈치도 미켈란젤로도 없었을 것이다. 또한 피렌체라는 작은 도시도 역사 속에 등장하지 않았을 것이다. 메디치 효과(Medici Effect)라는 말의 원조이기도 하며 근세의 바탕이자 근대를 앞당기는 데 혁혁한 공을 세운 350년 전통의 가문이기도 하다.

르네상스는 재창조의 의미이며 고대의 그리스와 로마의 철학과 학문을 가지고 왔는데 이는 바로 메디치 가문의 영향이었다. 서방 가톨릭과 동방 가톨릭의 사이가 좋지 않았음에도 불구하고 이 가문은 경계를 두지 않고 플라톤 학문에 조예가 깊은 동방 가톨릭을 초대하여 공부했으며 이를 기반으로 자식들을 교육했다. 로마의 작은 공화국*인 피렌체가 르네상스의 원조가 되고 세계의 중심지가 된 데에는 바로 메디치의 존재가 큰 역할을 했다. 메디치 가문은 경제력의 많은 부분을 베스트셀러가 아닌 고서를 모으는 데 투자했고 이를 통하여 자녀 교육뿐 아니라 최초의 공공도서관을 만들어 대중을 위한 투자에도 힘을 쏟으며 고대, 특히 플라톤에 대한 학문을 정착시키는 데 큰 역할을 했다. 또한, 투자뿐 아니라 예술인 양성에도 힘을 쏟은 결과 다빈치와 미켈란젤로 같은 위대한 천재가 세상에 나올 수 있게 되었고, 이러한 지지를 받은 두 거장은 르네상스를 꽃피우는 데 지지대와 같은 역할을 했다.

다빈치의 작품은 르네상스의 기본 성격인 균형, 조화 그리고 비례관계의 작품 경향을 보였다면 미켈란젤로는 그리스의 역동적인 신체의 특징을 살려 조각뿐 아니라 미술에도 과감한 힘과 동적인 표현을 가미했으며 건축물에도 이러한 특징을 살리고자 조각을 접목함으로써 건

---

* 당시에는 이탈리아뿐 아니라 유럽 대부분의 국가가 공화국이나 군주가 다스리지 않고 공작이 다스리는 공국 형태였다.

축물을 조각과 같은 이미지로 탄생시켰다. 이 같은 이미지를 사용한 사람은 또 있다. 르네상스의 건축 이론을 정립한 레온 바티스타 알버티 (Leon Battista Alberti, 1404~1472년)다. 그는 고대 로마 건축가 비투르비우스가 쓴 〈건축 10서〉를 재정리하여 〈건축이론 10서〉를 썼는데 이 책이 근세의 건축이론을 이해하는 데 중요한 역할을 한다. 그는 다른 건축과 차별화를 가질 수 있도록 노력했지만 아직은 르네상스 초기로 로마네스크의 이미지를 크게 벗어나지는 못했다. 그러나 미켈란젤로의 건축물은 분명한 차이를 보인다. 그 차별점이란 건축물의 표면을 모두 조각품처럼 표현했다는 것이다.

로렌시안 도서관은 건물 표면에 디자인 처리를 할 수도 있지만 미켈란젤로는 음각을 넣은 알버티의 방식에 조각과 같은 기법을 사용했다. 특히 그리스 양식의 기둥이 단에서부터 올라오는 방식이라면 르네상스에서는 기둥이 위에서부터 등장하는 경우가 많다. 이는 하단부와 상단을 분리하는 방식을 취한 깃으로 수직적인 요소를 첨가해 면이 더 길어보이게 한 것이다. 이러한 방법은 사실 고전적인 방법을 더 발전시킨 것으로 기존의 틀을 바꾼 것이라 할 수 있다.

그의 작품에는 이렇게 기존의 방식을 변화한 기법이 자주 등장하는데 가장 대표적인 것이 '최후의 심판'이다. 이 그림에는 기존의 틀을 벗어난 표현이 많아 심지어 이단적인 작품이라는 평가가 있을 정도다. 조각가인 그는 그림보다는 조각에 더 관심을 보였지만 교회의 강압에 못이겨 그림을 그리게 되면서 조각보다 그림으로 더 유명해졌다. 중세에는 성화 속에 등장하는 영적인 인물들의 머리 위에 후광과 천사들의

건축의 형태는 시대를 반영한다

로렌시안 도서관 전실

미켈란젤로의 '최후의 심판'

건축의 형태는 시대를 반영한다

날개를 표현했다는 특징이 있다. 그러나 '천지창조'를 비롯해 그의 그림에 이 같은 요소는 등장하지 않는다.

사실 그의 그림뿐 아니라 르네상스 들어서면서 그림 속에 날개와 후광이 사라지는 것을 볼 수 있다. 이는 신을 인간화시킨 것이라는 추측도 있고, 후광이나 날개를 달아 신격화하는 것은 태양신이라는 종교에서 유래했기 때문이라는 이야기도 있다. 하지만 동방 정교회는 이를 따르지 않았는데, 이는 로마 가톨릭인 서방 정교회에서 태양신의 습성을 따른 것이라는 설이 있다. '천지창조'나 '최후의 심판'을 보면 그에게 신앙심이 없고서는 이러한 그림을 나타낼 수 없을 것이라는 추측이 제기된다. 그러나 그는 새로운 시대에 맞는 새로운 그림을 그리고자 했을 것이며, 특히 이 '최후의 심판'은 '천지창조' 완성 후 25년 만에 그린 것으로 적지 않은 시간 차이가 있다는 것도 염두에 두어야 한다.

1536년 '최후의 심판'을 그리기 9년 전인 1527년 미켈란젤로에게 신앙적으로 천국과 지옥에 대한 판단을 흐리게 하는 사건이 있었는데 그것이 바로 로마약탈 사건이다. 이는 스페인의 주도하에 개신교 용병이 로마 교황청을 침공한 사건으로 이로 인해 로마는 처참한 피해를 입게된다. 고집 세고 자존심 강하며 무엇이든 확신을 갖고 살았던 미켈란젤로에게 이 사건은 기독교와 기독교 간에 신앙을 앞세운 전쟁이라는 점에서 신앙에 큰 영향을 미쳤을지 모른다. 신앙을 가진 자는 천국으로 갈 것이라는 확신이 로마약탈 사건을 계기로 그를 흔들었을 것이고 신앙적인 확신을 인정하고 싶지 않았을 수도 있었을 것이다. 이렇게 종교를 앞세운 잔인한 전쟁을 바라본 미켈란젤로에게 신앙적으로 확신을 잃은 상태에서 '천지창조'와 같은 그림을 그린다는 것은 고통이었을 것이다.

미켈란젤로의 든든한 후원자였던 메디치가를 몰아낸 성직자 지롤라모 사보나롤라(Girolamo Savonarola, 1452~1498)가 피렌체에 '새로운 예루살렘'(Nuova Gierusalemme)'을 건설하여 종교적 회심을 통한 신앙의 회복을 이루고자 시도하는 일 또한 탐탁지 않았던 미켈란젤로는 특히 예술을 종교의 목적을 달성하기 위한 도구로만 보는 사보나롤라의 견해에 절대적으로 반발했다. 미켈란젤로의 초기 작품이라 불리는 '계단의 성모'나 '구름의 성모'에는 후광이 등장하지만 그 후의 작품들에는 후광이 사라진다. 특히 '최후의 심판'이 이단의 그림이라는 평가를 받은 이후에는 이러한 경향들이 두드러지는 것을 볼 수 있다. 예수의 구부정한 자세, 천사들의 힘겨운 모습 등 그 이유는 여러 가지이지만 미켈란젤로의 '자화상'이 그 고뇌를 가장 잘 나타내주고 있다. 그러나 그의 신앙심이 약해지시 잃있다는 것은 사람들을 구하는 모습에서 알 수 있다. 아직 기독교의 역할은 사회적으로 존재하지만 지식인층에서 변화가 있음을 알 수 있다. 특히 로마약탈 사건은 미켈란젤로뿐 아니라 많은 이들의 신앙에 영향을 끼쳤음을 알 수 있는 사건이다. 이것은 근세의 변화가 되었으며 르네상스를 통해 근세 전체에 왕족과 교회 귀족뿐 아니라 새로운 상인층이 사회적 역할로 등장하는 계기가 되었다.

근세의 시작은 고대에서 출발했다. 교황청은 고대를 이단으로 보았기 때문에 이를 달가워하지는 않았다. 그러나 기독교가 상대적으로 약해지고 있었기에 고대의 부활을 받아들일 수밖에 없었다. 르네상스가 무

건축의 형태는 시대를 반영한다

르익으면서 점차 르네상스 초기의 규율과 비례, 그리고 규칙적이고 사실적인 표현이 퇴색하면서 점차 근세만의 특징을 나타내고 있었는데 그것이 바로 왕족, 귀족 그리고 교황으로부터 점차 독립적인 상황으로 번지면서 반항적인 인간의 특징이 나타나기 시작한다. 이러한 배경에는 사회적인 변화도 있었지만 다빈치, 미켈란젤로, 그리고 라파엘로와 같은 거장들이 이미 모든 것을 표현했기 때문에 다른 화가들로서는 르네상스적인 표현을 이어 가기에는 그들과 비교가 된다는 점이 부담으로 작용했을 것이다. 특히 이 세 거장 중 미켈란젤로가 이 반항적인 표현에 선도적인 역할을 했다는 것은 주목할 만한 일로, 그의 작품인 '피에타 (Pietà)'가 그 내용을 여실히 보여주고 있다고 생각한다.

미켈란젤로의 '피에타'

위대한 작품들은 모두 로마의 거장으로부터 탄생했을 것이라는 사회적 관념에 대한 반항심에서 기인하여 의도적으로 규칙과 질서를 벗어나는 작품을 만들었는지도 모른다.

그의 작품을 보면 초창기에는 르네상스의 질서와 규칙, 그리고 비례관계 등 고대의 잔재를 잘 보여주고 있지만 후반으로 갈수록 하나의 특징보다는 다양한 성격을 나타내고 고유의 내용을 전달하기보다는 자신의 생각과 철학을 담은 작품을 선보이기 시작한다. '천지창조'의 경우에도 일반인들의 순수한 신앙을 나타내기보다 자신의 종교적인 철학을 곳곳에 담아둔 것을 볼 수 있다. 이러한 그의 시도가 사람들을 혼란스럽게 할 수도 있지만 반대로 새로운 생각을 갖게 할 수도 있었던 것이다. 특히 다빈치, 미켈란젤로, 그리고 라파엘로 이 세 거장이 르네상스를 대표하는 표현들을 탄생시켰기에 이들을 뛰어넘는 표현이 아니라면 관심을 갖게 하기란 쉽지 않은 일이었으며 이들과 같은 방식을 고수했다가는 눈에 띄는 작품을 만들기란 힘든 일이었을 것이다.

르네상스 건축은 수직적 중세건축과의 근본적인 단절, 로마 개념의 복귀, 형태가 분화되고 위계적이며 통합된 조화이다.

건축의 형태는 시대를 반영한다

신인동형론적 부재 의도적 재도입
(고전 주범의 재도입)

이오니아식 작은 기둥

코린트식 벽기둥

기본적 도형의 배타적 사용
(공간의 집중성 강조)

베르니니의 산피에트로 대성당

진부함에서 벗어나려는 시도
'매너리즘'

　다빈치의 '최후의 만찬'과 틴토레토의 '최후의 만찬'을 비교해보면 다빈치의 그림은 원근법적인 구도로 가운데 소실점 위치에 주인공을 두었다. 그러나 틴토레토의 그림은 소실점이 우측 위쪽에 위치하고 중신부에 예수를 두었다. 즉 소실점의 위치가 곧 주인공의 위치라는 다빈치 구도에 익숙한 사람들의 기대를 저버린 것이다. 다빈치 그림의 구도를 살펴보면 소실점과 주요인물의 만남이라는 규칙을 이해할 수 있을 것이며, 이러한 규칙은 그림의 균형이 안정적으로 잡히는 데 훨씬 효과적일 것이다. 또한, 이러한 균형 속에서 화가가 누구를 중요 인물로 생각했는지 쉽게 이해할 수 있다. 틴토레토 그림을 두고도 이러한 주장을 할 수 있지만 그러기에는 설득력이 부족하다. 사실 논리적이지 못하다고 단정 짓기보다는 구성의 규칙이 없어 다빈치의 그림보다 훨씬 즉흥적이며 질

　　　　　　　　　　건축의 형태는 시대를 반영한다

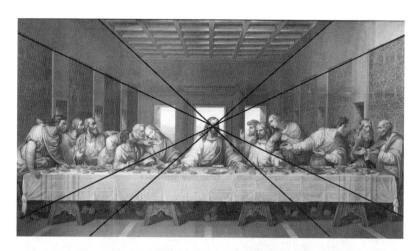

위) 레오나르도 다빈치의 '최후의 만찬'
아래) 틴토레토의 '최후의 만찬'

파르미자니노의 '목이 긴 성모'

건축의 형태는 시대를 반영한다

서를 찾기 힘들다고 해야 할 것이다. 이러한 표현은 틴토레토뿐 아니라 다른 화가들의 작품에서도 찾아볼 수 있다.

그 예로 파르미자니노의 '목이 긴 성모'를 들 수 있다. 이 그림을 살펴보면 어딘가 어색한 부분이 보이기 시작한다. 자연스러운 상황이 아닌 일부러 꾸민 듯한 느낌이며, 아기를 안고 있는 성모의 자세를 살펴보면 하체와 상체의 연관성이 맞지 않다. 또한, 아기의 허리가 유난히 길게 표현되었으며 성모의 목, 손가락 등도 전체적인 비례와 맞지 않는다. 특히 뒤에 기둥은 원근법에 의하여 사람보다 작게 표현하기는 했지만 기둥 밑에 있는 사람의 모습은 원근법과 오히려 맞지 않은 형국이다. 이 그림을 종합적으로 살펴보면 늘어진 비례와 자세가 인위적이고 원근법 또한 명확하지 않다. 즉 부자연스럽고 인위적인 특정 기법이나 양식을 적용한 것으로 이는 매너리즘에서 주로 볼 수 있는 진부한 내용, 색의 음침함, 비례의 파괴, 그리고 늘어진 형태 등을 담고 있다. 하지만 이러한 표현은 오류가 아니라 의도적인 것이기 때문에 그에 대한 이유를 분석할 필요가 있다.

규칙과 질서를 중요시하는 사회에 충격을 던지다

르네상스는 고전에 근거를 두고 있고 인간의 시점에서 시작하려는 의도를 가지고 있어 질서와 비례 등 규칙이 있고 정확한 표현을 기본에 두고 있다. 매너리즘은 르네상스의 거장으로 불리는 다빈치와 미켈란젤로보다 더 뛰어난 표현을 하지 않고는 두각을 나타낼 수 없으며 또한 틀에 맞추어 표현한다는 반발심에서 시작되었다.

영화 '어벤져스'를 보면 많은 영웅들이 등장한다. 이 영웅들은 '아이언 맨', '캡틴 아메리카' 등 각 영화의 주인공들로 이미 관객들에게 충분한 능력을 인정받은 인물들이다. 그러나 감독은 이들이 계속 등장하는 영화가 1편과 같은 효과를 얻기는 어렵다고 여겼을 것이다. 영화는 어떤 구성을 해도 감독은 딜레마에 빠질 수밖에 없다. 이를 매너리즘이라고 한다. 그래서 감독은 모두를 한 영화에 출연시키는 모험을 한다. '모든 영웅이 출연하면 어떨까'라는 호기심에서 비롯된 것이다. 이제 감독이 매너리즘을 어떻게 풀어나가는가에 초점이 맞춰진다. 즉 1편, 2편 그리고 3편 모두 관찰자가 느끼는 선과 악의 대립에 대한 반복적인 구성과 뻔히 예측되는 결과가 곧 감독의 고민이 되는데 이를 두고 매너리즘에 빠졌다고 표현한다. 그래서 감독은 기존의 구성을 파괴하고 기존의 흐름을 뒤바꿔 놓으며 진부함에서 벗어나려 시도한다. 이것이 바로 매너리즘이다. 르네상스가 시작한 고전의 틀, 성경이 바탕이 되는 진부한 내용의 파괴, 구성 속에 담긴 비례의 파괴, 정확한 비율을 가진 형태를 늘어트림으로써 고전에 반발하고 마치 사춘기적인 행동을 보이면서 관심을 유도하려는 시기가 바로 매너리즘 시대이다.

근세가 시작되었지만 아직 기독교의 영향은 중세와 큰 차이를 보이지 않고 있었다. 그러나 인문주의의 시작과 함께 인간의 실존적 문제 의식에 대한 관심이 점차 커지면서 틀에 박힌 세계질서를 파괴하고 문제 자체를 다루는 차원으로 바라보게 되는데 바로 이것이 매너리즘이다. 이 배경에는 미켈란젤로의 '최후의 심판'이 아주 중요한 역할을 했다. 그가 다빈치와 다른 점이 있다면 다빈치가 르네상스의 이념을 가능한 한 그

　　　　　　　　　　　　건축의 형태는 시대를 반영한다

대로 이행해서 보여주었다면 미켈란젤로는 후반으로 갈수록 고전의 구성을 깨고 자신만의 방법대로 표현했다는 것이다. 이것은 규칙과 질서를 중요시했던 사회에 새로운 충격으로 다가왔으며 새로운 시도를 바탕으로 한 매너리즘에 자신감을 불어 넣었다고 생각하면 될 것이다. 이렇게 후기 르네상스에서 매너리즘이 시작되었으며 이후에 바로크, 로코코 등이 등장하지만 이 모두 매너리즘이라고 보아도 무방하다. 시작이 있으면 후반에는 반드시 매너리즘이 등장한다고 생각하면 될 것이다.

이러한 현상은 건축에도 등장한다. 알버티는 르네상스 사상에 대표적인 건축가로 고대 로마 건축가 비투르비스가 쓴 〈건축 10서〉를 재정리했다. 그리고 고대건축을 연구하여 1450년에 〈건축론 10권〉을 발간한다. 이 책은 르네상스 건축의 지침서로 불릴 만큼 큰 영향을 미쳤다. 책에는 장식과 구조에 대한 정의도 담겨 있다. 그는 고전 건축을 르네상스에 접목해 중세와는 다른 건축을 시도하는데 이는 중세의 로마네스크 건축을 바탕으로 하고 있다. 중세 건축 중 고대와 관계있는 것이 바로 로마네스크이기 때문이다. 이 중 주목할 것은 3단 형식의 입면을 주로 사용했다는 것이다.

알버티가 설계한 교회 건물의 평면은 로마네스크 양식을 많이 적용한 것이 특징이다. 중간의 축을 기준으로 보았을 때 이는 상하 대칭임을 알 수 있다. 이렇게 르네상스는 고대 바실리카 평면에서 볼 수 있는 대칭 형태를 평면뿐 아니라 입면에도 적용하였는데 이를 적극적으로 전파한 것이 알버티이다. 그는 떼어 내어도 안전에는 문제가 없는 것을 장식이라 정의하고 건축물에 장식적인 내용을 적극적으로 추가한다.

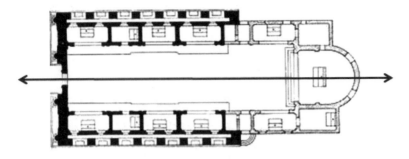

알버티가 설계한 로마네스크 타입의 교회 도면(1468년)

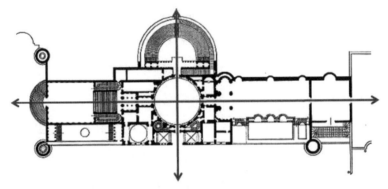

라파엘로의 빌라 마다마(Villa Madama) 건축 도면(1518년)

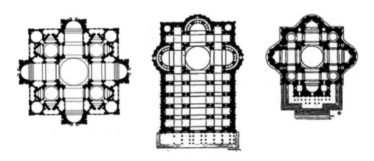

베드로 성당의 평면 변화

왼쪽부터) 브라만테 도면 / 라파엘로의 도면 / 미켈란젤로 도면

건축의 형태는 시대를 반영한다

이것이 르네상스의 일반적인 구성이다. 그러나 매너리즘 건축가들은 이를 더이상 적용하지 않고 반 고전적인 구성을 시도한다.

라파엘로가 설계한 건축 도면의 평면을 살펴보면 좌우도 대칭을 벗어났으며 상하도 대칭을 이루지 않는 형태로 알버티의 평면과는 비교된다. 물론 매너리즘 표현이 등장했다고 해도 르네상스 양식이 끝난 것은 아니며 단지 매너리즘이라는 새로운 시도가 등장했다는 것이다.

베드로 성당의 도면을 살펴보면 초기 브라만테의 도면은 완벽한 대칭으로 비례, 질서 그리고 비율이 정확하게 적용된 것으로 특히 원의 사용은 우주적인 철학이 잘 배치된 것을 알 수 있다. 브라만테에게 베드로 성당의 도면을 의뢰한 교황이 죽으면서 이는 라파엘로에게로 넘어가는데 라파엘로의 평면에서는 전실을 길게 늘인 것을 볼 수 있다. 브라만테는 초기 교황청의 건축가인데 라파엘로가 브라만테의 초청으로 지방에서 올라와 교황청에서 일하게 되면서 작업한 것으로 시간 차이가 있음을 알 수 있다.

브라만테는 모든 방향에서 대칭을 이루는 우주적인 정사각형의 성격이 강한 것으로 보이는 반면 라파엘로의 평면은 수직적인 형태로 한 방향에서 대칭을 이루며 주요 공간과 서브 공간을 배치했다. 라파엘로는 자신의 평면이 선택되기를 바랐지만 교황청이 미켈란젤로에게 관심이 있음을 알고 교황청이 미켈란젤로에게 어려운 부분을 맡을 수 있도록 유도한다. 그러나 결국 최후의 선택이 미켈란젤로에게 주어지는데 이는 라파엘로가 미켈란젤로를 싫어하게 되는 계기로 작용한다. 이는 라파엘로가 그린 '아테네 학당'에 그대로 드러나는데 미켈란젤로는 혼자 고민하는 모습으로 묘사했으며 그가 존경하는 다빈치는 가장 중요한 위치에 배치했다.

베드로 성당을 지을 때 돔을 올리는 것은 아주 힘든 작업이었기에 미켈란젤로는 어려운 상황에 부딪힐 때마다 성당의 돔을 떠올리자고 스스로 되뇌었다고 한다. 로마에 있는 예수회 본산인 일 제수 성당 건물을 보면 고대의 요소뿐 아니라 르네상스에서 시도한 질서와 비례, 그리고 규칙이 그대로 적용되었음을 알 수 있다. 건물은 미켈란젤로 풍으로 위층을 연결하는 기둥은 각이 진 디자인을 넣었고 알베르티 풍의 스크롤도 볼 수 있다. 필레스터에 홈을 파지 않았으며 르네상스에서 큰 기둥으로 사용하는 코린트식 기둥을 적용했다. 입구 위 아치 안에 삼각형이 있는 형태로 전체적인 입면을 이루고 있는데 이렇게 건물의 입면을 구성하는 것이 일반적인 형태는 아니다. 즉 함축적으로 말한다면 표현할 수 있는 요소는 모두 사용한 셈으로 이를 어느 양식이라고 단정하기에는 무리가 있는데 바로 이를 매너리즘 양식이라 부른다.

라파엘로나 미켈란젤로, 그리고 알버티 같은 경우 자신의 스타일을 명확하게 표현하고 있는데 다른 건축가들은 이들보다 더욱 개성적으로 표현하기에 한계를 느낀 것이다. 그래서 일정한 스타일을 나타내기보다는 복합적인 구성을 갖고 있는데 이것을 바로 매너리즘의 특징이라고 할 수 있다. 건축물의 외형을 다양한 형태로 나타내다 르네상스 말기 또는 매너리즘에 와서는 공간의 한계를 외부와의 연결로 눈을 돌리기 시작한 것이다.

건축의 형태는 시대를 반영한다

이탈리아 로마의 일 제수 성당(1575~1584년)

신을 대체할 정원의 탄생

안드레아 팔라디오는 로마 건축가 비트루비우스와 알버티를 잇는 건축가이자 당대 누구보다 고전을 연구하여 이를 건축물에 적용한 건축가로 유럽 르네상스 말기와 매너리즘 건축물에 있어서 가장 영향력 있는 건축가 중 한 사람이다. 그의 건축물은 실로 조각 같은 이미지와 정확한 비례, 그리스 신전이 가진 절도와 절제의 미를 가장 잘 나타낸 건축가이다. 그런 점에서 그의 작품 중 하나인 빌라 로툰다가 의미하는 바는 크다. 지금까지 등장한 건축물은 전반적으로 왕족이나 종교적인 건축물이었는데 주거형태의 건축물이 등장한 것이고 또 하나는 고전을 가장 잘 반영한 건축물이라는 것이다.

고대의 철학에서 모든 미는 우주와 숫자적인 관계를 갖는데 이 건축물의 평면은 그것을 잘 반영하고 있다. 평면의 모든 부분이 질서와 규칙을 반영하고 있으며, 원의 영역 안에 공간을 갖추었다. 팔라디오는 고전의 가장 순수한 부분을 반영하려고 노력하였으며 절대적인 비례관계와 숫자의 영역을 결코 벗어나지 않았다. 그런데 빌라 로툰다가 가진 더 중요한 의미는 바로 공간의 해체이다. 빌라 로툰다 이전의 건축물은 내부와 외부가 완벽하게 단절되었다. 그러나 빌라 로툰다는 외부의 영역을 내부로 끌고 들어 왔거나 아니면 내부가 외부와 연결되었다는 것이다. 지금에야 이런 형식의 건축물은 숱하게 많지만 이전에는 그러한 건축물이 없었다. 이 건축물은 이탈리아 북부 베네토주의 비첸차라는 작은 도시에 있는데 1404년에 베네치아 공화국이 되었으며 밀라노와 베네치아 사이의 주요 도시로 알려져 있다. 평균 온도는 14도 정도이고 강우

건축의 형태는 시대를 반영한다

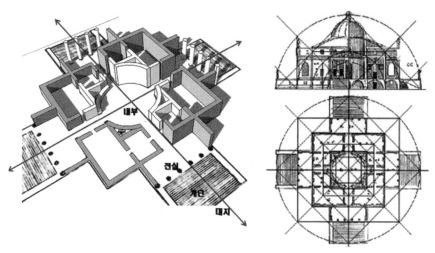

위) 이탈리아 비첸차의 빌라 로툰다(안드레아 팔라디오, 1591년)
아래) 주변 환경과의 시각적 동선뿐 아니라 소통의 기능을 위해 주변이 관통하는 평면

량이 많은 도시로 밀라노와 베네치아 사이, 이탈리아와 유럽을 잇는 지역에 위치해 있으며 휴양을 위한 주말 주택으로서의 기능을 한다.

빌라 로툰다는 이렇게 휴양을 위한 목적으로 건축되었기 때문에 팔라디오는 공간의 기능이 다른 건축물과는 차이가 있어야 한다고 생각했을지도 모른다. 그래서 빌라의 주변 환경과의 시각적 동선뿐 아니라 소통의 기능을 위해 주변을 관통할 수 있도록 평면으로 만든 것이다.

빌라 로툰다에서 우리가 눈여겨보아야 할 것은 외부와의 접촉이 직접적으로 이루어지지 않고 대지, 계단, 전실 그리고 내부로, 단계별로 이루어지도록 했다는 점이다. 이는 그리스 신전에 사용되는 방식으로 속세와 신성한 영역의 단계별 기능을 표현한 것이다. 여기서 주목해야 하는 것이 바로 대지이다. 그리스 신전은 단순히 대지의 속성만을 갖고 있었지만 빌라 로툰다는 건물 주변에 정원을 조성했다. 이것은 새로운 시도이다. 지금까지 정원이 등장한 적은 없었기 때문이다. 이렇게 건축물 주변에 새로운 요소가 등장하게 되었으며 신을 대체할 요소로 정원이 탄생한 것이다. 이를 계기로 유럽은 정원에 대해 관심을 갖기 시작했다.

정원의 시작은 프랑스이다. 프랑스의 왕권은 자연마저 다스리는 절대 권력을 추구하기 시작했다. 그래서 프랑스는 궁전을 만들 때 절대군주에게 충성하는 형태로 정원을 꾸몄다. 프랑스 정원을 살펴보면 전체적으로 왕이 거주하는 건축물에 중심축이 맞춰지고 주변의 정원은 마치 좌우로 신하가 일렬로 배치되는 형태로 만들어졌다. 이를 프랑스식 정원이라고 부른다.

영국 또한 정원을 갖기 원했다. 그러나 영국은 프랑스와의 백년 전쟁

건축의 형태는 시대를 반영한다

배르사유 궁전 정원

으로 인해 사이가 좋지 않기 때문에 프랑스와 같은 정원을 만드는 것을 원치 않았을 것이다. 영국으로서는 고민이 아닐 수 없었다. 프랑스와 다른 성격의 정원을 꾸미기를 원했지만 차별화시키기는 쉽지 않았던 것이다. 그러던 중 영국은 화가들이 그린 풍경화에서 해답을 얻게 된다. 화가들이 그린 그림 속의 정원은 프랑스와 달리 건축물이 주를 이루지 않고 자연의 일부분으로서의 역할을 하는데 그 풍경이 훨씬 마음에 들게 된 것이다. 풍경 속에는 건축물뿐 아니라 다양한 요소들이 모여 전체적인 하나의 모습을 이루는 것이 프랑스보다 더 자연스럽고 어울림 또한 좋았던 것이다. 특히 화가 클로드 로랭의 그림과 같이 역사적인 이야기를 담은 풍경, 건축물과 자연과 잘 조화를 이루는 모습이 마음에 든 것이다. 그래서 영국은 프랑스와 다른 성격의 정원을 꾸미게 되는데 풍경화에서 그 이미지를 얻었기 때문에 영국 정원을 풍경정원이라고 부르기도 한다. 스투어헤드는 영국에서 가장 유명한 정원으로 클로드 로랭의 그림을 판박이처럼 만들어 놓았다.

우리 주변에는 클래식한 이미지를 가진 건축물이 많은데 이는 사실 어느 양식이라고 단정 짓기는 어렵다. 우선 제1의 형태에 속하는 건축물은 모두 클래식이라고 부르기로 한다. 이렇게 클래식한 건축물 대부분이 지금에 와서는 다양한 형태의 클래식한 이미지를 갖고 있는데 모두 매너리즘이라고 불러도 무방할 정도로 복합적인 디자인을 담고 있다. 즉 매너리즘은 더이상 초기의 순수한 특징을 갖지 않으며 다양한 양식의 집합체이다. 이 매너리즘적인 양상을 벗어날 때 우리는 새로운 것이 등장했다고 말한다.

건축의 형태는 시대를 반영한다

위) 클로드 로랭의 '아폴로에게 제물을 바치는 풍경'(1662년)
아래) 영국 윌트셔주의 스투어헤드 정원(1741년)

매너리즘적인 요소를 가진 국내 건축물들
위) 한국은행 본점(1907년)
아래) 연세대학교 원주 캠퍼스

건축의 형태는 시대를 반영한다

르네상스보다 더 화려하고
혼란스러운 '바로크'

근세가 시작되면서 사회에 큰 변화를 준 집단이 있다. 이는 바로 상인이다. 이 상인은 십자군 전쟁 때 길드라는 조직을 만들어 활동하는데 왕족도 아니고 종교지도자도 아니지만 사회의 한 구성원으로서 역할을 점차 키워나가고 있었다. 베네치아 공화국 같은 경우에는 이미 이 상인 그룹이 활성화되어 조직적으로 활동하며 지도자층에 점차 영향을 미치기 시작했다. 그러다 피렌체의 메디치 가문 같은 경우는 피렌체 공국(군주가 다스리지 않는 국가)의 지도자로 가장 큰 영향을 행사하고 있었다. 이들은 왕족이나 종교지도자와 같은 지위를 갖고 알력을 행사할 만큼 큰 세력을 확보하고 있었는데 점차 국가가 식민지를 확보하면서 많은 부를 확보하고 국가의 제정에 큰 영향력을 행사하면서 이들의 권위를 무시하지 못하는 상황까지 이르렀다. 이들의 영향력은 점차 정치뿐 아니라 많은 예술가의 스폰서로 자리잡으면서 예술에도 영향을 주었고 또한 건축물에도 이들의 영향이 나타나기 시작하는데 그것이 바로 화려함이다. 르네상스가 시작되면서 고대의 철학과 학문이 자리를 잡게 되지만 이는 단순히 정치와 종교의 정체성을 위한 도구였다. 그러나 매너리즘이 시작되면서 탈고전주의가 등장하고 규범과 질서의 틀이 바뀌며 새로운 형태가 등장하는데 여기에는 상인들의 영향력이 지배적으로 작용했다.

이들 세력은 정통성 측면에서 아직 부족함이 있었으므로 보조적인 역할을 하고 있었지만 세력 구성에 필요한 경비를 마련하는 데 있어서는 교황청과 왕권에도 지대한 영향을 미쳤기 때문에 이 두 세력에 호응을 얻게 된다. 이에 기존에 있던 틀이 무너지고 르네상스보다 화려하고 혼란스러운 형태들이 등장하는데 이것이 바로 바로크이다.

바로크는 기괴하고 비뚤어진 진주라는 뜻이다. 상인들의 사회적인 위치가 아직 확고하게 안정되지 않았기 때문이다. 그러나 이들의 역할은 역사 속에서 아주 중요한 의미를 갖는데 이것이 후에 산업혁명과 시민혁명의 근거가 되기 때문이다. 이들의 사회적 역할이 점차 증가하는 것은 맞지만 왕족이나 종교지도자에 비하여 지위에 대한 정당성이 명확하지 않았다. 자신들의 위치를 인정받기 위해서는 기존의 사회 구조에 변화가 필요했다. 그래서 이들은 예술가들을 자신들의 영향 아래 두었으며 종교, 과학 그리고 정치적인 위치를 집중시키기보다 넓게 퍼지도록 하는 데 주력한다. 이는 그 안에서 자신들의 위치를 찾고자 하는 야망도 있었지만 주체세력을 약화시키고자 했던 것이다. 그래서 중심이라는 초점을 흐리고 방사하는 형태를 추구하게 되며 기득권에 묶여 있는 모든 시스템을 개방하고 역동적으로 만들고자 하는 시도를 하게 된다.

건축의 형태는 시대를 반영한다

특히 상업을 통해서 얻은 경험에서 세계의 다양성과 발달되는 문화의 흐름을 알고 있기에 한정된 사고를 가진 지도자들에게 외부의 상황과 변화에 대한 지식을 전달함으로써 역동적인 사회를 만들고자 시도했던 것이다. 하지만 이들의 위치는 아직 지도자들에게 정당성을 부여받지 못하였으며 불안한 동거를 하고 있는 상태로 이를 직접적으로 나타내기는 힘들었다. 그래서 예술을 통해 정신적인 메시지를 곳곳에 담았는데 이때 가장 큰 역할을 한 것이 바로 예술 분야였다. 그들은 예술에 획일화된 사회체제와 고정관념에 비웃음을 담기 시작했다.

다빈치가 획일화의 시작이라면 라파엘로는 이를 계승하는 역할이었고 미켈란젤로는 이를 부수는 자였다. 하나의 초점과 일방적인 방향이 아닌 빛이 분사하듯 무한함을 나타내려 하였고 고정된 점보다는 움직임을 보여주었으며 안정보다는 힘에 의한 파생을 나타내려고 했던 것이다. 기득권과 같은 일부에 의한 사회가 아니고 사회를 모두가 하나의 배역을 맡아서 연기하는 거대한 무대처럼 보았으며 하나하나의 역할이 중요함을 보여주기 위하여 표현하다 보니 안정된 르네상스의 표현과 비교한다면 무엇을 나타내는지 알 수 없을 정도로 혼란스러움마저 느끼게 하는 것이다. 즉 바로크는 하나의 통일된 표현된 것을 나타내기보다는 전체를 보여주기 위해 노력했기 때문에 르네상스에 익숙한 사람들에게는 혼란스럽게 느껴진 것이다. 그래서 바로크에서 예술은 그 어느 시대보다 중요한 요소였으며 가장 중요한 역할을 했다.

'기괴하고 비뚤어진 진주'의 시대

왕족이나 종교 지도자는 자신의 기득권을 유지하고자 했지만 상인의 새로운 조직은 이들 안에 귀속되기 어려웠다. 그래서 이들은 기득권의 설득보다는 대중의 깨우침이 더 빠르다고 느꼈을 것이다. 아직 문맹자들이 많은 시대이기에 예술을 통한 교화에 힘썼으며 이 예술에 자신들의 목적을 담았다. 그것은 바로 혼란이었다. 바로크를 '기괴하고 비뚤어진 진주'라고 일컫는 것은 르네상스를 기준으로 한 데서 붙여진 이름이다. 질서 있고 비례관계가 투철하며 명확한 구성과 분명한 전달을 나타낸 것을 값진 진주라고 한다면 이는 바로 르네상스를 일컫는 말이었다. 바로크는 이같이 르네상스의 틀을 벗어났기 때문에 생겨난 이름이지만 사실 그리 부정적으로 볼 필요는 없다. 르네상스를 근세의 시작으로 보았고 이를 기준으로 한다면 매너리즘은 예술의 사춘기로 보았다. 이러한 시대는 늘 있어 왔다. 중세에는 고딕이 기존의 틀을 벗어난 성격으로 보았으며 근대에는 더 낳은 내너리즘이니 바로크 같은 성격의 이미지가 반복되고 있었다.

과거 건축물이 하나의 메스 덩어리로 외부와 내부의 명확한 구분으로 이뤄진 반면 바티칸의 베드로 성당을 보면 바티칸의 영역은 앞의 거리에서 서서히 시작하여 열주가 나열되어 있는 원을 통과하여 건물 내부로 연결된다. 이는 과거에는 명확하게 구분되어 있던 권위적인 표현과는 다른 것으로 개방적인 영역에서 단계를 거치면서 폐쇄적인 성격을 보여주는 것으로 다른 교회나 궁전과 비교해 보면 시대가 변화하고 있음을 잘 알 수 있다. 명확한 기능만을 갖고 있던 건축물이 개방성을 갖

건축의 형태는 시대를 반영한다

고 상호작용한다는 이미지를 나타내며 거대한 열주랑이 원을 그리고 있는 영역은 마치 팔을 벌리고 있는 모습으로 포옹하는 듯한 이미지를 나타내고 있다. 물론 이러한 표현은 바티칸이 처음은 아니다. 특히 이집트 신전을 보면 외부에서 내부로 들어갈 때 거대한 열주랑이 있는 전실을 먼저 통과해야 한다. 이 전실을 통과하면서 작고 왜소한 인간이 자신의 모습을 통해 겸손함을 갖도록 함으로써 신전에 들어가기 전 엄숙함을 갖게 하려는 의도가 담겨 있다. 또한, 외부는 인간의 영역이며 신전은 신의 영역으로 이러한 중간 성격의 영역을 통하여 순화할 수 있도록 정신적인 영역을 만드는 것은 고대에 많이 사용했던 방식이다.

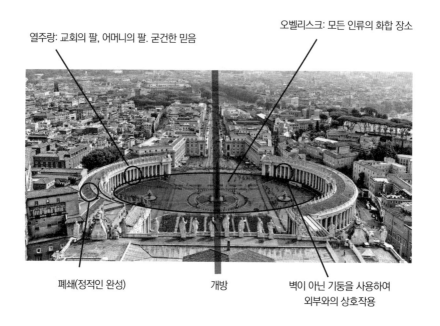

열주랑: 교회의 팔, 어머니의 팔. 굳건한 믿음

오벨리스크: 모든 인류의 화합 장소

폐쇄(정적인 완성)

개방

벽이 아닌 기둥을 사용하여 외부와의 상호작용

바티칸 베드로 성당: 모든 교회의 어머니(1598~1680년)

특히 중앙에 오벨리스크는 사실 이단의 사물로 중앙이라는 영역의 표시이기도 하지만 수직적인 이미지는 숭고함과 모든 것의 중심이라는 의미를 담고 있다. 열주랑을 옆에서 보면 벽과 같은 폐쇄성을 갖고 있지만 정면으로 보았을 때는 개방성을 나타낸다. 이것은 성스러운 영역과 인간적인 영역을 중화하는 역할을 담당한다. 열주랑을 원형으로 나타낸 이유는 원은 고대에서부터 사용했던 우주를 뜻하는 의미도 있지만 모나지 않은 이미지와 어떤 부분에서 시작하든 끝과 동일한 거리를 갖기 때문에 원형은 정적인 이미지를 나타낼 때 많이 사용하는 기법이다.

이렇게 과거와는 다르게 다양한 기능을 하는 건축물을 나타낸 것이 바로 바로크의 의도이다. 비뚤어진 진주라고 부정적인 이름을 붙이기는 했지만 사회의 변화와 다양한 기능을 보여주는 것이 바로크의 특징이다. 특히 바티칸 궁전 위에 동상이 있는 것은 과거 중세에서는 불가능했던 모습이다. 신 외에 다른 형상을 만드는 것은 교리에 어긋나는 것이기 때문이다. 그러니 근세에 들어 이러한 형상들이 많이 등장하는데 이것은 문맹자들에게 주는 메시지로 이 영웅들을 생각하면서 시민들이 깨달음을 얻기 바라는 의도가 담겨 있다. 시대를 구분하기 위하여 바로크라고 이름 붙였지만 사실 바로크는 매너리즘 후기에 속한다.

바티칸을 전체적으로 살펴보면 과거의 건축물에서는 볼 수 없는 축이 형성되어 있는데 이는 역동성을 의미한다. 매너리즘은 반 고전을 추구했는데 특히 정적인 것을 싫어하는 이유 중 하나는 바로 시대의 변화를 내포하고 있었기 때문이다. 왕족도 종교적인 지도자도 아니지만 그들에 버금가는 부를 축적한 부르주아는 정적인 상황에서 사회에 영향

건축의 형태는 시대를 반영한다

력 있는 위치를 결코 차지할 수 없다고 여겼을지도 모른다. 천지창조가 완성되었을 때 교황청은 나체의 모습과 종교적이지 않은 이미지에 충격을 받아 벽화를 삭제하려고 했다. 심지어 미켈란젤로가 죽은 후에 그의 제자가 그림에 옷을 입히는 등 그림을 변경할 정도로 오랜 시간 고민하기도 했다. 여기에서 중요한 논제는 기독교의 본산인 교황청이 고민에 빠졌다는 부분이다. 과거에는 결코 고민 없이 다시 그렸을 것이지만 화가의 고집을 꺾지 못하고 교황청이 고민할 만큼 과거에 비해 세력이 약화했거나 변화에 반응했다는 것이다. 교황청이나 왕족이 직접적인 영향을 받지 않는다면 그대로 유지하는 결정을 했다는 것이 중요한 초점으로 이러한 상황이 지속되면서 권력의 한계를 느꼈을지도 모른다. 그래서 후에 프랑스의 루이 14세가 강력한 왕정을 이끌어 갔다는 것은 반대로 위기감을 느낀 것으로 해석할 수 있다.

바로크 시대 그림의 특징 중 하나는 다양한 구성을 담고 있다는 것이다. 또한 내용을 살펴보아도 마치 성격 속의 내용 같기도 하고 또는 그리스 신화의 내용을 나타낸 것처럼 보이기도 하면서 뚜렷하게 어떤 내용을 나타내려고 했는지 알 수 없을 만큼 산만한 구성이다. 미켈란젤로의 '최후의 심판' 또한 복잡한 내용을 담고 있지만 전체적으로 수평적인 형태이다. 특히 수평적으로 동일한 내용을 유지하고 있어 그림의 구성을 이해할 수 있도록 표현하고 있다. 르네상스 초기의 그림은 삼각형 구도가 주를 이루었지만 이후 수평적 구도로 바뀌었고 매너리즘에 와서는 이 구도마저 깨지면서 바로크에서는 일정한 구도의 축조차 갖지 않는 것을 알 수 있다. 이는 매너리즘을 거치고 바로크에 와서 의도적으

위) 파올로 드 마테이스의 '완벽한 자들의 승리'(1710-1715년)
아래) 미켈란젤로의 '최후의 심판'

건축의 형태는 시대를 반영한다

로 역동적인 표현을 위해 사용하였음을 알 수 있다.

　현대에는 자신의 개성을 살려 각자의 스타일로 그림을 그리는 것이 일반적이어서 이 같은 일이 익숙한 우리에게는 동일한 구성으로 그림을 표현했다는 것 자체가 이해하기 어려운 일이다. 하지만 과거에는 일반적으로 패트론(Patronage: 후원제도)이라는 특이성 때문에 통일된 구성을 갖고 그림을 그리는 경우가 많았으며 스폰서가 원하는 대로 그림을 그리는 것이 일반적인 상황이었다. 다른 구성을 시도한다는 것이 어려운 시대였던 것이다. 이로 인해 그 시대의 그림의 구성을 이해하는 것이 오히려 쉬울 수 있다. 중세에는 종교적인 상황으로 스폰서의 주체가 기독교였으며 르네상스에 와서 중세보다는 후광과 같은 종교적인 표현이 약해지면서 삼각구도로 그림의 구성이 바뀌었다. 그리고 매너리즘에 와서 탈 고대 또는 고전이라는 반발이 심해지면서 반항적인 구성이 등장하고 바로크에 와서는 역동적인 표현을 하기 위하여 사선의 구성이 등장한다. 이를 전체적으로 본다면 과거에 비해 화가들에게 예술의 자유가 조금 더 폭넓어졌음을 알 수 있다.

왼쪽부터) 중세, 르네상스,매너리즘 시대의 그림

바로크에 괴팍하고 과장되며 비뚤어진 진주라는 이름을 붙였지만 아마도 이는 과거와 대비되는 표현 때문일 것이며 이는 오히려 구성의 틀을 유지했던 과거보다 더 자연스럽고 새로운 구성을 시도했던 시대라고 볼 수 있다. 프로 예술가들은 자신의 실력을 과시하기 위해 작품을 만들지 않는다. 훌륭한 실력에 오히려 사회에 대한 메시지나 개인의 정신적인 유흥을 나타내려 할 것이다. 예술가가 자신의 작품에 어떤 메시지를 담지 않고 자유롭게 예술의 범주에서 모든 것을 쏟아부을 수 있는 시대는 참으로 평화로운 시대이다.

생명의 정체성을 드러내기 시작하다

신본주의에서 탈피하여 인본주의라는 새로운 시대가 시작되면서 르네상스라는 고대의 철학을 담아 인간의 삶을 더 영화롭게 하려는 목적으로 과학이 발달하고 문명의 발전도 이루어냈다. 사실 인간은 배부른 것보나 버리가 부른 것을 더 좋아한다. 그래서 매너리즘은 비뚤어지고 기괴하지만 규칙과 비례와 구성이라는 틀이 얼마나 거추장스러운 것인지 알리기를 원했고 특히 귀족과 평민이라는 수직적이고 고정된 사회적인 신분 구조에서 어느 누군가는 이같이 폐쇄된 사회 구조에 침묵의 소리를 통해 규칙 부수기를 시도했는지도 모른다. 이것이 바로 바로크이다.

권력을 얻지는 못했지만 부를 얻게 된 상인귀족들은 예술가 먹여 살리기뿐 아니라 건축물의 내부에도 투자하기 시작했다. 여전히 기독교와 왕족의 존재가 명확한 시대이기에 건축물의 전체적인 형태까지 변화를 시도할 수는 없었다. 그래서 상인들은 내부 인테리어부터 변화에 물꼬

건축의 형태는 시대를 반영한다

를 트기 시작한 것이다. 살아있는 것은 꿈틀대고 어수선하다. 권력자들은 질서와 규칙을 원하지만 그렇지 않은 자들은 자신들이 살아있음을 나타내려고 했다. 무질서하고 역동적이며 다양성을 보여주기를 원하고, 각 개체의 존재가 인정받으며 그 개체들이 모여서 전체를 만들기를 원했던 것이다.

바로크 시대 그림의 특징 중 하나는 형태의 외곽선이 명확하지 않다는 것이다. 만화를 보면 움직임을 표현할 때 뒤따라오는 형태는 희미하게 표현한 것을 볼 수 있는데 이러한 표현의 원조가 바로 바로크이다. 동일한 배경을 갖기보다는 가장 어두운 부분에서 가장 밝은 부분으로 다양한 빛의 표현을 통해 생명체의 정체성을 나타내고자 했으며, 그림 속의 관찰자도 살아있다는 것을 보여주기 위해 몸을 움직이거나 시선 또한 무언가를 향하는 등 정지된 자세를 지양했던 것이다.

권력자가 만든 규칙과 질서라는 틀에 비권력자가 규칙 없는 배치로 장식했지만 권력만큼 부도 영향력이 있음을 보여주기 위해 그들이 가진 능력을 나타내다 보니 명확한 이미지보다는 화려함을 담게 되었다. 그래서 바로크의 형태에 굳이 철학적인 표현을 붙일 필요는 없다. 그들이 갖지 못한 권력에 그들이 가진 경제력을 예술가들의 힘을 빌려 나타낸 것이기 때문에 화려하다는 느낌이면 족한 것이다. 그래서 이탈리아의 바로크는 화려한 것이다. 하지만 이를 못마땅해하는 이가 있었다. 사실 이탈리아 바로크의 화려함과 찬란함 그리고 환상적인 표현은 무척이나 부러웠으나 이 표현 속에 담긴 무질서함은 권력자로서의 불안감을 갖게 했기 때문이다. 모든 질서는 자신의 통제 아래에 있어야 한다는 생각으로 그는 로마의 바로크를 프랑스로 가져갔으나 여기에 다시 고대의 질서, 절대, 순수 그리고 통일감을 담아서 가져왔다. 그가 바로 루이 14세다. 그는 절대왕정을 꿈꾸던 사람이었다. 그래서 그는 로마의 바로크를 고전 속의 통제와 질서라는 규칙 속에서 이어가도록 했다. 그래서 바로크를 시작한 것은 로마이지만 프랑스 바로크를 고전주의 바로크라고 부르는 것이다.

베르사유에 있는 거울의 방은 프랑스 고전주의 바로크 양식을 보여주는 대표적인 장소이다. 로마의 화려함과는 동일하지만 질서정연하고 규칙적이다. 로마의 바로크가 감성적인 이미지를 그대로를 표현했다면 프랑스는 이성적인 디자인을 보여준다. 독일 비스교회 내부의 모습은 로마 바로크와 큰 차이 없이 상당히 역동적이며 화려함의 극치를 보여주는데 이를 통해 독일이 로마의 것을 그대로 받아들였음을 알 수 있다.

근대에 들어서 아르누보라는 스타일이 등장한다. 아르누보는 과거의 것은 죽은 이미지이기 때문에 직선의 형태를 이루고 있다고 주장하며 곡선과 곡면을 주 이미지로 내세웠다. 사실 바로크의 건축물이 곡선과 곡면을 직접적으로 나타내지 않지만 사실 내부적으로는 곡선이 많이 사용되었다. 또한, 피카소의 분석적 큐비즘에서 미래파 또한 아르누보처럼 역동적이고 다이내믹한 이미지를 보여주기 위하여 사선을 사용하는데 이 또한 엄격히 말하면 바로크에서 출발했다고 할 수 있다. 어쨌든 매너리즘이 르네상스의 과도기적인 이미지의 과정이었다면 바로크는 이를 완성하는 매너리즘의 후기에도 속하는 것으로 독자적인 모습을 보여준 것은 확실하다.

건축의 형태는 시대를 반영한다

위) 베르사유의 거울의 방(1680년)
아래) 독일 바이에른 비스교회의 내부(1754년)

건축은 시대를 반영한다. 이는 분명한 사실이다. 그러므로 건축을 이해하려면 먼저 그 시대를 이해해야 하는 것이다. 고대, 중세, 근세까지 제1의 형태에 속하는 건축디자인의 경우는 특히 그렇다. 현대의 건축물에는 개인적인 특징과 개성이 무척이나 강하게 드러나지만 제1의 형태에 속하는 양식은 분명하게 그 시대를 반영했기에 그 시대를 이해하는 것이 먼저이다. 사실 형태는 두 가지뿐이라고 정의했지만 제2의 형태는 근대의 등장에 앞서 신고전주의가 있었고 역으로 바로크의 역할이 컸다. 역사 속에서 상인의 등장은 훨씬 이전부터였지만 본격적으로 사회의 중심적인 역할을 담당하고 시대변화의 바람을 일으키는 데 지대한 공을 세웠기 때문이다. 특히 메디치 가문은 여기에서 중요한 요인으로 등장한다. 이렇게 바로크에서 상인의 등장이 극대화되었기에 다음 단계인 로코코의 등장이 가능했던 것이다.

프랑스의 권력자들이 질서와 규칙, 그리고 통제할 수 있는 바로크를 정립하며 발전시켰기 때문에 프랑스의 바로크를 고전주의 바로크라고 부르지만 사실 큰 틀은 왕정에서 비롯되었다. 다양한 국가의 형태가 만들어지면서 왕의 권력이 주를 이룬 것이다. 특히 영국, 프랑스, 스페인, 그리고 네덜란드의 시민국가가 성립되면서 국가 간의 권력은 국가적인 차원에서 발달하는데 여기에는 왕의 권력이 무엇보다 중요했다. 바로크는 고전주의에서 시작한 근세의 르네상스에 대한 반발심이 새로운 개혁으로 등장하고 예술가들이 자유로운 체제에서 성장한 것이 아니라 일정한 교육의 틀과 시스템 안에서 성장하면서 국가가 원하는 형태로 발전되어 온 것이다. 각 시대의 특징은 곧 집권자의 입김이 많이 작용한 것이 사실이다. 정확하고 사실적인 표현으로 시작한 르네상스에 맞추어 변화를 해오다 시대적인 특징을 갖고 온 것이다. 바로크는 매너리즘에 나타난 비례의 파괴 대신 빛의 사용을 통하여 표현하기를 좋아했고 이전에 성경에 등장하는 인물들이 성스러운 대접을 받았던 것과 달리 바로크에 와서는 일반화되는 경향을 보이는데 이는 기독교의 위치가 그만큼 약화했음을 보여주는 반증이다.

로코코,
귀족과 부르주아의 시대가 열리다

바로코 이전 시대 양식의 주체는 왕권과 기독교였다. 그러나 십자군 전쟁의 타격과 다양한 국가의 형성으로 교황의 세력은 이전만큼 강세를 나타내지 못했고 그에 반하여 왕족의 역할이 다양해졌다. 기독교가 약화한 원인 중의 하나는 바로 종교개혁이었다. 교황청은 당시 많은 세금을 거둬들였지만 종교개혁으로 인해 수익이 줄어들었고 권력의 곁에서 더욱더 세력을 강화하려 보니 왕족과의 분쟁이 생겼는데 이는 귀족을 키우는 역효과를 불러일으키고 말았다. 이렇게 세력의 변화가 나타나면서 새롭게 등장한 것이 바로 부르주아다.

이들은 기독교 지도자나 왕족 또는 세습적 귀족 같은 위치를 갖지는 못했지만 지도층에서 그 세력을 넓혀가면서 기득권으로 진입하고 있었다. 이들이 기득권에 진입하는 데는 전체 역사로 보면 오랜 시간이 걸렸지만 여기에는 결정적인 계기가 있었는데 그것이 바로 프랑스의 루이

건축의 형태는 시대를 반영한다

14세가 5세에 왕위에 오른 사건이다. 하지만 여러 상황으로 인해 정치적 위기를 겪으며 유배를 가기에 이르는데 이 배경에는 귀족들이 있었다.

귀족들은 이 틈을 타 왕권을 바꾸려고 노력하며 루이 14세를 어려운 상황으로 몰아가고, 이에 귀족에 대한 불신으로 기술, 지식, 정보 그리고 부를 축적한 상인그룹인 부르주아를 측근으로 기용하게 된다. 특히 프랑스는 영국의 청교도 박해처럼 낭트 칙령에 의한 개신교 보호장치를 해체하면서 복잡한 상황에 빠지는데 당시 산업 분야 대부분에 종사하고 있었던 개신교 신자들에 대한 박해가 시작되자 그들이 해외로 이주하면서 프랑스는 경제적인 면에서 타격을 입게 된다. 그럼에도 불구하고 루이 14세는 시민들에게 10~15퍼센트에 달하는 세금을 걷고 8퍼센트가량의 종교세까지 거두어들였다. 여기에 시민들은 의무적으로 십일조를 내야 하는 상황이었기에 불만은 극에 달했다.

여전히 봉건제도가 남아 있어 영주들이 세금을 걷는 상황으로 상류층의 불만은 크지 않았으나 루이 14세는 강력한 왕정제도로 바꾸면서 자신의 절대권력을 놓지 않았고 귀족에 대한 불신을 곳곳에 드러내며 큰 건축물을 가진 귀족에게 질투를 느낀 나머지 귀족보다 더 큰 궁궐을 짓는데 이것이 바로 베르사유 궁전이다. 루이 14세는 절대왕정이라는 규범 속에서 프랑스의 고전주의 바로크를 실현해 화려하지만 질서와 통제를 나타내는 궁전을 소유하게 된 것이다.

신성 로마 제국이 독일에서 오스트리아로 넘어가면서 독일이 복잡한 상황에 있는 동안 프랑스는 이렇게 경제 사정을 고려하지 않은 왕의 결정으로 점차 국가는 어려워졌지만 스페인과 영국은 점차 강대해지면서 많은 식민지를 거느리게 된다. 이러한 상황 속에서 부르주아의 수가 늘어나고 이들이 사회의 각 분야에서 두각을 나타내기 시작한다. 그리고 루이 14세에 빌붙던 귀족과 부르주아들은 그의 방탕함과 사치스러움을 만족시키고자 거울의 방 외에도 내부장식을 꾸미는 데 일조한다. 이때 유럽은 점차 세력을 외부로 확장하면서 중국과의 거래를 성사시키는데 이것이 유럽에게는 새로운 문물을 받아들이는 좋은 기회가 된다.

바로크보다 더 실용적이고 우아하게

베르사유 궁전의 거울의 방은 바로크의 가장 큰 특징으로 꼽을 수 있다. 바로크는 전체 디자인을 커다란 하나의 덩어리로 보고 장식을 하였다면 로코코는 더 섬세하고 조각적인 디자인으로 세분화된 성격을 갖고 있다. 이는 커다란 변화로 지금까지 새로운 디자인은 유럽 자체에서 발생하여 유럽 자체에서 소화했다면 로코코는 유럽 외부에서 디자인 소스가 유입된 사례이다. 조각적인 디자인이라 하여 로코코를 조개무늬 장식 또는 돌 조각 장식이라고 부르기도 한다. 바로코처럼 집단적이지는 않지만 개별화된 장식으로 곡선이나 곡면이 사용되는데 이것이 조개껍데기의 굴곡, 자갈의 곡선이나 곡면과 유사하다 하여 이러한 이름이 붙은 것이다. 바로코도 마찬가지지만 단순히 장식적인 성격이 강하고 전체적이 아닌 부분적으로 밋밋한 곳을 채우는 방식이다. 이러한 방식은 바로코가 끝난 후에 로코코가 등장한 것이 아니라 거의 말기에 겹쳐지면서 동시대적으로 진행되었는데 이는 루이 14세의 절대왕정에 의한 귀족과 부르주아의 아부에 의한 영향이 아닌가 한다.

루이 14세가 집권하는 동안 귀족이나 다른 계층은 숨죽이며 살아야 했다. 그러나 그가 죽자 억압된 상황의 종말이 도래했다고 생각한 부류들이 서서히 기지개를 켜며 등장하는데 이 배경에는 루이 14세의 존재가 사라지는 의미도 있지만 사실은 왕족의 경제적 어려움이 크게 작용했다. 루이 14세 집권 당시 빈번한 전쟁과 사치스러운 생활은 다른 국가에 빚을 지게 되는 경제적 어려움을 남기게 되고 이를 이어받은 루이 15세는 빚을 탕감하려고 노력하지만 이미 마음이 돌아선 귀족들은 비협조적인 자세를 취한다. 그럼에도 귀족들은 풍족한 식민지에서 거둬들인 부와 세금으로 풍족한 생활을 이어가고 왕족이 허덕일 때도 사치스러운 생활을 지속한다. 여기에 귀족들의 부를 채워주는 부르주아들의 막강한 경제력 때문에 이들을 떼어 놓을 수 없는 상황까지 이르게 되면서 이제 시대는 왕족의 힘을 얻지 못한 종교지도자들이 배제되는 새로운 국면으로 접어든다. 루이 14세 때 즐겼던 왕족들의 사치가 이제 다른 부류에게 넘어가는데 바로 귀족과 부르주아의 시대가 열린 것이다.

국가가 식민지에서 가져온 원료와 무역에 의존하면서 경제 주체가 바뀌었는데 이들은 엄청난 부를 쌓고 방탕해지면서 복장에도 변화가 나타나고 사교장까지 등장하게 된다. 이를 위하여 중국으로부터 건너온 다양한 색감이 등장하고 덩어리의 장식이 아닌 섬세한 장식들이 유행하면서 본격적인 로코코의 시대가 열리게 된다. 이는 바로크가 자리한 부분에 부족한 것을 채우는 방식으로 바로크보다 더 실용적이고 우아함을 강조하는 금이나 은 조각 같은 금속으로 화려함이 더해지는 현상을 띠게 된다.

위) 토머스 게인즈버러의 '시돈즈 부인'(1785년) / 프랑수아 부셰의 '퐁파두르 부인의 초상'(1756년)
아래) 장 오노레 프라고나르의 '그네'(1768년) / 로코코 양식의 대표적인 디자인

건축의 형태는 시대를 반영한다

무작위로 만들기보다는 나선형이나 원형의 무늬 또는 꽃장식 같은 일정한 형태를 반복하여 사용하는 것으로 바로크가 대규모의 화려함을 보였다면 로코코는 일정한 무늬를 반복적으로 치장하는 방식을 취하고 있다. 이전에는 왕족이 품위와 절제를 보였다면 로코코는 권력의 밖에서 자유분방한 귀족이나 부르주아가 오히려 사회의 만연한 쾌락이나 관능적인 모습을 풍자하였는데, 로코코 그림에는 곡선적인 배경에 전체적으로 밝고 우아하고 밝은 모습에 옷 하나하나에도 장신구와 액세서리를 표현하고 공공연하게 외설적인 표현 등을 보여 과거보다는 품위가 많이 떨어진다는 평가를 받게 되었다. 매너리즘은 어두침침한 배경에 왜곡된 표현을, 바로크는 밝은 것과 어두움의 표현을, 로코코는 전체적으로 밝은 표현을 강조하는 것이 각 시대의 차이점이라고 할 수 있다.

전체적으로 바로크 시대의 그림은 어두움과 빛의 대립을 보여주고 전체적인 모습에 초점을 맞추었다면 로코코 시대의 그림은 오히려 자세가 기울고 전체적으로 밝으며 옷 장식의 디테일이 화려하다. 주변 상황 또한 일반 가정집이라고 하기보다는 살롱과 같은 장소적인 특성도 보여주며 화면 가득 화려함을 표현하려는 의도를 엿볼 수 있다.

장 오노레 프라고나르의 '그네'라는 그림은 배경 또한 곡선적인 이미지를 넣어 생동감 있게 표현하였으며, 여인의 모습도 화려하고 젊은 모습으로 관능적인 면을 부각해 아름다움을 느끼게 한다. 그네를 타는 여인 아래 귀족인 듯한 남자가 여자의 치마 속을 살펴보고 있는데 여자의 표정을 보아 두 사람은 애인인 듯하다. 그런데 뒤에서 그네에 달린

끈을 잡고 있는 사람은 남편으로 추측되는데 품위 없어 보이는 이러한 그림들이 공공연하게 등장한다는 것은 이미 로코코 시대에 만연한 풍토가 아닌가 싶다.

로코코는 왕족이 이끄는 문화가 아니라 귀족과 부르주아들이 그 주체로, 이들이 자유분방한 문화를 누렸다기보다 오히려 억압된 사회 속에 살고 있었음을 반전으로 느낄 수 있는 모습이다. 로코코에 조개 무늬라는 이름이 붙여진 이유는 물론 중국의 영향도 있을 것이다. 하지만 과거 바로크 시대는 큰 궁전과 같이 장엄하고 규모가 큰 것을 지향하는 문화가 있었다면 로코코는 소규모로 반복되는 형태를 추구한 까닭에 과거에 익숙한 이들이 경멸하는 의미로 붙인 이름일 것이다.

독일 포츠담에 있는 프리드리히 대왕의 여름궁전인 상수시 궁전(Sanssouci)에 대해 알아야 할 것이 있다. 이 건축물은 왕이 별장용으로 편안하게 쉬기 위한 용도로 지었다는 것이다. 즉 왕이 사용하는 기능을 부여했다면 로코코가 아니라 바로그나 다른 디자인이 적용될 수도 있었겠지만 조금 더 검소한 디자인을 적용하기 위해 로코코라는 부분에 초점을 맞추었다는 것이다. 이는 일반적인 규모에 이미 많이 발달한 돔 지붕을 얹었는데 바로크가 즐겨 사용하는 큰 규모의 장식이 아닌 로코코 양식을 부분적으로 적용했다.

여기서 우리가 주목해야 할 부분은 바로 '반복'이다. 지금까지 로코코와 같은 장식이 대량으로 만들어진 적은 없었다. 이는 대량생산이 가능해졌다는 뜻이다. 물론 석재로 만드는 것이 대부분이지만 내부에는 금속 재질도 사용했는데 금속은 주물로 만드는 것이 일반적이다. 즉 산업

건축의 형태는 시대를 반영한다

독일 포츠담의 상수시 궁전(1747년)

러시아 상트페테르부르크의 궁전

건축의 형태는 시대를 반영한다

형태가 서서히 수공업에서 팩토리 형태로 넘어가는 과도기를 보여주는 것으로 이 배경에는 상인의 역할이 컸다.

러시아 상트페테르부르크(St Petersburg)에 있는 궁전은 반복적인 표현과 성스러운 부분에 적용한 금색이 눈에 띄는데 무엇보다 벽면을 청색으로 표현한 것이 특징이다. 궁전의 우측은 비잔틴 양식의 돔 지붕으로 교회의 건축물에 적용했던 표현이다. 이는 왕의 신분이 상승했음을 알 수 있는 부분이다.

로코코 양식의 가구들은 곡선과 곡면을 주 모티브로 삼고 있다. 로코코가 더이상 발전할 수 없었던 가장 큰 이유 중의 하나가 바로 이러한 곡선과 곡면의 남용이었다. 바로크보다 더 섬세하며 더욱 디테일한 디자인이 주를 이루는데 이는 바로크가 놓쳤던 디자인을 로코코가 담당하게 된 것이다. 사실 로코코 양식이 더욱 화려해지기는 했지만 이런 요소들이 건축물에서 가구로 옮겨 갔다는 것은 더욱더 서민적인 흐름으로 변화했다는 뜻도 담겨 있다.

기득권을 유지하기 위해 들여온
'신고전주의'

"옛날에는 안 그랬는데……." 어르신들은 가끔 이런 말을 한다. 이런 표현은 아주 오래전부터 있었다. 르네상스도 이런 의식에서 시작한 것이 아닌가 한다. 왕의 집권을 통한 지배세력의 권력이 막강하게 이어져 오면서 정신적인 허기와 인간의 소망을 채워줄 무언가를 갈망했을 것이고 이에 종교의 필요성이 자연스럽게 발생했을 것이다. 그러나 미래에 대한 두려움을 해소할 수 있는 도구로서 종교가 필요했던 것이지 집권세력과 동일한 선상에서 종교가 자리를 잡았던 것은 아니다.

기독교 공인 이후 기독교는 종교를 통일하고 집권세력과 동일한 선상에서 세력을 확대해 영역을 넓혀 나갔지만 새로운 종교인 이슬람의 등장으로 위기감을 느끼고 이에 대한 불안감을 해소하고자 했는데 그 방법 중의 하나가 바로 수직적인 교회를 건축하는 것이었다. 어떤 곳에서든 교회가 보일 수 있도록 건축함으로써 교회를 바라보며 경외심을 갖

건축의 형태는 시대를 반영한다

도록 유도한 것이다.

이 같은 현상은 고딕에 와서 극에 달하지만 유럽은 비잔틴의 몰락으로 정신적인 충격에 휩싸이고 상징적인 교회 건축물의 무리한 시도 또한 부정적인 여론을 일으키면서 잠재했던 인본주의의 필요성을 느낀 사람들이 새로운 시대를 요구하기 시작했다. 보수는 개혁이 실패할 때 정당한 부름을 받는 법이다. 미래는 아직 오지 않았기에 확실하지 않고 현실은 진행형이기에 누구도 장담할 수 없는 상황에서 이러한 시기에 과거는 그 정체성을 더욱 인정받게 된다.

"옛날에는 그러지 않았는데……"라거나 "그래도 옛날이 좋았어"라며 현재 상태가 적절치 않다고 생각하는 부류는 과거의 해법으로 해석하려 하는 경향이 있다. 고딕의 시도가 너무 앞서갔다는 것인데 사실 고딕 자체에 문제가 있었던 것이 아니라 주변 상황의 실패에 대한 탈출구로 희생양이 필요했던 것이다.

사회의 요구로 시작된 디자인의 변화

근세가 시작되기 전 유럽의 상황은 무척이나 복잡했다. 기독교 공인은 후에 일어난 일이지만 시간이 흐를수록 왕관을 수여하는 주체가 교황으로 넘어가면서 가장 위기감을 느낀 것은 교황청이었다. 오히려 왕들은 신성 로마 제국에 있지만 그것은 대외적인 것일 뿐 각 영토에 대한 자치권에는 큰 영향을 주지 않기 때문에 영주와 황제라는 체제에서 자주권이 생기는 양상으로 동등한 권리가 만들어지는 시기이기에 과거보다 위기감을 크게 느끼지 않았을 것이다. 그러나 전 유럽을 하나의 종교로 묶었던 교황청으로서는 십자군 실패에 대한 타격뿐 아니라 종교개혁과 헨리 8세의 독립, 그리고 이슬람의 성장 등 과거와는 다른 위기감을 느꼈다. 하지만 종교라는 신성한 이미지 때문에 왕처럼 직설적으로 세속적인 압력을 행사할 수는 없었고 왕족과의 알력을 드러낼 수도 없었을 것이다.

더욱이 신성 로마 제국이 생기면서 교황청이 갖고 있던 많은 영토까지 내놓은 상황에서 기독교의 입지는 갈수록 좁아지고 있는 상황이었다. 이를 감지한 왕권은 교황청의 세력을 늦출 수 있는 방법으로 시대의 변화를 가져오는 것이라 판단했다. 그러나 교황청의 눈치를 보지 않을 수는 없었기에 반 교황청의 사람들을 옹호할 기회를 엿보던 중 인문학자들의 인본주의 주장에 힘을 실어 주었고, 그 좋은 예로 고대의 질서와 규범은 자신들에게도 입맛에 맞는 좋은 예가 되었기에 과거의 것을 지지한 것이다.

즉 고대의 신인동형은 교황청에도 속하면서 왕의 존귀함도 동반적으로 수반하는 것인데 이를 주장한 르네상스가 제1의 신고전주의이다. 이렇게 르네상스가 시작되면서 고대의 이성적인 논리가 등장하게 된다. 르네상스는 고대의 철학을 가져와서 재생한 것으로 이성적인 논리와 질서를 바탕으로 시작했는데 이에 반발심을 갖게 된 매너리즘이 반고전주의 노선을 탄 것이다. 이는 르네상스가 보았을 때 반항이나 다름없었다. 이에 더하여 바로크는 르네상스에서 사용한 안정적인 삼각구도를 탈피하고 대각선 구도를 사용하여 더 역동적인 구도를 보여주었고 르네상스의 안정적이며 고정적인 자세를 취하지 않고 움직이는 자세의 한

건축의 형태는 시대를 반영한다

부분을 취하여 생동감 있는 자세를 만들었으며 이에 극적인 효과를 보여주기 위해 어두움과 밝음의 대비 속에서 마치 조명을 비추는 듯 극적인 이미지를 만들었다.

건축에서도 르네상스는 비례관계와 비율을 적용한 일정한 양식을 유지한 형태를 만든 반면 매너리즘에서는 다양한 양식의 조합으로 마치 여러 가지 요소를 박스에 넣어 흔들어 놓은 듯한 이미지를 주었다. 그리고 바로크에 와서는 비정형의 이미지가 정형의 이미지를 덮어버리듯, 꿈틀대는 생명체가 당장이라도 보는 사람을 확 덮쳐 버릴 듯한 느낌의 형태로 변모했다. 이렇게 디자인의 변화는 사회의 요구로 시작된다.

이전에는 권력의 흐름이나 그 권력을 유지하기 위한 목적이 담겨 있기도 했지만 근세에 들어 새로운 기득권이 부각되고 있음을 알리는 신호로 작용했다. 여기에는 과거에 왕과 종교적인 지도자의 알력이 작용하여 서로 간의 위치를 확보하려는 의도가 강했지만 근세에 와서는 반대로 이 둘의 존재가 약해지면서 그 틈을 비집고 새로운 세력이 등장한 것이다.

존재가 약해진다는 의미는 권력뿐 아니라 경제적인 요소가 강력한 무기로 등장하면서 시대의 변화를 만드는 원인이 되곤 한다. 일정한 영토에서 봉건주의는 권력의 강력한 무기였지만 식민지 영역 등 영토가 확장되면서 권력 밖에서도 부의 축적이 가능해지자 사회는 왕족, 종교 지도자, 귀족 그리고 부르주아라는 새로운 형태로 구성되었다. 여기서 이 네 개의 축이 일정하게 균형을 이룬다면 당연하게도 권력이 가장 강력한 위치를 차지하겠지만 권력이 약해진다면 권력 외의 요소들이 성장할 수밖에 없는 것이다.

프랑스가 이러한 현상을 가장 잘 보여준 예로 루이 14세 때 재정상태
의 악화로 이를 이어받은 루이 15세는 권력 유지에 힘쓰기보다 선대에
물려준 재정악화에 대한 고민이 더 컸을 것이다. 이러한 상황에도 전쟁
은 계속되어 재정상태는 더 악화되었다. 당시 지도자들이나 귀족은 세
금 납부의 의무에서 제외되어 있어 더 많은 세금을 거둬들이기 위해 세
금의 영역을 넓히려 했지만 귀족들은 이에 동의하지 않았다. 이러한 상
황은 곧 왕권의 약화를 의미하는 것으로 이는 시민들에게 더한 압박으
로 이어지고 있었다. 그러나 인쇄술의 발달로 시민들의 의식은 점차 깨
어나게 되고 바로크의 이미지는 문맹자들을 일깨우는 데 적지 않은 영
향을 미쳤기에 이에 따라 사회는 점차 변화되고 있었다.

루이 15세가 죽고 1775년 루이 16세가 즉위하지만 재정 상태는 나아
지지 않았으며 루이 16세가 즉위한 지 1년 만에 미국의 독립을 돕기 위
하여 군사와 재정을 지원하면서 프랑스의 상황은 더 악화되었다. 더욱
이 미국이 독립하면서 시민들의 의식에 민주와 자유라는 새로운 기운
이 돌기 시작하고 17세기와 18세기에 걸쳐 일기 시작한 시민 지적 운동
인 계몽주의가 유럽을 휩쓸면서 시민들 사이에서는 새로운 사회에 대
한 욕구가 꿈틀대기 시작했다.

강력했던 태양왕 루이 14세가 죽은 후 강력한 중앙집권이 무너지면
서 귀족들은 점차 타락해갔고 귀족과 부르주아가 주체로 떠올랐던 로
코코의 문화는 프랑스에서 날로 확산해가고 있었다. 그러던 중 영국에
서는 윌리엄 해밀턴의 폼페이 발굴에 대한 책이 등장하면서 고대에 대

건축의 형태는 시대를 반영한다

한 새로운 관심이 일기 시작한다. 이 관심이 확장되면서 유럽 귀족 집안의 젊은이들이 장기간 이탈리아를 방문하여 고대를 배우는 '그랜드 투어'라는 과정이 유행처럼 번지게 된다.

이에 맞추어 비트루비우스의 〈건축십서의 수용사〉, 〈팔라디오의 건축술〉, 〈건축에 관하여〉, 이니고 존스의 디자인 책들이 출판되어 유행하는데 이 중 비트루비우스의 책이 가장 인기를 끌었다. 이 책은 고대 건축가 비투루비우스에서 팔라디오까지의 건축물에 대한 내용을 정리한 것으로 유명한 건축물들과 함께 고대의 이미지를 담은 건축물을 소개하고 있다.

영국의 신고전주의 디자인은 1750년대에 이탈리아와 달마티아 등 고전의 폐허를 관찰하고 돌아온 로버트와 제임스 아담 형제에 의해 시작되었다. 영국으로 돌아온 그들은 1773년에서 1779년 사이에 고전 건축 작품을 발표했는데 이 디자인 책은 유럽 전역에 아담 레퍼토리라는 내용으로 널리 퍼졌다. 아담 형제들은 지난 수십 년 동안 유행했던 화려함과 장식이 주를 이루었던 로코코와 바로크 양식을 단순화하면서 이들이 적용한 그루지야 가옥에 고전의 콘셉트를 담아 로코코와 바로크보다 더 가볍고 우아한 분위기를 만들고자 시도했다. 이후 아담 형제가 작업한 주요 건축물이 등장했고 아담스가 디자인한 인테리어와 가구 등도 이에 맞추어 등장했다.

개방적이고 퇴폐적인 문화를 통제하다

영국이 이러한 시도를 하는 와중에도 아직 귀족과 부르주아들이 주도하는 퇴폐적인 생활에 빠져 있었던 프랑스에 신고전주의를 쫓는 부류가 등장한다. 이는 로마에서 훈련을 받고 요한 요아힘 빙켈만의 저술에서도 많은 영향을 받고 돌아온 프랑스 미술 학생들이었다. 이러한 배경에는 집권층의 지원이 있었다. 고대가 집권층에게 매혹적인 이유는 바로 규범과 규칙이 담겨 있기 때문인데 귀족과 부르주아가 이끄는 로코코 이후 점차 개방적이고 퇴폐적으로 흐르는 문화를 통제할 필요를 느꼈던 것이다. 당시 프랑스의 예술가들은 도제 시스템 안에 있었는데 아카데미가 설립되면서 점차 정부, 귀족 그리고 교회 등 중앙집권의 통제를 받았다. 이에 모든 예술가들이 후원제도라는 도제 시스템 안에서 정부가 원하는 작품을 만들게 되는데 그 성격은 고대의 신화, 역사적 사건, 성경 등을 근거로 이성적인 것에 초점을 맞춘 것이었다. 바로크와 로코코의 현란하고 화려한 이미지를 탈피하고 고대처럼 단순화하였으며 그리스나 로마의 영웅들이 국가에 충성하는 내용을 담은 것을 좋은 작품으로 선정했다. 특히 건축 벽의 단순화를 통하여 질서 있고 규칙적인 고대의 비율을 나타내도록 이끌어 갔다.

집권층은 다른 시대에 겪지 못한 위기감을 느끼며 자유분방한 분위기를 조절할 필요가 있다고 생각한 것이다. 그러나 이렇게 진행되는 상황에서도 이전 시대와 크게 다른 점이 있다면 시민의 지식화와 부르주아의 등장이다. 집권층은 자연주의를 철저히 배제하고 시민을 이성적으로 이끈다는 취지로 신고전주의를 일으켰지만 이미 계몽주의가 유럽 전 지역에 퍼져 시민들은 도덕성을 강조하고 상식적이며 경험적인 과학에 의지하였으며 과거보다는 더 많은 자유와 평등한 권리를 요구하고 나섰다. 이럴수록 집권층은 고전 특히 그리스와 로마의 국가에 대한 충성을 유도하고 이를 예술을 통해 나타내려 하지만 시민의 계몽주의는 부르주아를 바탕으로 기득권을 압박하기 시작한다. 신고전주의와 같이 과거를 돌아보는 계기는 새로운 관점에서 시작하지만 사실은 이전 시대의 신고전주의에서 시작하여 시간이 흐르면서 개혁으로 진행되다 그 시대가 절정을 이룰 때 다시 수면으로 떠오르는 과정을 반복하게 된다.

하나의 문화가 주류를 이루며 지속하기란 인간의 변덕스러운 심성이나 만족하지 못하는 특징, 그리고 기득권의 기회 보기 등의 이유로 가능하지 않을 수도 있다. 그런데 근세에 등장한 신고전주의는 르네상스에서 시작한 것과는 그 대상이 다른 것이었다. 르네상스의 신고전주의는 신본주의냐 아니면 인본주의냐에 초점이 맞추어져 있었다면 근세의 신고전주의는 수직적인 신분 관계냐 아니면 수평적인 신분 관계냐에 따른 것이었다.

근세의 집권층은 기득권을 유지하려는 목적으로 고전을 가져왔다. 이것은 베르사유 궁전에 있는 고전주의 바로크에서 벌써 나타나기 시작한다. 매너리즘을 혼란과 과장, 그리고 반고전주의로 정의 내린 것은 르네상스와 고전에 그 기준을 둔 것인데 바로크와 로코코에 대한 정의에도 사실 이러한 배경이 깔려 있다. 반대로 바로크나 로코코를 기준으로 르네상스를 정의한다면 아마도 정적이고 틀에 박혀 있으며 규칙과 비례를 중시한 나머지 자유롭지 못한 표현이라고 했을지 모른다. 이렇게 정의를 내린 것은 르네상스가 먼저였으며 이를 출발점으로 삼은 주체를 누구로 보느냐에 따라 긍정과 부정의 의미가 달라질 수 있다. 자유로운 표현이란 자신의 영역뿐 아니라 다른 영역의 표현도 수긍할 수 있어야 하기 때문이다.

로마에 있는 판테온과 파리에 있는 판테온의 기능과 의미는 다르지만 왜 고대 건축물 중 판테온을 선택했는가에 대해 생각해 볼 필요가 있다. 로마의 판테온은 12신을 모시는 신전으로 기독교의 교리와는 차이가 있다. 병을 낫게 해주면 종교적인 건축물을 짓겠다는 기도에 대한 서약을 지키기 위하여 옛 수도원 자리에 건축물을 지었다고 하지만 그렇다면 왜 기독교 이전 시대, 타 종교의 신을 모셨던 신전의 형태를 빌려온 것인가 하는 의문이다.

로마의 콘스탄티누스 개선문은 322년에, 파리의 나폴레옹 개선문은 1806년에 건축되었다. 기독교에서 있어서 콘스탄티누스 대제는 중요한 인물이다. 물론 개선을 축하하기 위해 지은 건축물이지만 이 개선문은 그 이상의 기능과 역할을 부여하고자 고대의 형태를 빌려 만든 것이다. 여기에는 집권자의 존경과 그의 업적을 기념하기 위한 목적도 있지만 나폴레옹을 콘스탄티누스 대제와 같은 반열에 오르게 하기 위한 목적을 담은 것으로, 고대의 영웅적인 모델로서의 기능을 더하고자 했던 것이다. 이렇게 근세 말기에 고전에서 가져온 형태들은 상징적인 의미와 함께 고대의 영웅을 통해 집권자에 대한 존경심을 나타내는 것으로, 이는 신고전주의의 출발을 알리는 것이다.

건축의 형태는 시대를 반영한다

위) 로마 판테온(120년경) / 파리 판테온(1789년)
아래) 로마의 콘스탄티누스 개선문(322년) / 파리의 나폴레옹 개선문(1806년)

근대
1830

아르누보와 자포니즘 Art Nouveau & Japonism

글래스고 스타일 Glasgow style

합리주의와 구성주의 Rationalism & Constructivism

입체파 Cubism

미래파 Future faction

데 스틸 De Stil

표현주의 Expressionism

아르데코 Art & Deco

국제양식

#제2의 형태   #탈 과거   #새로운 건축 재료의 등장   #철과 유리
#영국 박람회 수정궁(1851)   #1차세계대전(1914-1918)

근대,
제2의 건축 형태가
시작되다

유럽에 불어온 근대의 바람,
'아르누보와 자포니즘'

근대로 들어서면서 제2의 형태가 시작된다. 건축 형태를 두 개로 나눈 경계선의 기준은 근대이다. 근대를 기준으로 삼은 이유는 근대부터 고대의 형태가 서서히 사라지며 형태와 구성도 완전히 다른 출발을 보이기 때문이다. 물론 초기 근대는 과도기적인 시기라서 이를 완벽하게 구분하기는 어렵지만 근대는 탈 과거를 모티브로 삼았다. 과거의 형태에서 벗어나려는 노력이 분명하게 보이기 때문이다.

가장 중요한 것은 산업혁명이다. 산업혁명이 일어나면서 대량생산에 따른 현상이 사회에 등장하기 시작한다. 자본주의가 새롭게 등장하는데 이 시기에 걸맞은 공장, 창고, 오피스, 백화점 등 새로운 건축물들이 나타난다. 이 건축물들은 건축주의 의견에 의존하기보다는 기능에 더욱 초점을 맞춘 것이었다.

이 시기에는 새로운 건축 재료의 등장과 함께 이에 맞춰 건축가와 기

건축의 형태는 시대를 반영한다

술자라는 직무가 등장하는데 이것이 지금까지 이 둘의 업무를 혼동하는 계기가 된다. 기능에 맞는 다양한 구조의 건축물이 등장하면서 건축가 양성의 필요성을 느끼고 19세기 중반에 공업학교와 공과대학이 등장하게 된다. 하지만 양식이라는 개념이 분명하지 않았고 대부분 과거의 디자인을 답습하고 있었다. 자본주의에서 시작한 건축물의 형태들은 과거의 형태와 달랐고, 또한 과거에는 건축주의 요구에 의한 형태들이었다.

예를 들어 프랑스의 보자르 건축학교에서 가르치는 건축 형태는 대부분이 신고딕 또는 로마네스크 양식이었으나 박람회장 같은 대형 건축물에는 아치 외에 이를 적용하기 힘들었다. 1890년대 진보주의자들은 근대 건축에 독자적인 양식이 있어야 한다는 주장을 제기한다. 이는 근대 양식에 대한 필요성을 나타내는 것이기도 했지만 그 내면에는 건축가들의 독자적인 사회적 지위에 대한 상승을 시도하기 위한 목적도 있었던 것이다.

사회가 변화하면서 건축가의 사회적 지위에 대한 입지를 정립할 필요성이 커지면서 1923년 6월 23일 이탈리아에서 새로운 법이 탄생한다. 건축가도 법으로 보호받는 전문직으로 인정된 것이다. 이로 인해 건축의 활동 범위가 명확하게 정해진다. 이는 지금까지 이어졌고 건축의 범위 또한 점차 넓어져 본격적으로 대학에서 전문가 교육을 시행하게 된 것이다. 이렇게 근대의 건축가가 독립된 영역의 전문가로 들어서면서 고유의 영역에 대한 긍지를 갖고 비로소 자신만의 재능과 개성을 표현하기 시작한다. 근대는 이렇게 시작했다.

제1의 원형에 속하는 건축 양식의 종류는 고대 세 개, 중세 세 개 그리고 근세에는 다섯 개로 나뉘어 있는데 제2의 원형에 속하는 근대에는 짧은 시간임에도 불구하고 엄청난 종류의 양식이 등장한다. 여기에는 그만한 이유가 있었을 것이다. 가장 큰 원인은 후원제도의 붕괴가 아닐까 한다. 시민혁명과 함께 무너진 기득권의 붕괴로 각 분야의 예술가들은 홀로서기를 해야 했으며 진보적인 양식주의자들은 이로 인하여 독자적인 양식을 가져야 했을 것이다.

근대에 나타난 양식들은 순차적으로 등장했다기보다는 우후죽순처럼 등장했다. 이러한 성향은 당시 새로운 시대에 대한 급박한 상황을 말해준다. 근데 양식 중 Neu-, Neo- 등은 신고딕 또는 신르네상스라고 보면 무방한데 이는 근대에도 새롭게 등장한 과거의 양식이다. 근대는 크게 모던, 레이트모던, 그리고 네오모던 이렇게 세 가지로 압축할수 있다. 포스트모던은 과거와 관계된 것이지만 제1의 형태 범주에 넣는 것이 옳을 것이다. 또한, 제1의 원형온 국가나 시대적인 형태를 반영한 것이 있지만 제2의 원형으로 묶은 근대는 개인적인 성격이 강한 형태로 보아야 한다.

근대, 새로운 시도로 변화의 바람을

루이 16세가 1774년에 즉위하고 나서 여러 가지 전쟁에 휩싸인 유럽은 복잡한 상황을 겪고 있었다. 이때 영국은 더 많은 자본을 축적하기 위해 식민지였던 미국에 세금을 인상한다. 이전에도 영국은 여러 가지 문제로 줄어든 재정을 식민지를 통해 충당하려는 움직임이 있었다.

건축의 형태는 시대를 반영한다

그러나 강력한 힘을 갖고 있었던 영국에 맞서는 것은 무리였던 식민지들은 이에 따를 수밖에 없었다. 세금 인상에 반대한 미국은 영국과 화평을 이루고자 여러 방면으로 시도했지만 식민지인 미국의 이러한 태도가 마음에 들 리는 만무했으므로 영국은 군사를 움직여 본보기를 보여주고자 했다. 이에 미국은 영국군의 군인으로 활약했던 워싱턴을 대통령으로 세우고 집결했으며 자율적이던 13개 주의 미국은 이를 계기로 하나가 되어 1776년 7월 4일 필라델피아에서 영국으로부터의 독립을 주장하는 독립자유선언문을 낭독하게 된다. 이에 영국이 군사를 파견하면서 독립전쟁이 시작되는데 전쟁은 8년 만인 1783년에야 막을 내린다. 근대가 시작되는 사회적 배경에 미국의 독립전쟁이 산업혁명이나 시민혁명과 같이 중요한 이유는 이것이 유럽에 지대한 영향을 끼쳤기 때문이다.

미국 독립 전쟁 이전부터 산업혁명의 조짐은 있었지만 미국 독립 이후 산업화의 발달이 급속하게 변화한 것은 전쟁의 영향도 있었지만 미국의 독립은 세계 산업에 영향을 주었으며 미국의 독립정신은 유럽뿐 아니라 프랑스에게도 정신적으로 큰 자극을 주었다. 특히 국가 부채가 많은 프랑스가 독립전쟁 시 미국에게 자금뿐 아니라 군사적으로 지원함으로써 경제가 더 어려워지자 이에 국민들의 불만이 높아지는데 이는 시민혁명에 또 하나의 도화선이 된다.

특히 미국이 영국으로부터 독립하면서 유럽은 새로운 시대를 열고자 근대의 차이를 과거와 두고 탈 과거 운동을 시작한 반면 독립적인 역사를 만들어가는 미국으로서는 정통성에 대한 역사 만들기에 힘을 쏟으며 유럽과는 다른 탈 과거가 아닌 과거의 연속성을 만들고자 오히려 신고전주의에 열을 올리게 된다. 특히 미국의 독립은 유럽국가에 자유를 일깨우는 새로운 계기가 되어 프랑스 혁명에 박차를 가하면서 나폴레옹 3세 이후 공화국이 설립되고 민주주의에 대한 발판을 만들게 된다.

이는 유럽 다른 국가에도 영향을 주어 유럽에 민주주의 국가가 등장하기 시작하는데 이는 정치적인 성격뿐 아니라 모든 분야에 독립적인 사상과 활동에 촉진제가 되어 새로운 양식들이 등장하는 계기가 된다. 근대에 등장한 양식들이 그 이전 시대의 양식보다 훨씬 많은 이유다.

프랑스의 7월 혁명을 배경으로 한 들라크루아의 작품 '민중을 이끄는 자유의 여신'에 등장하는 여자의 이름은 마리안이다. 그녀는 본래 혁명에 참여하려는 의도는 아니었고 시위에 나간 남동생을 찾으러 나갔다가 하의가 벗겨진 채로 10발의 총알을 맞고 죽어 있는 동생의 모습에 분노한 나머지 최소한 10명에게 복수한다는 다짐 아래 깃발을 들고 시위대에 앞상섰다. 결국 마리안은 8명에게 복수하는데, 이것이 시민들에게 프랑스의 잔다르크와 같은 이미지로 떠오르면서 혁명은 성공을 거둔다. 그러나 이 그림의 배경도 중요하지만 마리안이 쓰고 있는 빨간 모자를 주목해보자. 이 모자의 유래는 로마 시대까지 거슬러 올라가는데 실제 마리안이 빨간 모자를 쓴 것은 아니었다. 로마 시대에 여성이 투표권을 갖게 된 배경에는 여성참정권을 이끈 여성이 빨간 모자를 쓰고 있었던 것으로, 이것이 유래가 되어 빨간 모자는 자유의 상징이 되었다. 나치 시대에 파리의 저항 시민들도 빨간 모자를 쓰고 있었던 이유가 여기에 있다.

건축의 형태는 시대를 반영한다

들라크루아의 '민중을 이끄는 자유의 여신'(1830년)

마리안이라는 이름은 들라크루아가 지은 것으로 가장 평범한 여자의 이름이자 평범한 시민을 뜻한다. 이 그림의 배경은 1830년으로 이후 미국이 독립 100주년이 되기 10년 전인 1866년에 프랑스가 미국의 독립을 기념하기 위하여 선물을 준비한 것이다. 하지만 이 그림이 미국에 전달된 것은 그보다 10년이나 지난 1886년이었다. 그리고 프랑스는 100주년 독립 기념 선물로 자유의 여신상을 미국에 기증했다. 여성의 가슴을 드러낸 것은 화가들이 즐겨 사용하는 표현으로 여자의 가슴은 자비 또는 자유를 상징하기 때문이다.

그렇다면 왜 여신이었을까? 바로 로마신화에 자유의 신인 리베르타스도, 그림 속 주인공 마리안도 여자였기에 자유의 상징을 여신으로 탄생시킨 것이다. 자유의 여신상의 모델은 바로 이 그림의 주인공인 마리안이다. 프랑스가 자유의 여신상을 준비하던 10년 기간 중 마리안이 쓰고 있던 빨간 모자는 리베르타스의 머리 모양을 참조한 것으로, 뉴욕에 있는 사유의 여신상의 머리 또한 태양 문양을 갖게 되었다. 태양의 형태를 한 머리 부분의 내부는 철골로 이루어져 있는데 이는 당시 철골 구조로 가장 촉망을 받았던 에펠탑의 설계자 구스타프 에펠이 만든 것이다. 이러한 과정들이 가능했던 것은 바로 철골이 근대에 새로운 건축 재료로 각광받았기 때문이다.

이렇게 근대는 과거와 달리 새로운 변화가 많이 등장한다. 새로운 시대가 시작되는 즈음에 루소의 낭만주의가 등장하는데 이것은 오히려 근대를 반대하는 부정적인 태도를 지녔으며, 자연으로 돌아가자는 이론가들의 주장이 거세지면서 건축 또한 부정적인 것으로 받아들여지기

　　　　　　　　건축의 형태는 시대를 반영한다

도 했다. 이러한 과도기적인 상황 속에서 일반 대중과 예술가들의 불일치로 예술은 변화된 사회를 거부하고 일반 대중은 근대정신에 예술이 동참하지 않는다고 생각하여 예술가들을 오히려 무시하고 경멸하는 상황이 발생하기도 했다. 그렇지만 이 불일치 속에서도 새로운 변화에 대한 시도는 이어졌고 근대의 물결도 점차 강해졌다.

근세 말 신고전주의 시대에는 그 시대를 대표할 만한 건축가들이 등장하지 않았는데 이는 과거의 양식을 쫓으며 새로운 양식이 오히려 건축에 악영향을 미친다는 사회적인 인식 때문에 새로운 것을 시도하지 않았기 때문이다. 그러던 중 산업혁명이 본격화되고 철과 유리가 건축의 주재료로 등장하면서 이 시대를 대표하는 획기적인 건축물이 등장하는데 그중의 한 가지가 바로 영국 박람회를 위하여 만들어진 수정궁이다. 대체로 석재나 목재 건축물만 보던 사람들이 철골 구조에 유리로 뒤덮인 박람회장의 모습에 찬사를 보냈는데 이는 높이 또한 건축연도인 1851년에 맞춘 1,951피트, 즉 555미터에 이르는 거대한 규모로 신비스럽고 화려한 모습에 사람들이 이를 수정궁이라고 부르게 된 것이다. 물론 박람회장이기에 영구적인 건축물은 아니어서 후에 다른 곳으로 옮겨졌지만 화재로 인해 지금은 존재하지 않는다.

당시 이 같은 재료가 새로운 시대에 적합한 것으로 인식되면서 건축가보다는 온실관리자들이나 구조기술자들이 철골 구조에 더 관심이 많았는데 에펠탑 설계자 구스타프 에펠도 구조공학자로 이 당시 철골 온실을 건설하며 두각을 나타내기 시작했다.

프랑스도 1889년 프랑스 혁명 100주년을 기념하는 세계 박람회를

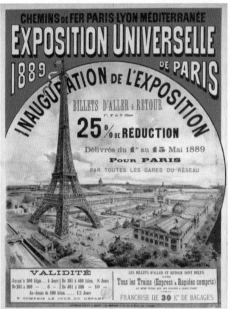

위) 영국 박람회의 수정궁(1851년)
아래) 프랑스 만국박람회의 포스터(1889년)

건축의 형태는 시대를 반영한다

개최하면서 박람회장 입구에 에펠탑을 만들었다. 당시 파리에서 가장 높은 건축물은 97미터의 노트르담 성당과 쾰른 대성당이었는데 에펠탑은 300미터 가까이에 달함으로써 세계에서 최고 높은 건축물로 등극했다. 최초의 마천루* 건축물이 등장한 것이다. 당시 이 에펠탑을 탐탁지 않게 생각했던 사람들은 심한 거부감을 가지며 1미터당 한 사람씩 300인의 반대 위원을 조직하여 거부 의사를 보이기도 했다. 당시 프랑스의 대문호인 모파상도 그중 하나였는데 에펠탑이 보이지 않도록 집의 창문을 반대쪽으로 냈다는 일화는 지금도 유명하다. 에펠탑을 만들던 초기에는 엘리베이터가 설치되지 않아 현재 레스토랑이 위치한 곳까지 올라가는 것조차 힘들었고 초기 계획이 박람회용이었기 때문에 설치 후 20년 후에는 철거하려던 계획이었다. 그러나 전기와 엘리베이터의 발명으로 지금까지 살아남아 파리의 대표적인 명소로 자리잡게 되었다.

아르누보, 곡선의 풍요로움으로 생동감을 담다

근대가 시작되면서 양식이라는 개념이 좀 더 명확해지기 시작했다. 근대 이전에 양식이라는 단어의 의미는 그저 과거의 것을 사용한다는 개념이었다. 이전에는 하나의 형태에서 다른 하나가 등장하는 데 많은 시간이 걸렸던 반면 근대에는 아주 짧은 시간 속에서 다양함을 보이는

---

* 마천루의 기준은 높이 200미터 이상 또는 50층 이상이다.

데 그 공통점은 바로 탈 과거였다. 특히 과거의 산물이었던 장식을 배제하고 새로운 구조와 형태를 시도하려고 했는데 그중 두드러진 양식이 바로 아르누보(Art Nouveau)이다. 아르누보는 영어의 아트(ART)와 프랑스어로 새롭다(NEW)는 뜻이 합쳐진 단어다. 그렇다면 무슨 근거로 이들은 자신들을 새로운 아트라고 불렀을까?

이들이 추구하는 것은 생명력이 있는 형태이다. 그렇다면 과거의 형태들은 생명력이 없는 것일까? 이들은 권위적이고 자율적이지 못한 아트는 죽은 것이라 생각했는데 과거의 아트는 주로 직선으로 이뤄진 것이라 생각했다. 그래서 자율적이며 생명력이 있는 것은 꿈틀대는 형태를 갖고 있다고 생각하여 곡선이나 곡면을 주 형태로 표현했다.

이들은 형태 요소를 생명력이 풍부한 자연 속의 동식물에서 가져 왔는데 특히 생명을 잉태하는 여성의 몸이나 하늘거리는 여성의 가늘고 긴 머리카락에 그 근원을 두기도 했다. 그러나 아르누보가 유럽에서 발생하기 전에 이미 아시아의 문화가 유럽에 영향을 준 것이 있는데 이것이 바로 일본에서 건너온 자포니즘(Japonism)이었다.

자포니즘은 1872년 프랑스에서 대유행을 일으켰는데 파리 사람들이 일본 전통 의상인 기모노를 입고 거리를 활보했으며, 집 안에 일본 그림을 걸어 놓을 정도였다. 1860년대 이전에 네덜란드 무역상인을 통하여 일본 문화가 전달되었지만 그때는 큰 호응을 얻지는 못했다. 그러나 유럽에 근대의 물결이 일고 유럽의 군주들이 일본 제품을 찾게 되면서 네덜란드 무역상선들이 일본문화를 대량으로 전달했다. 일본도 카이 시대(1848~1854) 동안 200년에 걸쳐 외부 국가와 격리 상태였는데 1868년

건축의 형태는 시대를 반영한다

메이지 유신이 시작되면서 오랜 기간의 국가 격리를 마치고 사진과 인쇄 기술을 포함하여 서구로부터 수입을 개방함으로써 여러 국적의 외국 상선이 일본을 방문하기 시작했다. 특히 당시 일본 목판화인 우키요에(Ukiyo-e)가 인기를 끌었으며 유럽 곳곳에 일본이나 중국의 물건에 대한 관심이 높아지자 파리와 런던에 이들의 물건을 전문적으로 파는 상점들이 생겨났다. 새로운 것에 목말라 했던 유럽에 대안적인 방법으로 일본 양식이 인기를 끌게 된 것이다. 일본 우키요 미술에 있는 대각선, 비대칭 그리고 원근감적인 표현이 관심을 끈 것인데 일본도 이러한 상황을 파악하고 유럽인을 위한 제품을 따로 제작하여 수출하기도 했다. 이 당시 특히 인상파 화가들 사이에서 일본 판화가 인기를 끌었는데 그들은 작품에 일본의 표현방식을 묘사하기 시작했다.

자포니즘이 유럽에 퍼지게 되는 데는 군주들이 일본문화에 대한 열망을 가진 이유도 있었지만 예술가들이 이에 적극적으로 동참하면서 더욱 퍼지게 된 것이다. 특히 고흐는 일본 미술에 심취하게 되면서 1887년에 일본의 인쇄 전시회를 위한 조직을 만들고 자포니즘을 바탕으로 한 초상화를 그리기 시작했다. 1860년대 에드거 드가도 일본 판화를 다량으로 수집하면서 일본문화에 대한 열정을 보였고, 인상파 화가 클로드 모네는 연못을 가로지르는 일본 정원의 모습을 만들기도 했다.

자연의 모습에서 따온 대각선 구도와 비대칭의 자포니즘은 유럽의 예술가들에게 많은 영향을 주었으며 새로운 것에 목말라하던 유럽은 이 자포니즘의 영향으로 건축 및 예술운동에 꽃과 식물의 부드러운 곡선을 기초로 한 과거와는 차별화된 생명력과 생동감이라는 새로운 미학

위) 고흐의 '꽃피는 매화나무'(1887년) / 고흐의 '탕기영감의 초상'(1887년)
아래) 일본 풍속도 / 독일살롱 포스터(1858년)

건축의 형태는 시대를 반영한다

적 접근 방식을 받아들이게 된다. 이는 과거 로마나 그리스에서 선보인 고전주의와 신고딕에 나타나는 곡선과는 차이를 보인다.

당시 그림들을 보면 아르누보에 자연의 식물이나 형태에서 모티브를 빌리기는 하였지만 주목할 만한 것은 여성의 모습이 많이 등장한다는 것이다. 길고 가는 머리카락과 여성의 신체적인 곡선에서 생동감이 두드러진다고 여겼으며, 글씨체 또한 곡선을 사용한 아르누보체가 등장하기도 했다.

아르누보의 바탕이 된 자포니즘

독일살롱 포스터는 일본의 풍속도와 일본 그림의 영향을 받은 것으로, 두 여인의 자세와 여성들이 입고 있는 의상의 무늬가 비슷함을 알 수 있다. 포스터는 곡선을 최대한 살려서 더 생동감 있게 표현하려 한 것을 알 수 있는데 당시 유럽에서는 일본풍의 그림이 유행한 것뿐 아니라 그들의 모습을 모방할 만큼 큰 영향을 미친 것을 알 수 있다. 자포니즘은 후에 아르누보의 바탕이 되었다고 할 만큼 많은 영향을 주었다.

아르누보는 미술뿐 아니라 건축에도 영향을 미쳤는데 건축가 빅토르 오르타가 건축한 벨기에 브뤼셀의 오텔 타셀은 입구의 바닥과 벽에 곡선 형태의 그림이 있고 계단과 난간도 곡선의 형태를 갖추었다. 공간의 전체적인 분위기가 꿈틀대는 이미지를 갖고 있는 이 건축물은 기둥도 석재가 아닌 철재이지만 마치 나무를 가져다 놓은 것 같으며, 비워진 면을 생동감 있게 표현한 것이 특징이다.

빅토르 오르타는 정체되어 있는 빈 벽을 이해하지 못한 것이다. 즉 비

위) 벨기에 브뤼셀의 오텔 타셀 주택(빅토르 오르타, 1892년)
아래) 서울의 동대문 디자인 플라자(DDP)(자하 하디드, 2014년)

건축의 형태는 시대를 반영한다

워진 것은 생동감이 없다고 생각했으며 여기에 곡선을 넣어 다이내믹함을 나타냈다. 근대의 주 건축재료인 철의 주물이 가능한 장점도 최대한 이용한 것이다. 아르누보는 이렇게 프랑스뿐 아니라 유럽 전 지역에 영향을 미친 신개념 예술 양식으로 각 나라에서 부르는 아르누보에 대한 이름을 보면 알 수 있다.

아르누보를 가리켜 영국에서는 근대 양식(Modern Style)이라고 불렀으며, 프랑스에서는 국수 양식(Style Nouille), 스페인에서는 근대주의 양식(Modernismo), 오스트리아에서는 세셉션 스틸(Secession Stil), 이탈리아에서는 자유 양식(Stile Liberty), 벨기에는 채찍 끝선 양식(The Coup de Fouet)이라고 불렀으며 독일에서는 젊은이의 양식(Jugend Stil)이라고 불렀다. 아르누보가 유럽의 한 나라에서 다른 나라로 전파되었다면 그 나라의 이름을 가졌을 텐데 각자 고유의 이름을 갖고 있다는 것은 여러 국가가 동시에 이 양식을 접했다는 의미이기도 하다. 특히 독일의 다름슈타트는 독일 아르누보의 발상지로 마틸덴회에(Mathildenhöhe)라는 도시의 언덕에 아르누보 양식을 표현한 마을이 아직도 보존되어 있다.

아르누보가 신예술이라는 이름을 유지할 수 있었던 이유는 과거의 형태들이 직선으로 만들어진 것과 비교되기 때문이다. 그래서 곡선으로 된 형태들의 원조는 아르누보 양식으로 보아도 무방하다. 예를 들어 아르누보의 근원을 자포니즘과 연관 짓듯 자하 하디드의 DDP(Dongdaemun Design Plaza) 또한 곡선으로 되어 있는데 이를 우리는 해체주의 또는 네오모더니즘이라는 범주에 넣지만 시작은 아르누보에서 시작해야 한다.

건축가 프랭크 게리의 작품 또한 마찬가지이다. 이들은 자신만의 작품 취향과 확고한 디자인 스타일을 가졌지만 이들의 작품에 왜 곡선을 사용했는지 생각해 보면 결국 생동감과 다이내믹한 이미지를 담기 위한 것으로 볼 수밖에 없는데 그 시작은 아르누보에 있다고 해도 과언이 아니다. 해체주의와 네오모더니즘은 그 이후의 범주로 좀 더 상세한 영역으로 나눌 경우에 해당한다.

예를 들어 아르누보의 대표적인 건축가로 가우디를 꼽는데 그의 작품을 분석해보면 신고딕과 관계가 있으며 이슬람 문양을 반복적으로 사용했음을 알 수 있다. 엄격하게 말한다면 아르누보를 필요로 하는 근대정신과 차이가 있다는 것이다. 그러나 가우디가 시도한 곡선과 자연적인 요소에 초점을 맞춘다면 아르누보와 일맥상통하기 때문에 가우디의 작품도 이 범주에 넣을 수 있다. 단지 자하 하디드의 생동감과 동적인 표현은 자연에서부터 그 근원을 가져온 것이 아니라 자신의 고향 모래 언덕을 표현했다는 차이가 있다.

이렇게 생동감을 나타내기 위한 곡선의 사용은 아르누보가 원조이다. 이러한 관점으로 본다면 오스트리아 건축가 훈데르트 바서도 아르누보를 정확하게 이어온 건축가라고 볼 수 있다. 그는 직선과 표준화에 반대하는 화가이며, 건축가이자 환경보호자였다. 그의 작품은 자연을 그대로 옮겨 놓은 듯한 이미지를 담고 있는데 이 건축물을 보면 가우디의 카사밀라 주택을 떠올리게 된다. 두 건축가의 작품에는 유사함이 많이 있는데 가우디가 자연의 색과 형태를 보여주었다면 훈데르트 바서는 거기에 색을 입혔다는 것이다.

건축의 형태는 시대를 반영한다

위) 체코 프라하의 댄싱 하우스(프랭크 게리, 1996년) / 중국 베이징의 갤럭시 소호(자하 하디드, 2012)
아래) 독일 프랑크푸르트의 숲의 나선형 아파트(훈데르트 바서, 2000년)

물론 두 건축가의 차이점은 시작부터 많은 차이가 있지만 가우디가 아르누보의 대표적인 건축가로 각광받는 데는 그의 자연 사랑이 큰 몫을 했다. 근대가 시작될 즈음 루소의 자연으로 돌아가자는 낭만주의 영향이 작품에서 나타나는데 학생 시절 가우디는 건축 학교에서 소유하고 있던 이집트, 인도, 페르시아, 마야, 중국 및 일본 미술의 사진들을 연구할 수 있었으며 이를 작품마다 적용하려고 시도했는데 이 컬렉션에는 스페인의 무어 기념물도 포함되어 있어 그의 작품에 영감을 불어넣기도 했다. 그는 특히 고딕을 사랑했지만 불완전하다고 생각하여 구조적으로 보완하려는 의도를 나타내기도 하고 모든 것을 자연적으로 표현하기 위해 많은 조형적 경험을 쌓으며 이를 매 작품마다 시도함으로써 그를 더 뛰어난 건축가로 만들었다.

사그라다 파밀리아(Sagrada Familia) 대성당의 내부 지붕에 표현한 쌍곡선의 디테일은 실로 아트와 구조를 동시에 보여주는 자연의 아름다움을 표현한 것으로 그기 얼마나 자연을 사랑했는지 알 수 있는 작품이다. 그의 자연과 인간의 공간을 연결하는 유기적인 흐름은 실로 근대의 강력한 기능주의를 꼬집는 것으로, 이는 당시 러스킨과 윌리엄 모리스의 기술과 예술의 합치를 원하는 기술공예운동(Art and Craft movement)에 동의했다는 것을 보여주는 강력한 주장이다. 그는 건축물 자체도 하나의 자연에 속한 개체로 인식되기를 원했다. 이것이 아르누보의 정신을 완성하는 결정체로 그의 작품을 설명하는 중요한 부분이다.

가우디는 삶 자체도 자연적인 모습을 갖기를 원하고 인위적인 것을 거부했던 것 같다. 그는 파밀리아 대성당을 나와 집으로 향하던 길에

건축의 형태는 시대를 반영한다

위) 스페인 바르셀로나의 카사밀라(가우디, 1910년)
아래) 스페인 바르셀로나의 사그라다 파밀리아 대성당(가우디, 1882년~현재)

전차 사고를 당한다. 사람들이 부상을 입은 그를 차에 태워 병원으로 보내려 하지만 남루한 행색의 그는 운전사로부터 몇 번이나 거부당했으며, 결국 차에 태워준 운전사는 그를 노숙자로 여기고 대형병원이 아닌 보건소와 같은 작은 의료시설로 데려다준다. 당시 대부분의 사람들은 파밀리아 대성당이 주중에는 노숙자를 위한 공간으로 사용하고 주일에만 성당의 용도로 사용하려는 목적으로 건축되고 있음을 알고 있었기에 그의 행색과 성당 앞이라는 장소가 이러한 오해를 불러오게 된 것이다. 지금처럼 미디어가 발달하지 않은 상황에서도 가우디는 이미 유명인이었다. 지인이 가우디를 찾아와 대형병원으로 옮기기를 권유하지만 그는 자신의 행색으로 판단하는 사회에 대한 실망스러움으로 그곳에 남기를 고집하다 1926년 그곳에서 죽음을 맞이한다.

훈데르트 바서의 행색 또한 가우디와 크게 다르지 않았다. 짝이 맞지 않는 슬리퍼에 남루한 옷차림, 그리고 다듬지 않은 수염 등 그를 노숙자로 보기에 충분했다. 자연주의를 고집하는 사람들은 이렇게 자신의 삶속에서 겉치레 또한 인위적인 것을 거부하며 자연을 실천하려고 노력한 흔적을 볼 수 있다. 가우디의 삶도 그러했지만 그의 건축물은 장식 그 자체를 부정하였으며 오히려 건축물을 자연의 장식으로 여겼다.

가우디가 활동하던 초기 시절은 아직 후원제도가 행해지는 시기로 면직사업의 대부호였던 구엘 집안 대부분의 건축물을 담당하고 있었다. 처음부터 가우디의 건축물이 각광받은 것은 아니었고 구엘 집안의 건축물로 인해 시에서 그에게 파밀리아 대성당을 맡긴 것이었다. 가우디가 설계한 구엘 집안의 초기 건축물을 살펴보면 반복적인 문양을 사

건축의 형태는 시대를 반영한다

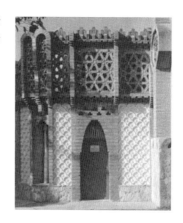

가우디가 반복적인 문양을 사용한
구엘 집안의 건축물

용한 것을 알 수 있다. 이를 통하여 그가 이슬람의 디자인을 연구한 것을 잘 알 수 있으며, 이 외에도 동양, 특히 일본이나 인도의 형태를 접목시키고자 연구했던 흔적도 찾아볼 수 있다. 그의 건축물에 전체적으로 나타나는 공통점은 바로 오픈된 문양의 연속이다. 이것은 이전 유럽에는 없던 표현으로 자연과의 소통을 나타내는 요소다.

파밀리아 대성당은 상부에 있는 틈으로 유입되는 햇빛이 빛의 마술을 연출하는데 카사밀라의 경우 전체적으로 자연스러운 곡선을 갖고 있으며 발코니는 해초의 이미지를 적용했다. 가우디는 이렇게 자연에서 그 이미지 소스를 가져 왔으며 자연적인 형태로 접목시키고자 노력한 것을 인정받으며 아르누보의 정신을 보여주는 건축가로 자리매김했다. 그러나 아르누보는 근대가 주장한 무장식과는 조금 차이가 있는 데다 본질적으로 과거에 사용했던 장식적인 개념이 담겨 있어 관습적인 면모를 보이며, 빅토르 오르타의 2차원적인 장식의 개념을 갖추었다는 것이 근대와의 차이점이라고 할 수 있다.

매킨토시의 꿈이 담긴
'글래스고 스타일'

2014년 5월 23일 영국 글래스고에 있는 글래스고 예술학교(Glasgow School of Art, 현재는 The Mackintosh Building)가 화재에 휩싸이자 소방관들이 건물을 구하려고 온 힘을 쏟는다. 화재를 진압하려는 것이 첫 번째 목적이지만 그 건물은 유명한 건축가의 작품으로 글래스고 도시뿐 아니라 전 세계의 주목을 받는 명물이기 때문이다. 결국 도서관은 모두 소실되었지만 나머지 건물은 다행히 보존할 수 있게 되었다.

이 건물은 글래스고파(派)의 리더인 매킨토시(Charles Rennie Mackintosh)가 설계한 것으로 건축비평가들에게 영국 최고의 건물 중 하나로 뽑히기도 했다. 그는 스코틀랜드인이지만 글래스고에서 학교를 다녔고 대부분의 활동도 이곳에서 했다. 건축가, 예술가, 화가, 그리고 가구 및 직물, 그리고 금속 디자이너로 활동했는데 영국의 아르누보와 특히 비엔나의 아르누보인 세제션(Vienna Secession) 스타일에 많은 영향을 준 인물이다.

건축의 형태는 시대를 반영한다

그러나 곡선을 주 소재로 하는 아르누보와는 차이가 있다. 당시 유럽의 대부분이 아르누보의 매력에 빠져 있을 때 그는 다른 사람들과 함께 차별된 디자인을 선보였다.

그도 다른 유럽인들처럼 일본 문화에 빠져들었고 질감과 빛을 이용한 일본의 제품과 공간의 질을 살펴보면서 적용하는 일본의 공간에 매료되었다. 과거에는 가구가 소유자의 부를 표현하는 장식품으로 사용되는 것에 거부감을 느끼고 실용적이고 기능적인 부분을 부각시키고자 했다. 이는 근대주의 사상과 일치하는 것으로 역사와 전통에 중점을 두기보다 혁신적인 아이디어와 새로운 기술을 개발하고, 현재의 실용성과 미래에는 어떻게 변할 것인가에 대해 고민했던 것이다.

그는 작업하는 데 있어서 무거운 장식과 계승되는 스타일을 가능한 배제하고 새로운 것을 나타내려 했는데 이런 그의 노력들이 근대주의자들에게 관심을 끌게 되었다. 그는 소유자의 요구에 맞추기 위해 노력했지만 예술적인 면도 가미하고자 하였는데 이러한 고민 끝에 스코틀랜드의 아르누보에 일본식 표현의 단순성을 접목하였다. 건축에서도 강력한 사각형과 곡선을 갖춘 꽃과 같은 장식적인 모티브를 혼합하여 사용했다. 특히 그의 작품이 아르누보와 큰 차이를 보이는 부분은 바로 사각형이며 디테일한 표현이라는 점이다.

사실 매킨토시의 건축 경력은 그가 영향을 끼친 것에 비하면 그리 길지 않다. 그는 후에 까다로운 건축에 환멸을 느끼고 1923년 프랑스 남부 지중해 연안 마을인 포르 방드르로 이주하여 주로 수채화 작가로 활동한다. 그의 작품에서도 나타나지만 그는 인공적인 것과 자연적인 것 사이에서 발생하는 것에 많은 관심을 보였다.

근대 초기에는 기계의 매력에 빠져 있었는데 반대로 낭만주의도 성행하여 자연으로 돌아가자는 루소의 주장도 크게 각광받던 시기였다. 매킨토시도 기계의 미학에만 빠지지 않고 자연의 미학을 나타내고자 했는데 이는 모리스와 존 러스킨의 공예미술정신(Art & Craft Movement)과도 일치하는 것이었다. 그러나 그가 형태에 있어서 장식적인 것보다는 실용적이고 기능적인 것을 첨가하려고 했던 것은 사실이다.

곡선의 아르누보, 사각형의 매킨토시

매킨토시 디자인은 과거에 장식 위주의 디자인과 비교했을 때 여러 가지 면에서 간단한 디자인을 취하고자 했으며 한편으로는 일본 디자인의 스타일도 엿볼 수 있다. 등받이가 높이 올라간 의자는 매킨토시만의 디자인 특징이다. 매킨토시 디자인의 창은 그만의 사각형에 꽃무늬 곡선을 가미하여 부드러움을 시도히였지만 꽃의 배치가 사가형의 각 모서리와 중앙에 놓은 것을 보면 전체적인 간결함을 유지하려는 것이 엿보이고 특히 하나의 사각형에는 동일한 형태의 꽃을 배치한 것이 혼란스러움을 피하려는 의도를 잘 보여주고 있다. 아르누보가 단순히 곡선과 곡면만을 나타낸 것을 보면 그는 이와 차별화하기 위하여 전체적인 틀은 언제나 사각형을 사용했음을 알 수 있다.

그의 인테리어를 살펴보면 그 표현 방식이 일정함을 알 수 있다. 사각형의 틀을 기본적인 형태로 갖고 있고 언제나 그런 것은 아니지만 가끔 긴장감을 줄이기 위하여 꽃의 곡선을 인용하여 장식하는 것을 볼 수 있

건축의 형태는 시대를 반영한다

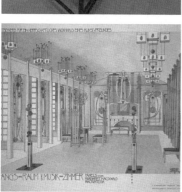

위) 매킨토시 디자인의 의자(1904년) / 매킨토시 디자인의 창(1904년)
아래) 매킨토시의 인테리어(1901년)

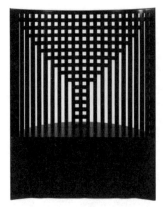
매킨토시가 디자인한 의자(1904년)

다. 사각형이 인간의 형태라는 것은 이미 르네상스 시절에 알버티에 의하여 주장되어 왔고 꽃은 자연의 일부로 인간의 형태와 자연의 형태를 혼합하여 그 평균성을 표현하는 데 주력한 것이다.

매킨토시가 1904년에 디자인한 의자를 보면 그가 전체적으로 사각형에 얼마나 심혈을 기울였는지 알 수 있으며, 앉는 부분의 뒷부분이 곡선으로 되어 있는 것은 아르누보의 영향을 받았음을 알 수 있다.

매킨토시의 격자 사랑은 실로 강렬했다. 그러나 처음부터 그의 디자인이 인정받은 것은 아니었다. 글래스고 근처에는 클라이드 강이 위치해 있다. 당시 산업혁명이 일어나던 시기, 수력발전소 때문에 강의 역할은 아주 중요했다. 글래스고는 산업혁명의 영향을 크게 받은 곳으로 당시 세계에서 가장 큰 중공업 산업시설과 조선 생산 센터가 있었다. 이렇게 산업혁명의 영향을 가장 빨리 받은 도시 중 하나로 성장하면서 소비재에 대한 수요와 공급이 신속하게 발생했고, 이를 위한 예술적인 필요성도 가장 빨리 요구받던 도시였다. 그래서 이 같은 시대적, 환경적 요

건축의 형태는 시대를 반영한다

인으로 인해 다른 도시보다 더 강하게 아시아 스타일과 모더니스트 아이디어가 접목되는 현상이 일어날 수 있었다.

일본 또한 폐쇄정책에서 개방정책으로 바뀌면서 급진적으로 세계화에 불을 붙여 열강들과 교류하였는데 이때 자연스럽게 일본 해군이 클라이드 강 조선소 건설에 참여하면서 글래스고와 연결되고 이로 인하여 일본의 문화가 유럽에 전해지게 된 것이다. 자포니즘이 유럽에 건너와 영향을 주었다는 부분은 사실 아르누보로 변형되면서 많은 부분 또한 변형되었지만 글래스고파의 매킨토시 작품을 살펴보면 전체적인 이미지에서 자포니즘이 드러나는데 특히 사각형의 틀에서 그러한 성향이 극대화된다. 이러한 성향을 담은 글래스고가 처음부터 명성을 얻은 것은 아니었다. 매킨토시, 그의 아내 마가렛 맥도날드, 자매 프란체스 맥도날드, 그리고 허버트 맥네어가 수업에서 만나 글래스고 4(The Glasgow Four)를 결성하여 작품을 발표하였지만 관심을 받지는 못했다.

글래스고의 작품

이들의 작품은 근대가 무르익는 1900년대 초반에 들어서면서 주목받기 시작하여 글래스고, 런던, 그리고 비엔나에서 전시를 하게 되고 후에 독일이 전격적으로 지원하면서 두각을 나타내기 시작했다. 하지만 그 후 글래스고 4는 흐지부지되고 매킨토시와 그의 아내가 주로 작품을 만들면서 4각형의 직선적인 작업이 주를 이루게 되었다.

매킨토시의 작품 중 하나인 글래스고 예술학교는 선을 살리고 사각형의 이미지로 과거의 건축 디자인과 차별화하면서 건축가로서도 두각을 나타내기 시작했다. 매킨토시는 건축물뿐 아니라 다양한 디자인 작업으로 명성을 얻었다. 하지만 그의 작품만큼 더 가치 있는 것은 근대 과도기에 차별화된 작품으로 전설처럼 직선의 원조가 되었다는 점이다.

매킨토시의 글래스고 예술학교

건축의 형태는 시대를 반영한다

매킨토시의 인테리어(1904년)

20세기,
탈 과거에 대한 갈망의 시대

20세기는 인류 역사상 중요한 변화의 시기였다. 제1차 산업혁명을 거쳐 제2차 산업혁명에는 전기가 탄생하면서 산업뿐 아니라 인류의 삶이 급속도로 변화되는 시기였다. 로마제국 시절 유럽은 하나였다. 즉 국가 간에 권력 경생을 나툴 일도 없었기 때문에 삶의 질을 비교할 만한 대상이 존재하는 것도 아니어서 더 좋은 방향으로 나가고자 하는 의지도 적은 탓에 변화의 속도 또한 무척 느렸다. 건축물의 형태도 요구 조건에 맞추어 건축을 진행했기에 그 넓은 대지를 가졌음에도 단순한 형태가 유지되었던 것이다.

로마가 멸망하고 프랑크 제국이 들어서며 유럽은 후에 동프랑크, 서프랑크 그리고 중프랑크 세 개의 형태로 분리되지만 국가 간의 경쟁 구도가 성립될 즈음 신성 로마 제국의 통일로 유럽은 다시 하나가 된다. 물론 오스만 제국 등 주변 국가가 있었지만 유럽의 패권은 선진국 형으

건축의 형태는 시대를 반영한다

로 이미 기술적인 진보를 이루고 있었으므로 주변 국가에서 새로운 문물을 받아들이거나 큰 도움을 받을 수 있는 것은 아니었다. 큰 변화 중 하나는 오스만이 비잔틴을 침공한 1400년도 중반에 이미 총기류가 등장하면서 기사라는 특권층이 사라지며 무기의 선진화가 국가권력의 하나로 자리잡아가고 있었다는 것이다. 그러나 봉건제도는 아직 진행 중이었고 왕권과 신권의 두 바퀴가 유럽을 지배하고 있었다.

근세에 들어서면서 기독교 국가 체제에 변화가 생기고 인문학의 등장과 과학의 발달, 특히 인쇄술의 발달로 문자가 보급되면서 라틴어를 통하여 지배계층이 하나로 묶여 있었던 과거와는 달리 신성 로마 제국의 약화와 함께 언어를 중심으로 국가가 형성되면서 자체적인 독립국가의 성장이 본격적으로 시작되었다. 이렇게 유럽은 오랜 기간 하나의 역사 속에서 묶여 있다가 점차 자신들만의 역사를 갖게 되지만 사실은 이것이 그리 오래되지는 않았던 것이다.

근세에 들어 각 강국이 성장하며 세계는 새로운 판도를 맞이하게 되지만 아직은 교통이 발달하지 않은 시대였기 때문에 바다를 가진 나라가 영토 확장에 유리한 위치에 놓이면서 영국, 스페인, 포르투갈 같은 나라들이 우세한 상황이었다. 프랑스는 100년 전쟁의 여파로 안정화를 이루지 못하고 있었지만 곧 빠른 속도로 옛 영광을 되찾고 열강의 대열에 합류한다.

새롭게 짜인 유럽의 패권은 과거와 같이 전쟁을 하기보다 해상을 통해 유럽 외의 지역을 탐험하기 시작했으며 이를 통해 많은 식민지를 확보하게 된다. 이렇게 바다에서 승리한 국가가 강국으로 살아남으며 영국과 프랑스는 강국의 축으로 등장하기 시작한다. 또한, 식민지에서 들여온 원료는 자국의 이익과 산업에 큰 도움이 되었으므로 이를 활용하는 방법을 모색하게 된다. 그러나 프랑스는 루이 14세부터 재정난에 허덕이고 있었고, 각 분야의 중축을 맡고 있었던 개신교 신자 위그노를 추방하면서 영국보다 산업혁명에 뒤처졌으며 오랫동안 시민혁명을 겪으면서 유럽에서 강국의 자리를 위협받기도 한다. 하지만 나폴레옹의 등장으로 영국은 다시 유럽 강국의 자리에 서게 된다.

이념 간의 분쟁, 변화의 소용돌이 속에서

프랑스는 안정화를 이루면서 영국보다 더 먼저 박람회를 시작할 정도로 산업혁명에 박차를 가하기도 했다. 위그노가 추방되고 산업혁명에 뒤처지는 상황에서 영국의 직물을 대량생산하기 위해 산업화를 급속도로 진행하면서 강국의 자리를 확고히 하고 있었다. 그러나 영국의 미국 식민지 침략으로 프랑스의 루이 16세는 미국을 지원하게 되면서 더 많은 빚을 지게 된다. 나폴레옹이 프랑스에서 영웅으로 남게 된 이유가 바로 프랑스를 안정화시키고 다시 유럽의 강국으로 올려놓았기 때문이다. 이렇게 유럽이 산업화의 소용돌이를 겪고 있을 때 영국과 프랑스는 경제 강국의 위치를 지키게 된다. 그러나 독일과 미국이 급속도로 발전하면서 두 나라는 경제대국으로서의 위치를 위협받게 되는데 다른 나라와는 달리 독일은 국가 경제를 자유로운 틀 속에서 성장시키지 않고 국가 체제 안에서 관리하는 형태로 성장을 유도한다. 특히 이유를 정확히 알 수 없는 제1차 세계대전의 발발은 유럽을 변화시킬 뿐

건축의 형태는 시대를 반영한다

아니라 전 세계의 판도를 바꾸어 놓지만 이때까지 미국은 중립국으로 유럽의 전쟁에 관여하지 않았다. 그러나 독일에 의한 미국상선의 공격은 1917년 미국이 유럽의 전쟁에 참여하는 계기를 만들고 전쟁 후 유럽은 미국과 러시아로부터 경제적인 영향을 받게 된다. 이때만 해도 국가 간에 정치적인 분리는 없었으나 러시아에서 최초로 노동자혁명이 일어나고 레닌 사상에 이목이 집중되면서 세계는 정치적으로 분리되기 시작한다.

20세기는 이념 간에 분쟁이 일어나고 모든 분야에 급속도로 변화가 일어나는 시기였다. 사실 아르누보와 글래스고가 과거의 형태에서 완전히 분리되었다고 볼 수는 없다. 그러나 세계의 정세 속에서 윌슨의 민족자결주의에 의하여 국가가 독립되고 1923년 오스만제국도 지금의 튀르키예 공화국으로 정식 출범하게 된다.

이렇게 정치적인 변화뿐 아니라 정신적인 독립도 생기면서 탈 과거에 대한 욕구는 한층 더 강해졌다. 제1차 세계대전은 1914년에 시작하여 1918년에 종지부를 찍었지만 이는 지금까지 전쟁 중 가장 많은 사상자를 내는 전쟁으로 기록되었다. 하지만 이 전쟁을 통해 산업은 더욱 발전을 이루면서 세계 열강의 모습에도 변화를 가져왔다. 러시아에서 노동자 혁명 후 많은 예술가가 노동자 일깨우기 운동을 전개하는데 이 시기에 등장한 예술들이 20세기 예술의 큰 틀이 되었으며 근대뿐 아니라 현대까지 이어 오고 있다.

과거의 신분제도는 귀족과 평민이라는 수직적인 관계였으나 이제 노동자와 자본가라는 수평적인 관계로 바뀌게 된다. 이는 과거와 달리 고정적인 신분 형태가 아니고 언제든 뒤바뀔 수 있는 것으로 노동의 가치를 변화시키는 역할을 하게 된다. 이렇게 신분제도의 변화는 다양한 계층의 참여와 참신한 아이디어의 창출, 그리고 새로운 시도에 대한 뒷받침이 되었다. 이렇게 자본주의의 시작으로 건축가의 입지도 달라졌으며 한 분야의 전문가로서 인정받는 시대가 다가왔다.

그간 자신의 입지에 대한 불안감을 느낀 왕족과 같은 기득권들에게 프랑스의 계급투쟁이란 주시해야 할 관심 대상이었지만 이제 유럽 사회도 공화국이 도래하면서 프랑스에 대한 혁명은 관심 밖의 일이 되었으며 오히려 계급 간의 타협이 아니라 민족 간의 타협에 관심을 갖는 시대가 되었다.

이제 정신적인 혁명이 중요한 이슈로 떠오르면서 새로운 시대를 준비하는 과정으로 접어들었다. 정신적인 측면을 담당하는 것이 바로 예술인데 이 시기에 가장 강렬하게 관심을 불러온 것 중 하나가 바로 러시아의 혁명이며 이를 통하여 예술적 방향은 두 갈래로 설정되고 있었다. 바로 말레비치와 리스즈키 합리주의, 빅토르와 베스닌 형제의 구성주의이다. 이러한 두 개의 사조가 발생한 이유에는 근대가 시작되면서 탈과거와 새로운 재료에 대한 적응으로 인하여 건축가보다는 기술자가 조명받는 현상이 일어나고 대량생산에 의한 상품의 질이 떨어지면서 예술적인 방향의 필요성이 부각되었기 때문이다. 20세기 초는 이렇게 새로운 예술적 이념을 정착시키는 운동이 일어나고, 과거로부터 완전한 형태 탈피를 모색하려는 움직임이 일기 시작한 시기다.

합리주의는 새로운 재료와 구조 그리고 기술에 대한 분석을 필요로 하며 이를 디자인에 정착시키려는 사조이고 구성주의는 반 전통적인 특징이 강하며 순수한 형태의 기능적 조합에 따라 형태의 분리를 주장하는 사조이다. 즉 형태 안에 존재하는 가장 순수한 사각형과 원의 조합으로 형태를 단순화시키는 작업을 말한다.

합리주의 운동은 러시아에서 발생했지만 제1차 세계대전 중 많은 과학자들의 활동을 지켜보았던 국가들은 이를 적극적으로 활용하려고 노력하며 실험과 연구 등을 통해 각 분야에 적용하기 시작하는데 하나의 결과를 얻기 위하여 다양한 분야에 접목시켜 합리적인 결과를 얻어내는 것으로 지금으로 말하면 융복합과 같은 원리였다. 이 시기에는 대중교통의 변화와 함께 빌딩에 전기, 엘리베이터 같은 여러 편리한 시설이 도입되었고, 다양한 실험을 시도하는 예술활동이 등장하기 시작했다. 이때 등장한 예술 중 하나가 바로 다다이즘이다. 제1차 세계대전에 참전했던 사람들이 돌아온 고향은 실망 그 자체였다. 이들은 과거의 예술 형식과 가치를 부정하고 허무함을 외치며 그들의 양식에 대한 이름조차 붙이기를 거부했다.

합리주의는 다양한 시도 속에서 새로운 것을 만들어내는 것으로 여러 분야로 나뉘며 예술의 한 분야로 등장하기 시작했는데, 구성주의는 예술가의 가장 순수한 형태의 구성을 바탕으로 내용보다는 형태를 중요시했다. 그러나 러시아 예술의 근본에는 시민을 깨우치려는 의도가 있었다. 문맹자가 많았던 당시 복잡한 내용은 많은 사람들의 이해를 얻기 어려웠기 때문에 단순한 이미지를 통하여 일반인들이 알기 쉽게 하려는 문화운동의 일종이었던 것이다. 구성주의는 합리주의가 발달한

것으로 이를 형태화하여 기능적으로 분리시키는 것이다. 즉 구성주의
는 대상을 부각시킴으로써 각 형태가 가진 조직의 껍데기를 제거하여
실용적으로 형태를 예술화하는 작업이다.

근대 초기는 과거와 큰 차이를 보이지 않았는데 근대의 성격과 현대
건축의 기초를 이루게 된 것은 바로 이 합리주의와 구성주의가 등장하
면서부터였다. 이는 과거의 형태들이 하나의 틀 안에 전체 공간을 포함
하고 있었다면 이 두 사조의 원리가 등장하면서 명확한 탈 과거의 모습
을 보여준 것이다.

합리주의와 구성주의가 근대 건축 양식을 출발시키는 좋은 계기가
되었지만 이 중에도 말레비치와 엘 리시츠키의 합리주의는 순수주의처
럼 인식되기도 하면서 다른 분야에도 새로운 시도를 하는 계기를 제공
한 것으로 칸딘스키의 미술과 피카소의 입체파 미술과도 연관 지을 수
있으며, 건축에도 영향을 미쳤다. 이렇게 미술 분야에서 먼저 새로운 시
도를 하는 경우가 많은데 이는 미술이 2차원이라는 표현 방법에 있어
서 3차원의 건축보다 더 실험적인 시도가 용이할 수도 있기 때문이다.
이러한 근대의 변화가 가능할 수 있었던 계기는 바로 재료의 변화인데
특히 철과 유리와 같은 주재료가 등장한 것은 주물이라는 형태와 기술
의 다양한 가능성이 그 배경에 있었기 때문이다.

건축의 형태는 시대를 반영한다

순수한 형태를 찾는 합리주의, 강렬함을 담은 구성주의

합리주의는 절대주의라고 부르기도 한다. 하나의 사물을 온전하게 분석하여 마지막까지 얻을 수 있는 최소한의 요소, 즉 더이상 분해할 수 없는 형태 요소를 나타내고자 하기 때문이다. 합리주의자들은 과거의 다양한 형태들이란 특정한 재능이나 소질 그리고 지식을 동반하는 일정한 지식층을 위한 표현으로, 일반적이지 않으며 순수하지 못한 것이라고 여겼다. 마치 모든 숫자의 시작은 '0'이나 '1'에서 시작해야 하는 것과 같은 이치다. 그들은 더이상 분해할 수 없는 형태를 삼각형, 사각형 그리고 원으로 생각했다. 이 기본적인 형태의 이해 없이 이루어진 복합적인 형태는 이해하기 불가능한 것으로 보았다. 즉 이 기본적인 형태를 분석하여 이들이 전체 형태 안에 어떻게 담겨 있는지를 보여주고자한 것이다. 초심으로 돌아가자는 것이다. 러시아의 화가 말레비치는 우리에게 익숙한 형태를 기본적인 삼각형, 사각형 그리고 원으로 다시 분

 >>

석하여 보여준다.

위의 사진은 형태만을 가지고 전체에 담긴 가장 기본적인 형태 요소들을 분석한 것인데 이는 건축뿐 아니라 다른 분야의 재료로도 분석할 수도 있고 기술적인 방법 등 하나의 테마를 정하여 그 범위 안에서 분석하는 방법도 있다. 이는 당시 문맹자가 많았던 러시아에서 이들을 교화시키려는 취지에서 시작한 것으로 복잡한 구조보다 먼저 가장 순수한 형태를 이해하는 것이 우선이라고 생각한 것이다. 이러한 작업 방법은 후에 미니멀리즘에도 지대한 영향을 미쳤다.

러시아 화가 말레비치의 '들판의 소녀들'은 상세한 부분은 제거하고 최소한의 요소만을 나타낸 것으로 색 또한 원색적인 요소를 사용하였다. 이는 그가 이성적인 부분보다는 감성적인 것을 중요시하려는 의도로 그의 초기 작품 중 가운데 흰 사각형 바탕에 검은색 사각형을 그린 것이 있는데 그것은 감정의 가장 순수함을 나타내기 위한 것으로 검은색은 감성을, 그리고 흰 바탕은 감성을 초월한 무의 세계를 표현하고자 한 것이다. 즉 복잡한 구도를 제거하고 가장 순수한 형태를 보여주려는 의도가 담겨 있다.

건축의 형태는 시대를 반영한다

위) 카지미르 말레비치의 '들판의 소녀들'(1928~1929년)
아래) 카지미르 말레비치의 '블랙 스퀘어'(1915년)

평면을 강조한 합리주의 건축물 / 사각형을 강조한 합리주의 건축물

합리주의 건축물과 구성주의를 명확히 구분하기는 쉽지 않은데 위의 건축물은 큰 범주에서 미니멀리즘에 속하지만 그 기원은 합리주의이다. 다양한 형태를 피하고 사각형의 일관된 표현이 주가 되었고 우측의 건축물 같은 경우는 재료의 분석을 통하여 형태가 구분된 것이 합리주의를 잘 보여주고 있다.

근대와 현대에 지대한 영향을 끼친 합리주의와 구성주의

합리주의와 함께 러시아에서 시작된 것이 바로 구성주의이다. 구성주의와 합리주의의 큰 차이를 굳이 구분한다면, 합리주의가 먼저 순수한 형태를 찾아내면 구성주의는 그 순수한 형태를 다시 기능적으로 조합 즉 구성하는 것이다. 리시츠키의 작품이 약간 혼동스러운 것은 합리주의와 구성주의 모두를 나타내고 있기 때문이다. 그런데 이는 그래픽이나 미술 분야에 해당하는 것으로 건축에서는 기능적이라는 단어를 사용하는 것이 더 명확하다.

과거 건축물의 특징이 전체 형태에 다양한 공간들이 박스 안 물건처

건축의 형태는 시대를 반영한다

럼 담겨 있었다면 구성주의에 와서는 그 박스를 풀어헤친 것이라고 보
면 된다. 즉, 각 기능은 각 형태를 갖는 것이라고 이해하면 된다.

구성주의는 과거의 통합적인 형태 모임에 극적으로 반대하는 입장으
로 기능적인 형태 구성을 중요한 포인트로 삼고 있다. 기능에 초점을 맞
추어서 형태의 다양성 등 각 공간에 대한 독립성을 보여주고자 한 것
이다.

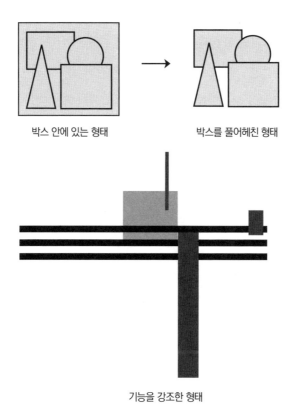

박스 안에 있는 형태　　　　　박스를 풀어헤친 형태

기능을 강조한 형태

합리주의와 구성주의의 차이점이란 합리주의는 가장 순수한 형태를 찾아내는 것이고, 구성주의는 순수한 형태를 기능별로 조합하는 것이며, 공통점은 순수한 형태를 다루는 것, 장식처럼 기능적이지 않은 것은 완전히 배제한다는 것이다. 리시츠키의 작품 '프라운 룸'과 '99번'은 검은색과 흰 바탕으로 이루어져 있는데 이는 합리주의를 잘 다루는 색이다. 이는 입체적이고 기능적인 표현으로 리시츠키가 몬드리안과 다른 점을 찾을 수 있다. 몬드리안이 2차원적인 표현을 다루었다면 리시츠키는 3차원적으로 건축에 조감도적인 표현을 도입했다는 것이다.

이렇게 합리주의와 구성주의는 근대와 현대에 막대한 영향을 끼쳤는데 그것은 과거의 표현과 성격이 완전히 다른 것이다. 근대 초기에는 탈 과거적인 방향으로 흐르기도 했지만, 완전히 분리되지 못한 상황이었다. 이에 이들의 순수형태에서의 출발은 입체파뿐 아니라 국제양식의 방향을 제시하고 기능적인 형태가 무엇인지 알게 해주었으며, 이후 근대가 자체적인 양식을 갖지 못한 방황에 종지부를 찍는 역할을 했다.

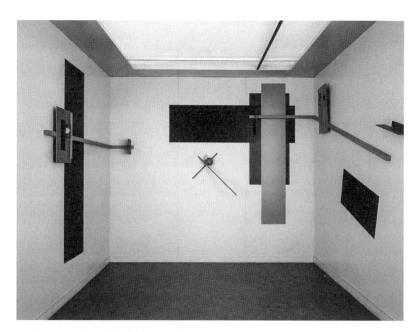

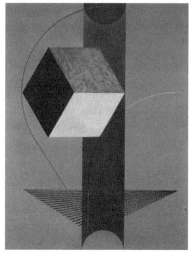

위) 엘 리시츠키의 '프라운 룸'(1923년)
아래) 리시츠키의 프라운 시리즈 '99번'(1924년)

완벽한 자유로 생명력을 재구성한
'입체파'

피카소와 말레비치가 만난 것은 예술사에서 있어서 결코 우연이 아니다. 과거 미술의 표현 방법이 실제적인 시각적 표현에 국한되었다면 20세기 예술의 특징은 정신적인 표현으로 보이는 것을 믿지 않고 그 본질을 나타내려 한 것으로, 궁극적으로 모든 형태는 동일한 것으로 보이는 형태를 최대한 분해하고 조각내어 가장 기본적인 순수한 형태를 나타내고자 시도했다는 것이다. 물론 이 시대 예술가들마다 약간의 차이는 있지만 근본적인 이론은 모두 같은 것으로 이는 새로운 시작을 갈망한 데서 비롯되었다고 볼 수 있다. 그래서 피카소는 "나는 보는 것을 그리는 것이 아니고 생각하는 것을 그린다"고 했고, 현대 건축가 피터 아이젠만은 "건축은 표준성에 흡수되지 않고 저항하는 것이다. 흡수에 대한 저항이 바로 현재성이다"라고 했다. 또 그는 "지나치게 새로운 것만큼 위험한 것도 없다. 그만큼 빨리 구식이 되어 버리기 때문이다"라고

건축의 형태는 시대를 반영한다

말했다. 아방가르드를 잘 표현하고 있는 말이다. 아방가르드적인 개념의 원조를 보여준 사람은 폴 세잔이다.

구체적인 것과 추상적인 것의 경계는 바로 현실이다. 폴 세잔은 초기에 일반적인 그림을 그렸으나 후에 모든 사물의 본질을 나타내고자 시도한다. 즉 어떤 형태든 더이상 변하지 않는 단계까지 도달한 후에 최후의 순수한 이미지를 표현하고자 했다. 그래서 그가 마지막에 얻은 형태가 바로 구(Sphere), 원뿔(Cone), 원통(Cylynder)이다. 이는 더이상 분해할 수 없는 기하학으로 결론을 내린 것이다.

세잔의 영향을 가장 많이 받은 미술가는 바로 피카소이다. 피카소와 마티스는 그를 '우리 모두의 아버지'라고 칭할 정도였다. 세잔은 후기 인상파로 불리기도 하지만 사실은 포스트 인상파로 인상파에서 입체파로 넘어가는 가교 역할을 한 미술가이다. 그러나 일반인들에게는 세잔의 그림에서 초기 인상파와 후기 인상파의 차이를 알기 쉽지 않은 것이 사실이다. 작품의 진가는 그 예술가의 실력이 말하는 것이 아니라 그 예술가의 관점과 표현 방법의 일치이다.

모든 예술가는 기본적으로 뛰어난 실력을 갖추고 있다. 실력은 자신의 관점과 메시지를 정확히 보여주려는 방법일 뿐 이것이 그 예술가를 평가하는 잣대가 될 수는 없다. 누구나 노력하면 뛰어난 실력을 갖출 수 있기 때문이다. 한 예술가가 자신의 관점에 자신의 철학을 담아 작품에 얼마나 잘 표현했으며 이를 통하여 우리가 새로운 관점을 갖는 데 도움이 되거나 일조를 했는지, 이로 인하여 예술사에 어떤 발자취를 남겼는지에 그 진정한 평가가 있는 것이다.

우리가 유명한 화가의 작품을 감상하면서 그 화가의 실력을 정확히 판단하려면 최소한 그와 비슷한 능력을 가져야만 할 것이다. 어느 분야에나 실력이 출중한 사람들이 있지만 그렇다고 모두 유명한 것은 아니다. 실력이라는 것은 노력한 결과이지 그 실력이 인류의 역사에 족적을 남길 만한 작품을 내놓지 못한다면 그저 전문가로 남을 뿐이다. 세잔의 가치는 화가로서가 아니고 관행처럼 여기며 행해왔던 방법에서 벗어나 자신만의 표현법을 정립했고, 그것이 후에 다른 관점을 만들어 우리에게 상상의 범위를 넓혀주었다는 것이다. 세잔도 처음부터 인정과 찬사를 받은 것은 아니었다. 전시회에서 조롱과 비웃음을 받아야 했고 그림을 모르는 아마추어로 취급당하기도 했다.

근대 회화의 아버지 세잔, 작품에 자존감을 더하다

세잔의 첫 번째 고민은 사물을 바라보는 방향이었다. 모든 사물은 입체인데 내부분의 화가들은 한 방향에서만 바라보고 그리기 때문에 눈에 보이는 부분만을 표현한다고 생각한 것이다. 그는 이것이 그 사물의 본질을 정확하게 나타낼 수 없다고 여겼다. 우리가 그의 생각에 꼭 동의해야 할 필요는 없다. 이것은 단지 그의 관점이기 때문이다. 중요한 것은 세잔 이전에는 아무도 이러한 생각을 하지 않았고 그렇게 생각할 수 있다고 인정하지도 않았다는 것이다. 그래서 그는 첫 작품 전시회 후 조롱 속에 마음의 상처를 입고 파리를 떠난다.

그러나 위대한 사람들의 특징 중 하나는 자신의 작품에 대한 자존감을 결코 놓지 않는다는 것이다. 그는 자신의 표현법을 포기하지 않고 지

건축의 형태는 시대를 반영한다

폴 세잔의
'사과와 오렌지'(1900년)

속적으로 시도한다. 관습에 얽매여 있는 사람들은 그 관습이 잣대가 되고 평가의 기준이 되지만 관습을 바탕으로 이해하는 사람들은 그 관습을 위로 올라가는 사다리로 사용한다.

세잔은 사물의 본질은 어느 방향에서 보는가에 따라 다르고 어느 위치에 놓이는가에 따라서도 다르게 인식될 수 있으며 위치가 곧 빛을 받아들이는 원인이 될 수 있고, 어느 배경을 갖는가에 따라서 그 사물을 인식하는 관점이 다르다는 것을 말하고자 했다. 이는 마치 고정된 사고는 일어난 사건을 다양하게 분석할 수 없는 원인이 될 수 있다는 원리와도 같은 것이다. 그는 사물의 위치를 수없이 바꾸며 그 사물이 주는 본질을 읽으려고 했으며 사물의 위치만을 바꾸는 것이 아니고 자신의 위치, 즉 보는 사람의 위치도 바꿔가며 다양한 시도를 했다. 하지만 이 같은 시도에는 한계가 따랐다. 그것은 바로 사물이 가진 형태의 한계였다. 특히 사각형이나 삼각형과 같이 형태의 테두리를 가진 것은 사물을 왜곡하고 빛의 흐름이 자연스럽게 흐르지 않는 단점이 있음을 알게 된 것이다.

세잔은 원 또는 구의 이미지를 가진 형태를 사용했는데 특히 사과 같은 둥근 과일을 주로 선택했다. 빛의 흐름이 단계별로 잘 나타나면서 사물의 변화를 디테일하게 느낄 수 있었던 것이다. 이렇게 각 방향에서 바라본 모양을 모두 나타내려면 수없이 많은 그림을 그려 다 보여주어야 할 것이다. 그러나 세잔은 하나의 그림에 이 모든 것을 나타냈다. 그래서 그의 그림에는 여러 개의 과일이 등장한다. 사과나 탁자, 또는 커튼이 중요한 것이 아니고 그가 왜 그렇게 그렸는지 그 이유가 중요한 것이다. 그 이유를 알았다면 아마도 조롱당하지 않았을 것이다.

그가 다른 화가처럼 한 시점에서 바라본 사물의 형태를 그렸다면 아마도 무난한 화가의 길을 걸었을지 모른다. 시간이 걸리기는 했어도 그가 다시점(多視點)에서 바라본 사물의 본질을 입체적으로 나타내는 화법, 색의 흐름을 표현하는 화법을 구상해내지 않았다면 입체파의 피카소와 야수파의 마티스도 등장하지 않았을 것이고, 이로 인하여 미래파도 데 스틸도, 러시아 구성주의와 합리주의도 등장하지 않았을 것이며 이후의 건축을 포함한 예술의 단계는 현대라는 시기를 아직도 기다리고 있을지 모른다. 비록 그는 자신의 삶에 많은 시간을 투자했지만 그로 인하여 근대가 짧아졌으며, 현대의 추상적인 형태의 시도가 가능해진 것이다.

어느 시대나 매너리즘적인 단계가 있었다. 이는 관습을 더 발전시키는 방법으로 시기적인 터닝포인트라고 할 수 있다. 고대는 기독교가 중심이었고, 중세는 고딕이, 근세는 매너리즘을 통한 신고전주의가 있었

건축의 형태는 시대를 반영한다

으며, 과도기적인 시대인 근대에서 현대로 가는 터닝포인트에는 바로 세잔이 있었다. 세잔이 안겨준 또 하나의 중요한 의미는 바로 기술과 콘셉트의 분리이다. 이전까지의 작품은 기술적인 표현과 판단이 주를 이루었으나 세잔 이후부터는 기술적인 분석과 평가 그리고 콘셉트의 유무가 중요한 기준이 되었다. 즉 구체적인 표현이냐 추상적인 표현이냐가 중요한 화두의 시작점이 된 것이다. 피카소는 세잔의 영향을 받아 한 단계 더 나아가 입체를 탄생시켰다.

세잔이 2차원이라면 피카소는 3차원으로 발전시킨 것이다. 이것이 바로 입체파의 시작이다. 피카소에게 모든 형태는 입체, 즉 3차원이였던 것이다. 그래서 추상미술의 원조를 세잔과 피카소로 보는 것이다. 그렇지만 이 또한 형태를 읽을 수 있고 현실과 연결할 수 있기 때문에 절대적인 추상미술은 아니었다. 그래서 피카소의 열렬한 팬이었던 말레비치는 이를 더 발전시켜 화학에서 원소를 분리하듯 형태 분리를 통해 최후의 형태 원소인 검은 원, 흰 사각형 그리고 붉은 삼각형 등으로 분해했다. 이렇게 더이상 분해할 수 없는 절대적인 이미지 요소를 절대주의라고 칭하게 된 것이다.

여기에서 이들이 주장한 내용을 정리하자면 종합적 큐비즘과 분석적 큐비즘이 등장한다. 이 두 개의 큐비즘에 영향을 받아 생겨난 것이 데 스틸(De Stijl)과 미래파이다. 피카소의 그림을 살펴보면 두 개의 원리가 명확하게 보이는데 데 스틸에서는 화가 테오 반 되스버그, 피에트 몬드리안, 빌모스 후사르, 반 데르 레크, 그리고 건축가 게리트 리트벨트가, 미래파에서는 필리포 토 마소 마리 네티가 있다.

피카소를 구속하는 2차원적인 표현

피카소의 초기 작품은 다른 미술가의 작품과 크게 다르지 않았다. 그러나 그는 자신이 그린 그림에서 자유로움을 얻지 못한 것으로 보인다. 그 구속은 바로 2차원적인 표현이었다. 그가 그리는 사물은 3차원인 반면 그의 그림은 2차원이라는 구속을 벗어날 수 없었던 것이다. 그는 이 구속에서 벗어나는 방법을 시각적인 표현에서 찾았다. 3차원적인 사물은(큐빅) 다양한 방향이 주는 모양의 구성으로 만들어졌음을 깨달았고 이는 바라보는 위치에 따라서 차이가 있음을 알게 된다. 그래서 이 다양한 방향에서 얻는 모양의 조합이 바로 사물의 근본임을 나타내고자 했다. 그는 하나의 사물을 여러 방향에서 바라본 각각의 그림을 조합하여 이를 구성하여 바라보기 시작했다.

이러한 작업을 통하여 그는 다시 새로운 형태를 얻게 되었다. 그러나 여기에 필요한 것은 인간적인 시각과 그것을 통한 작업이었다. 그래서 각각의 높이는 차이를 두었고 또한 원근감에서 오는 생명력을 색으로 재구성하였다. 이것이 그가 하나의 사물에서 얻은 새로운 3차원적인 형태이며 그것이 그의 자유였다. 본질적인 사물에서 출발하였지만 그는 표현의 자유를 얻었고 그의 사고에서 새로운 작품을 만들어 낸 것이다. 그러나 그는 더 많은 자유를 원했다. 그것이 바로 그가 얻은 형태의 원소를 재구성하는 작업이었다.

재구성은 완벽한 자유에서 재탄생되어야 했다. 원형과 동일한 모습을 보여야 하는 것 자체가 구속이라고 생각했기 때문이다. 하나의 사물에서 얻은 요소들은 그 형태가 가진 원자와 같은 것이고 그 원자를 어떻게 구성하는가에 따라서 새로운 형태로 재탄생시킬 수 있다는 것을 깨달았다. 이것이 그가 3차원적인, 즉 큐빅의 형태에서 찾은 자신의 작품이다. 그는 2차원에 3차원은 높이가 추가되지만 그 높이는 바로 각 개체 간의 간격으로 보았다. 앞면과 뒷면의 사이에는 거리가 존재한다고 여긴 것이다.

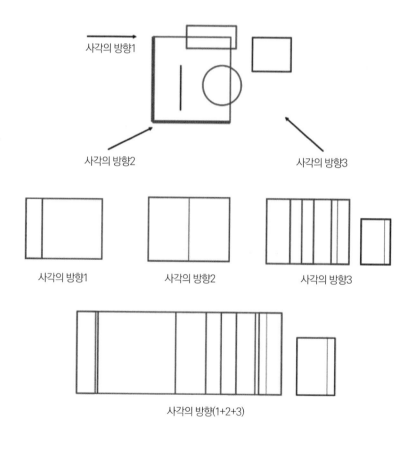

피카소 그림의 원리

즉 2차원 또는 두 개의 요소끼리는 서로 앞뒤를 구분할 수 없지만 세 개의 요소가 개입하면서 두 개의 요소와 세 개의 요소의 차이는 좀 더 명확해진다. 그는 이러한 방법을 사용하여 두 가지 자유로움을 나타내려 했다.

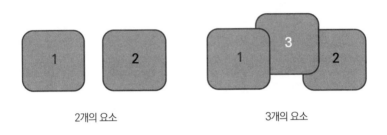

2개의 요소   3개의 요소

큐빅의 원리

이 작업에서 그는 좀 더 발전하여 모든 요소들의 구성이 규칙적으로 재구성될 수도 있지만 그렇지 않을 수도 있음을 보여주고자 했다. 만일 그 구성이 규칙적으로 재구성된다면 원형 그대로는 아니더라도 어느 정도의 형태를 유지할 수 있겠지만(종합적 큐비즘) 구성의 배열이 완전히 바뀐다면 새로운 형태를(분석적 큐비즘) 만들어 낼 수 있다는 가능성을 제시하고자 했다. 그의 이러한 원리는 후에 다른 분야에도 영향을 주었다.

피카소의 '마리테레즈의 초상'과 '바이올린을 든 남자'는 모두 초상화이다. 그런데 '마리테레즈의 초상'은 명확하지 않지만 형태를 추측해볼 수 있고 '바이올린을 든 남자'는 초상화라고 설명해도 그림의 형태를 추측하기 어렵다. 이것이 바로 큐비즘의 두 가지 표현이다. '마리테레즈의 초상'은 분석적 큐비즘이고 '바이올린을 든 남자'는 분석적 큐비

건축의 형태는 시대를 반영한다

큐비즘의 두 가지 표현

위) 종합적 큐비즘: 피카소의 '마리테레즈의 초상'/ 몬드리안 작품(1930년)

아래) 분석적 큐비즘: 피카소의 '바이올린을 든 남자'/ 미래파적인 디자인

즘으로 그린 것이다. 이 두 가지 방법을 통해 그가 우리에게 전달하는 메시지는 분석을 통하여 원형으로 돌아가기는 어렵지만 새로운 형태를 재창조할 수 있는 가능성을 제시했다. 그는 자신만의 방법을 찾아 작업 했을 뿐이지만 그의 방법은 다른 분야에 새로운 아이디어를 제시했으며, 이를 통해 다양한 시도를 할 수 있는 계기를 마련했다.

20세기 초, 데 스틸(종합적 큐비즘)과 미래파(분석적 큐비즘)라는 새로운 형식이 등장했다. 종합적 큐비즘은 원형에서 나온 각 요소에 대한 존재의 중요성을 부각시켜 이 각 요소가 모여야 종합적인 형태가 만들어지는데 초점을 맞추었지만 분석적 큐비즘에서 각 요소의 존재는 중요하지 않다. 단지 전체적인 형태를 구성하는 각 요소가 필요할 뿐 각 요소 하나하나가 갖는 의미는 무시되어야 한다는 것이다. 즉 새롭게 구성된 전체적인 형태를 더 중요하다고 여겼다. 도로에는 차도와 인도가 있다. 이 두 요소는 도로의 기능적인 역할에서 구분한 것이지만 인도와 차도의 존재는 무시되어야 한다는 것이다.

종합적 큐비즘은 이와 다르다. 도로의 기능을 구성하기 위하여 인도와 차도가 명확하게 구분되어야 한다는 것이다. 이 둘은 내용면에서 차이를 보이지만 사실 그 근원은 같다. 이 둘의 공통점은 바로 요소의 융복합이다. 작업을 하는 데 있어서 요소 중에 한두 개가 부족하다면 완성할 수 없는 것, 즉 구성요소 모두 존재해야 하는 것이다. 데 스틸의 대표적인 미술가 몬드리안은 자신의 작품을 완성하는 데 필요한 요소를 가리켜 기하학적인 형태, 순수한 형태, 수직과 수평의 구조, 형태의 다양성으로서 크기의 변화 그리고 3원색과 무채색의 구성이라고 했다.

건축의 형태는 시대를 반영한다

프로와 아마추어의 차이는 언행일치에서 비롯되는 것인 만큼 이들은 작품을 그들의 콘셉트에 맞추어 작업한다. 그들의 작업 요소들이 한두 개 부족하다면 그것은 그들의 작품이 아니다. 건축에서는 선의 굵기와 명암으로 원근감을 나타낸다. 이러한 관점에서 본다면 몬드리안의 패턴과 미래파적인 디자인에서도 입체적인 느낌을 받을 수 있다. 세잔의 그림에 영향을 받은 피카소는 더욱 자신의 콘셉트를 발전시켜 입체파 작품을 완성함으로써 근대적인 발전뿐 아니라 근대와 현대를 구분 짓는 지표를 마련했다.

  사람들은 작품의 전체적인 형태를 보지만 피카소는 구성요소를 전체적인 요소의 근원으로 보았다. 그래서 그는 하나의 입체적 형태를 분석하고 그 요소들의 중요성을 보여주고자 했다. 체코 프라하에 있는 요제프 코콜이 설계한 호데크 아파트의 분산된 삼각형에서 그 의도를 알 수 있고 네덜란드 유트레히트의 슈레더 하우스(1924년)의 모양에서도 각 부분에 독립적인 정체성을 살리려 컬러를 다르게 하고 돌출시키거나 후퇴시킨 부분들이 바로 전체로 바라보지 않고 전체는 곧 부분의 조합이라는 의미를 전달하려 함을 알 수 있다.

더 나은 미래,
빠른 속도를 지향한 '미래파'

    근대는 산업혁명과 시민혁명 이후 급진적으로 변화하는 과정에서 등장했다. 초기 근대는 과거와 명확한 구분을 하기 어렵지만 과거 클래식과 현대를 구분하는 것은 어렵지 않다. 이는 바로 구성주의 때문이다. 구성주의는 과거와 명확한 차이를 보이는데 여기에는 현대를 이끌어가는 선두주자가 있었다. 이것을 아방가르드라고 부른다. 시대마다 어떤 새로운 시작을 알리는 신호가 있는데 이는 시간이 지난 후 살펴보면 이전 것과 이후의 것의 경계선에 위치한 것을 알게 된다. 여기에 아방가르드라는 이름 붙일 수 있는 것이다.

    러시아의 구성주의는 아방가르드로 말레비치와 엘 리시츠키의 이론이 그 시작이고 입체파 또한 그 성격을 보여주고 있는 것으로 근대와 현대를 구분 짓는 경계선에 위치하고 있다. 미래파는 과거와 다른 차별된 배경을 갖고 있는데 이들에게 미의 기준은 속도였다. 즉 속도감이 없는

건축의 형태는 시대를 반영한다

것은 미적 가치가 있는 것으로 여기지 않았다. 속도가 있는 것은 곧 소음과도 연결시켰는데 이를 더 나은 미래로 나가기 위한 방법으로 여기며 자동차, 기차역 등의 동적인 요소를 최고의 가치로 여겼다.

박물관이나 미술관 등 과거와 관련된 것은 부정적으로 여겼으며 다이내믹한 형태를 우선적으로 여겼다. 또한, 주상복합 건축물과 같은 동시다발적인 기능을 중요시 여겼으며 고층 건축물의 필요성을 주장하며 이를 위해 엘리베이터 설치나 차도와 인도의 구분을 통한 자동차의 속도를 주장했다. 깨어 있는 도시를 위해 가로등의 필요성을 주장하고 인류의 미래를 위하여 전쟁을 정당화하기도 했다. 형태에서도 안정된 이미지보다는 다이내믹한 형태로 경사진 이미지를 추구했다.

움베르토 보치오니의 작품 '공간 속 연속성의 독특한 형태'와 '탄성'

왼쪽) 움베르토 보치오니의 '공간 속 연속성의 독특한 형태'(1913년)
오른쪽) 움베르토 보치오니의 '탄성'(1912년)

은 역동성과 탄력적인 움직임을 표현한 것으로 미래파의 대표적인 작품이다. 미래파는 이탈리아에서 시작된 것으로 이곳의 성격을 잘 나타내지만 제1차 세계대전까지 무솔리니의 파시스트와 궤를 같이하다 전쟁 후 사라졌다. 생명력은 짧았지만 영향력은 아주 강렬해 유럽에 많은 영향을 주었다. '공간 속 연속성의 독특한 형태'는 강렬한 운동력으로 마치 강한 바람을 헤쳐나가는 모습을 나타낸 것으로 만화에서도 빠르게 움직이는 모습을 표현할 때 이렇게 뒷부분에 형태의 흔적을 남긴다. 이는 정지된 형태가 아닌 연속적인 움직임을 보여주고자 한 것이다.

'탄성'은 빠르게 움직이는 형태들이 서로의 잔영 속에 섞여 뒤엉켜 있는 것으로 2차원적인 이미지뿐 아니라 볼륨까지 갖춘 것으로 정지된 이미지가 아니라 탄력적인 성격을 보여주려는 의도임을 알 수 있다. 특히 색이 뚜렷하지 않고 유사한 명암들이 뒤엉켜 있는 것이 혼란스러움을 주어 시간의 연속성을 나타낸다. 이탈리아에서 미래파가 활동을 시작했을 때 이를 모두 이해한 것은 아니었다. 1909년 2월 20일 젊은 이탈리아 변호사이자 시인인 필리포 토 마소 마리 네티는 프랑스 신문 〈르 피가로(Le Figaro)〉에 '미래 지향적 선언문'을 발표하면서 자신들의 미래 지향적인 운동을 정당화했다.

이 선언문은 너무도 강렬하여 부담감마저 주었지만 군국주의자들에게는 호감을 주었다. 하지만 미래파는 이 같은 노력에도 불구하고 그렇게 오래가지 못했다.

건축의 형태는 시대를 반영한다

미래 지향적 선언문

1. 우리는 위험에 대한 사랑과 에너지에 대하여 친근감, 대담함을 갖고 이를 찬양합니다.

2. 용기, 담대함, 반란이 우리의 필수 요소입니다.

3. 지금까지의 문학은 부동적이며, 무아경과 수면을 선포했습니다. 그러나 우리는 공격적인 운동, 열정적인 불면증, 달리기, 공중제비, 파격적인 파워를 찬양할 것입니다.

4. 우리는 세계의 영광이 새로운 아름다움, 즉 속도의 아름다움으로 가득 찰 것을 설명할 것입니다. 폭발적인 소리를 내며 꿈틀대는 뱀을 닮은 커다란 파이프 장식을 한 레이싱 카처럼 달리며 울부짖는 차가 승리하는 데 유리하다는 것을 보여줄 것입니다.

5. 우리는 책임감 강한 사람을 찬양할 것입니다.

6. 시인은 원시적 요소의 열렬한 충동을 증가시키기 위해 자신을 빛나고 화려하게 만드는 데 관대해져야 합니다.

7. 아름다움은 전투에 사용할 때만 가능합니다. 공격적인 성격이 없는 작품은 걸작이 될 수 없습니다. 시는 미지의 세력이 인간보다 먼저 굴복하도록 강요하는 공격적인 것으로 이해해야 합니다.

8. 우리는 수세기 동안 극한 곳에 있었습니다! 왜 우리는 불가사의한 신비의 문을 열고 싶을 때 되돌아봐야 합니까? 시간과 공간은 이제 사망했습니다. 우리는 이제 절대적인 상황에 살고 있습니다. 우리는 영원한 속도를 창조했기 때문입니다.

9. 우리는 전쟁을 - 세계 유일의 인류 청소를 위하여 - 통하여 군국주의, 애국심, 아나키스트를 만들고, 사람이 죽는 아름다운 생각, 그리고 여성의 경멸을 통하여 세상을 영화롭게 할 수 있습니다.

미래파를 지향한 이론을 적용한 건축물들도 그리 많이 등장하지는 않았지만 몇 개의 건축물을 살펴보면 이 건축물의 공통점은 철도, 상가 그리고 주거 등 다양한 기능이 한곳에 밀집되어 있고 소음을 발생하며 다양한 바닥레벨을 보여줌으로써 역동적인 이미지를 나타내고자 했다는 것이다. 특히 엘리베이터를 외부로 노출시키고 사선을 이용함으로써 정형적인 형태를 피하려고 한 것도 특징 중 하나다. 미래파는 활동 기간이 짧고 공격적인 이론으로 인해 제1차 세계대전 이전에 사라졌지만 현재에 와서도 미래파적인 건축물의 이미지를 볼 수 있다.

이 건축물들의 공통점 역시 사선의 형태로 엘리베이터를 외부에 노출시켰다. 현대 건축에 와서는 큰 범주로 각각의 양식을 갖고 있지만 이 형태 안에 근원적인 이미지를 찾아볼 수 있다. 사실 어떤 형태가 중요한 것은 아니다. 건축의 근원적인 목표는 인간을 위한 공간 창출에 있기 때문에 이 기능에 충실하다면 건축물로서 큰 문제는 없다. 그러나 건축물에는 다양한 형태가 있다.

공간의 기능에는 개인적인 취향을 담을 수 없다. 공간을 이용하는 사용자가 명확하지 않고 초기의 목적에 맞게 건축물의 수명과 이용자가 고정된 것이 아니기 때문이다. 근본적인 방법으로 공간의 구조를 만든 후 용도 변경에 따라서 공간의 성격이 바뀔 수도 있지만 기본적인 골격은 유지하는 것이 일반적이다. 그러나 형태를 선정하는 데 있어서 공간의 기능보다는 설계자의 의도가 필요한데 이 선택에 있어서 이미 존재하는 형태를 취할 수도 있고 이를 변경하여 형태의 연속성을 갖고 올 수도 있으며 또한 설계자의 전폭적인 창의력에 의존하여 새로운 형태를

건축의 형태는 시대를 반영한다

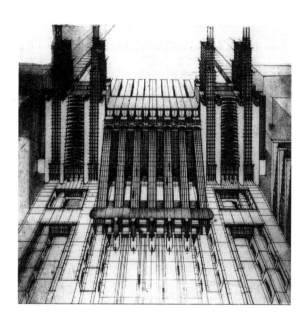

안토니오 산텔리아가 꿈꾼 미래파 신도시 '라 치타 누오바'(1914년)

사선이 형태 안에 있는 건축물
위) 미국 샌프란시스코의 메리어트 호텔(1989년) / 페로하우스(1970년)
아래) 하버드 디자인 대학원(GSD) 건물인 건드홀(1963년)

건축의 형태는 시대를 반영한다

만들어 낼 수도 있다. 이는 설계자의 선택이다.

설계자의 선택에 있어서 새로운 시도가 아니라면 기존 형태의 정통성에 대한 이해를 돕기 위하여 이전 형태에 대해 충분히 숙지해야 한다. 형태의 역사에 있어서 과거에 등장했던 모든 형태가 지금까지 이어지는 것이 아니고 지그프리트 기디온의 말처럼 일시적인 현상(유행)과 지속적인 형태(양식)의 법칙에 의하여 지금 우리가 갖고 있는 것은 과거의 형태 중 일부일 뿐이다. 즉 과거에서 지금까지 전해온 형태들이 그 생명력을 유지하는 데는 그만한 이유가 있을 것이며 그 안에는 정통성도 있다는 것이다.

역사가 흐르면서 그 생명력을 유지해온 이유를 알지 못하고 새로운 의미의 형태를 만든다는 것은 불가능하기 때문이다. 비록 생명력은 짧았지만 미래파 양식을 지금도 사용하는 데는 충분한 이유가 있다는 것이다. 초기 미래파의 선언문은 강렬하고 부담스러운 내용이 포함되어 있지만 형태에 대한 문제는 아니다. 특히 생동감 있고 속도와 강렬함에 대한 형태 언어를 보여주는 좋은 예로 차용되고 있다.

21세기는 속도에 더욱 민감한 시기로 미래파의 콘셉트와도 맞아 떨어지는 부분이 있어 지금을 신 미래파라고 부르기도 하는 이유이다. 이들의 건축선언문에서 전통이나 양식을 부정하고 과학과 기술을 찬미하는 방향을 설정한 것은 진보적인 성향의 건축가들에게는 참고로 삼을 만한 가치가 있는 것이다.

미래파는 사용에 초점을 맞추었고 각각의 시대를 반영할 수 있어야 하기에 쉽게 변형할 수 있는 건축을 찬미했으며, 이러한 성격의 건축을 살아있는 건축이라고 정의하는 한편 정적이고 억압적이며 육중함을 보여주는 건축 형태는 죽은 것으로 간주했다. 그래서 이들은 살아있는 움직임을 나타내기 위하여 속도의 미를 선택한 것이다. 그런데 한 가지 의문이 드는 것이 있다면 미래파 건축물에는 피라미드와 같은 정적인 형태가 등장하기도 한다는 것인데 이는 그들이 주장하는 형태와는 다소 거리가 있어 이는 미래파가 가진 한계가 아닌가 한다.

초기 미래파 건축물은 동유럽인 체코에서 많이 볼 수 있는데 특히 프라하에 있는 각진 형태의 건축물은 미래파적인 표현이다. 또한 후안 그리스의 '파블로 피카소의 초상화'라는 작품은 분석적 큐비즘을 적용하여 그린 것으로, 이 그림과 건축물들을 비교해 보면 큐비즘이 어떻게 건축물 디자인에 적용되었는지 이해가 쉬울 것이다.

건축의 형태는 시대를 반영한다

체코 큐비즘과 분석적 큐비즘의 비교
위) 체코 프라하의 호데크 아파트(요제프 코콜, 1913년)
아래) 후안 그리스의 '파블로 피카소의 초상화'(1912년) / 큐 비스트 빌라(1912년)

'데 스틸',
선은 그 자체로 예술이다

프랑스의 시민혁명 이전에 있었던 이성을 앞세운 계몽주의와 과거 로마나 그리스의 정통성을 다시 갖고자 했던 신고전주의가 주를 이루던 시기가 막을 내릴 즈음 낭만주의가 등장했다. 낭만주의는 이성과 합리주의 그리고 과거의 권력과 종교에서 오는 형식을 중요시하는 절대주의에 반하는 성격으로, 형식을 탈피하고 개인의 자유로운 개성이나 감정을 더 중시하는 문화다. 이러한 배경 속에서 등장한 것이 데 스틸(De Stijl)이다.

이들은 형식이나 절대적인 방식을 따르는 것처럼 근본적인 조화를 무시한 상태에서 수학적인 성질처럼 규칙을 거부하고자 했던 것으로 예를 들어 바로크 속에 있는 곡선을 무시하고 수직과 수평에 의하여 자유롭게 만들어지는 새로운 구성을 선보이고자 했다. 이 운동의 선두주자에는 테오 반 뒤스부르크(Theo Van Doesburg)가 있다. 처음에 그는 반 고흐의

건축의 형태는 시대를 반영한다

영향을 받아 인상파적인 이론에 바탕을 두는 그림을 추구하지만 고흐보다는 더 현대적인 미술을 그리고자 하는 욕구가 있었다.

그러던 그는 1913년 바실리 칸딘스키의 〈뤼크블릭케(Rückblicke)〉를 읽은 후 자신의 방향을 설정하여 화가로서 새로운 길을 선택하게 된다. 칸딘스키의 그림이 일반적인 그림보다는 더 수준 있고 영적이며 추상적인 그림이라고 생각했던 것이다. 그러나 그는 미래파적인 표현에는 비판적인 입장으로 속도를 표현한 것을 하나의 모방이라고 보았다. 그러다 어느 저널에 실린 몬드리안의 선의 중요성을 깨닫게 된다. 선은 모든 형태를 나타내는 그 자체로 예술이라고 보았으며 선으로 모든 것을 표현할 수 있다고 생각하게 된 것이다. 특히 바탕에 색을 넣으면 그 위에 표현된 모든 것을 망칠 수 있기 때문에 흰색을 엄숙한 색으로 보았고 그 위에 놓이는 색상은 엄격하게 선택해야 한다고 생각했다.

반 뒤스부르크는 몬드리안을 포함하여 동일한 사고를 가진 사람들과 접촉하여 〈데 스틸〉이라는 잡지를 발행하여 그들의 이론을 홍보하기 시작한다. 몬드리안과는 주로 서신으로 대화했는데 몬드리안이 있는 파리로 이주하면서 두 사람은 빈번한 만남을 통하여 의견을 교환하지만 급기야 의견 충돌이 생기는데 그것은 선의 배치에 대한 문제 때문이었다. 내향적인 성격의 몬드리안은 수직과 수평을 고집하지만 화려한 것과 역동적인 성격의 반 뒤스부르크는 블스버그가 주장한 역동적인 이미지를 나타내는 대각선에 동의하면서 두 사람의 관계에 금이 가고 몬드리안은 〈데 스틸〉에서 탈퇴하고 만다.

이후 데 스틸 양식이 등장하는데 '카페 드 유니'와 '홀리데이 홈'의 내부를 디자인하면서 본격적으로 활동하게 된다. 1915년에 만난 몬드리안과는 1924년에 결별했으므로 홀리데이 홈은 그와 헤어지기 전에 만든 작품으로 수직과 수평이 강하게 남아 있다. 그러나 카페 드 유니는 그와 헤어진 후의 작품인데 대각선이 들어가지 않은 것을 보면 데 스틸은 수직과 수평 그리고 대각선을 혼용하였음을 알 수 있다.

수직과 수평 구조를 지향하는 데 스틸의 시작

카페 아우베테의 내부는 사물들이 대각선으로 걸려 있는 형태들을 볼 수 있다. 하지만 배치는 모두 수직과 수평선 안에서 이뤄진 것으로 이는 초기 데 스틸에서 주장한 이론 그대로 적용했다. 즉 몬드리안과의 의견 차이는 수직과 수평 구조의 작품의 구성에 있는 것이 아니라 배치에 있음을 알 수 있다. 몬드리안도 이후 45도 각도를 인정하게 된다. 그러나 데 스틸의 콘셉트는 수직과 수평 구조에서 시작하는 것이었다.

1928년도에 데 스틸의 건축가 오우드는 로테르담에 노동자들을 위한 300개의 주거시설과 2개의 상점, 그리고 2곳의 온수 놀이터가 있는 대형 키프호크 주거단지를 설계하는데 여기에 데 스틸 디자인을 적용한다. 지금은 대부분 손상되어 1990년대에 건축가 위츠 파틴(Wytze Patijn)이 원형 그대로 대부분 복원했다.

데 스틸은 20세기에 들어 활발한 활동을 펼치는데 이들의 표현에도 몇 가지 공통점이 있다. 이 공통점의 배경에는 반 뒤스부르크와 공동 설립자였던 피에트 몬드리안이 있다. 몬드리안은 20세기를 대표하는 화가이자 이론가로 20세기 추상미술의 대표 중 한 사람으로 알고 있지

건축의 형태는 시대를 반영한다

위) 오우트의 '카페 드 유니'(1925년) / 반 뒤스부르크의 '홀리데이 홈'(1919년)
아래) 반 뒤스부르크의 '카페 아우베테'(1926년)

만 그도 초기에는 일반적인 인상파 그림을 그렸다. 그러나 그는 영적인 그림을 그리고자 하는 욕구를 늘 품고 있었다. 그러던 중 1911년 암스테르담의 큐비즘 현대미술 전시회에서 많은 영감을 얻은 후 그의 작품은 1차적으로 큐비즘적인 그림으로 변화되고 2차적으로 삼각형과 사각형이 담긴 둥근 형태로 변화하기 시작한다.

그러던 중 바르트 반 데르 레크와 반 뒤스부르크를 만나 자신의 이론을 정립시키는 계기가 되고 반 뒤스부르크와 〈데 스틸〉을 설립하면서 그는 자신의 이론을 세 가지로 정립하는데 하나는 빨강, 파랑, 노랑의 3원색과 검정, 흰색, 회색의 기본색인 무채색 사용, 그리고 구성에 있어서는 수평과 수직 두 가지 기본로 형태를 제한하는 것으로 결정한다. 그리고 세 번째는 대칭성을 벗어나야 한다는 것이었다.

이는 순수한 예술의 표현에 그 목적을 둔 것으로, 이와 함께 자신의 원래 이름 'Mondriaan'에서 'a' 하나를 빼고 새롭게 출발한다. 이것은 빈 뒤스부르크도 마찬가지였다. 원래 그의 이름은 테오 데스버그였는데 후에 'van'을 넣은 것이다. 건축가 르코르뷔지에도 마찬가지였다. 그의 원래 이름은 샤를르 에드와르 잔느레였지만 파르테논 신전에 반해 건축가로 활동하면서 외할아버지 이름인 르코르뷔지에를 빌려 왔으며, 미술계에서는 여전히 잔느레로 활동했다. 몬드리안의 그림은 계속 변화하는데 이는 크게 세 가지로 나누어 볼 수 있다.

1920년대 몬드리안의 그림은 검은색 선이 얇아 마치 회색과 같은 느낌을 주며 그림의 마지막에는 검은색 선들이 짧게 끝나는 특징을 보여준다. 이는 전체 그림 중 일부라는 느낌을 준다. 위의 붉은 색이 일부만

건축의 형태는 시대를 반영한다

보이게 하는 특징이 이를 더 강조하고 있는 것이다. 특히 윗부분의 검은 색은 굵게 표현한 탓에 선이라기보다는 면으로 보인다. 바탕도 흰색만 있는 것이 아니고 회색 계통을 보이는 것도 특징이다.

　몬드리안의 1930년대 초기 그림의 가장 큰 특징은 테두리가 있다는 것이다. 1920년대 그림보다 선의 개수는 적어졌지만 굵기가 더 굵어진 것을 볼 수 있다. 이는 선을 강조한 것으로 구성을 선에 더 역할을 부여 했다는 것을 알 수 있다. 검은색 면은 사라진 반면 선은 2중으로 보일 만큼 큰 비중을 두었으며 1920년대 그림보다 역동적인 성격으로 바뀌 었다는 것을 알 수 있다. 또한 1920년대 그림은 공백을 차지하는 흰색 과 회색이 많은 반면 1930년대 초기 그림에서는 원색이 압도적인 비중 을 차지한다. 특히 원색의 면적을 크게 차이 나도록 표현하여 비례관계 를 강조하면서 무게를 한 방향으로 흐르도록 함으로써 시각적 움직임 을 의도하고 있다. 수직선은 두 개이고 수평선은 세 개인 부분에서 이러 한 느낌은 더욱 두드러진다.

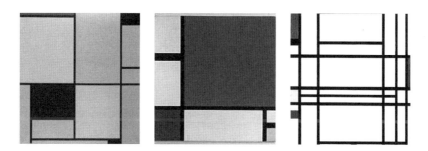

왼쪽부터) 1920년대 몬드리안의 그림 / 1930년대 초기 몬드리안의 그림 / 1930년대 후반 몬드리안의 그림

1930년대 후반에 이르러 몬드리안의 그림에는 검은색 라인이 많아졌다. 이것이 앞선 그림보다 시각적인 복잡성을 보여주고 있다. 격자도 훨씬 복잡해졌으며 바탕은 더 강렬해지고 원색의 역할도 감소되었다. 원색을 사용한 것에 비해 붉은색과 노랑을 반복적으로 사용한 것을 보면 인터레이스 기법(연결, 삽입 그리고 교차시키는 기법)을 사용하려는 의도를 알 수 있다. 이렇게 작품의 방향이 바뀌기는 하였지만 그가 말한 콘셉트는 유지하려는 의도는 분명하게 알 수 있다. 그가 추구하는 영적인 콘셉트라는 것은 미니멀리즘에서 보여주는 '간결한 것이 더 아름답다(Less is More)'와 일치하거나 다다이즘에서 말하는 고정관념 타파의 방법으로, 추상적인 이미지를 통하여 관찰자와 더 많은 것을 나누려는 의도를 알 수 있다.

1924년에 건축된 네덜란드 유트레히트에 있는 슈레더 주택은 데 스틸 디자인을 적용한 건축물이다. 다른 건축물들은 외형적인 형태를 양식적으로 적용한 반면 데 스틸은 형태보다는 미술직 싱격이 강하다. 이는 데 스틸이 가진 미술적인 성격에서 나오는 것으로 이것이 3차원적인 형태로 구성된 건축물에 적용하는 것이 아이러니하기도 하지만 반면 어느 건축물에도 적용할 수 있는 가능성 또한 가졌다는 장점도 있다. 이러한 가능성 때문에 지금도 데 스틸은 여러 분야에서 다양한 시도를 하고 있는 스타일 중 하나다.

건축의 형태는 시대를 반영한다

위) 네덜란드 유트레히트의 슈레더 하우스(1924년)
아래) 데 스틸을 활용한 인테리어

강렬한 미술, 정신을 정화하는 건축, '표현주의'

산업혁명은 인간의 삶의 질을 변화시키는 중요한 역할을 했다. 이는 시민들의 의식에도 변화를 가져왔다. 지배층이 피지배층을 다루는 방법 중 하나는 충분하지 않을 만큼의 물질을 제공함으로써 지배층에 의지하도록 하는 것이었다. 산업혁명 이전까지 피지배층은 이러한 상황 속에서 삶을 영위해나갔지만 산업혁명 이후 물질의 공급은 차츰 나아지고 있었다. 물론 모든 계층이 산업혁명의 혜택을 누린 것은 아니었다. 대부분의 서민층이 농업의 위치에서 산업현장에 노동력 공급을 위한 위치로 변경되었을 뿐이었다.

과거의 사회구조가 귀족과 평민이라는 고정된 형태였다면 산업혁명 이후에는 자본가와 노동자라는 변화를 꾀할 수 있는 새로운 구조로 변모했다. 대량생산의 혜택이 대부분 자본가에게 돌아갔지만 과거보다 넉

건축의 형태는 시대를 반영한다

넉해진 물질적 공급은 확실히 효과가 있었다. 이렇게 물질적인 욕구가 사람 간의 관계에서 사물로 점차 확대해가고 그에 대한 욕심은 점차 증가하고 있었다. 풍부하지 못한 서민층에서조차 이런 의식이 팽배해가고 있었는데 물질 선택의 기회가 많은 기득권에게 물욕이란 이루 말할 수 없을 정도였다.

이렇게 물질에 대한 욕구가 해소되면서 사고에 대한 발달도 더 다양해지고 있었는데 계몽주의에서 낭만주의로, 그리고 니체의 개인주의로 사회는 변화를 이어가고 있었다. 과거는 종교에 의존하던 시대였고, 그후 물질에 대한 의존도가 증가했지만 여전히 종교나 집단의 사회적 역할을 무시할 수는 없었다. 예술에서도 인상파와 같이 그 본질보다는 외형적인 아름다움에 반응하는 문화가 스며들고 있었는데 이는 곧 그 개체의 본질에 치중하자는 뜻을 담은 것이었다. 여기에는 관찰자의 대상에 대한 표현의 자유에 중점을 두고 그 대상이 가진 내면에 초점을 맞추어 보려는 의도가 담겨 있었다.

제1차 세계대전이 끝나고 유럽에는 많은 변화가 찾아왔다. 그것은 본질에 대한 방황이었다. 자신이 보고 믿고 따랐던 것이 실체가 아닐 수도 있다는 의심이었다. 이러한 상황을 잘 표현한 것이 바로 다다이즘이다. 그런데 이 다다이즘이 불어오기 직전에 이미 이러한 분위기를 조성하는 운동이 있었는데 바로 표현주의다. 당시는 엘리트들의 군국주의에 대한 실망과 정신적인 혼란이 있던 시기였는데 이때 기독교와 군국주의에 부정적인 반응으로 호응을 얻지 못하던 니체의 철학이 그 틈을 메우고 있었다. '고귀한 영혼은 자기 자신에 대한 경외심을 품고 있다.' 〈선악의 저편〉이라는 책이 메아리가 되어 유럽인들을 흔들었고 개인을 향한 니체의 명언들이 새로운 사고를 만들어 가고 있었다.

1. 너는 안이하게 살고자 하는가? 그렇다면 항상 군중 속에 머물러 있으라. 그리고 군중 속에 섞여 너 자신을 잃어버려라.
2. 나를 죽이지 않는 것은 나를 강하게 만든다.
3. 옛사람들이 신을 위해서 행했던 것을 요즘 사람들은 돈을 위해서 행한다.
4. 실제의 세상은 상상의 세상보다 훨씬 작다.
5. 애초에 얻고 싶은 바가 명확하지 않았던 자들에게는 잃을 것도 명확하지 않다.
6. 내게 있어서 무신론이란 증명이 불필요한 즉각적인 사실이다.
7. 고통을 통해 정신이 성장하고 새 힘을 얻게 된다.
8. 신은 죽었다. 신은 죽어 있다. 우리가 신을 죽여버렸다.

개인의 생각, 개인의 느낌을 중요시하다

부르주아 계층은 산업혁명 이전부터 있었지만 프랑스의 시민혁명 이후 기득권이 물러난 자리를 틈타 이들의 입지가 사회적으로 더욱 커지면서 인간 내면의 문제를 다루는 문화의 움직임이 일기 시작했다. 니체는 상인의 가치평가를 긍정적으로 평가하지 않았다. 니체에 따르면 상인이란 수요에 따라 가치를 평가하는 부류이고, 그 스스로가 사물 속으로 가치를 불어넣지는 못한다고 생각했다. 이는 예술적이거나 창조적인 태도가 아니며, 더 창조적이고 예술적인 것은 관찰자의 생각을 담는 것이라고 보았다. 표현주의는 사물을 실질적으로 표현하는 것이 아니라

건축의 형태는 시대를 반영한다

관찰자의 의도를 담아 색채, 구도를 변경하고 대상을 과장하거나 생략하는 등 의도적인 개인의 의견을 반영하는 것이라고 여긴 것이다. 그러나 여기에는 인간적이고 심리적인 상황이 밑바탕이 되어야 한다.

조금 다른 차원이기는 하지만 니체는 프로이센 국적을 버리고 마지막까지 국적을 갖지 않은 것으로 유명하다. 이는 개인을 어디에도 묶어두지 않는다는 의미도 있지만 개인의 존재를 부각시키는 뜻으로도 볼 수 있다. 그만큼 개인의 생각이 중요하다는 것인데 이를 끝까지 파고들어 가면 개인의 느낌을 존중하자는 의미도 포함하고 있음을 알게 된다. 이는 일관된 자연의 습성을 따르지 않고 상황에 따라 변화되는 개인의 심적 상황을 표현하는 데 중점을 둔 것이다.

이러한 운동은 유럽 지역에 간간이 일어나고 있었는데 특히 독일의 뮌헨과 드레스덴에서 주축이 되어 활성화되면서 표현주의를 부를 때 독일의 표현주의라고 말하기도 한다. 이 운동에 영향을 준 그림이 바로 노르웨이 화가 에드바르 뭉크의 '절규'이다.

"친구 둘과 함께 길을 걸어가고 있었다. 해질녘이었고 나는 약간의 우울함을 느꼈다. 그때 갑자기 하늘이 핏빛으로 물들기 시작했다. 그 자리에 멈춰선 나는 죽을 것만 같은 피로감으로 난간에 기댔다. 그리고 핏빛 하늘에 걸친 불타는 듯한 구름과 암청색 도시와 피오르드에 걸린 칼을 보았다. 내 친구들은 계속 걸어갔고, 나는 그 자리에 서서 두려움으로 떨고 있었다. 그때 자연을 관통하는 그치지 않는 커다란 비명 소리를 들었다."
– 뭉크가 1892년 1월에 남긴 글

에드바르 뭉크의 '절규(Der Schrei der Natur)'

뭉크의 작품 '절규'의 특징 중 하나는 인물이 정면을 응시하고 있다는 점이다. 이는 표정을 통하여 무엇인가 호소하는 듯한 인상을 강렬하게 보여주는 것으로 애절함을 나타내고 있다. 또한 그림에서 무엇을 그렸는지 대상의 형체는 있으나 자연적인 모습이 아니라 그의 심리적인 상태를 표현하여 구부러지고 뒤틀린 형태와 강력한 직선으로 경직성을 보여주고 있다. 색 또한 다양하지 않은 단순한 색과 반복적인 색을 사사용했다.

특히 얼굴의 일그러짐은 심리상태를 강렬하게 나타내고 있는데 단순하고 가장 기본적인 요소를 사용하거나 과장하는 것은 뭉크뿐 아니라 표현주의 미술에서 볼 수 있는 기법이다. 이는 개인의 감정을 더 중요하게 여기는 표현주의의 모토에서 기인한 것으로. 과거에는 예술의 표현이 객관적인 내용이라면 표현주의는 주관적인 내용을 담은 것에 의미가 있다고 할 수 있다. 사실 이러한 표현은 표현주의에서만 나타나는 것은 아니다.

기존의 틀과 방향에서 벗어나고자 하는 시도는 어느 시대에나 등장했다. 예를 들어 중세의 고딕은 그 이전의 표현 방법에서 벗어난 방법으로 이는 획기적인 표현 방법이다. 그래서 고딕(흉측하다 또는 혐오스럽다)이라는 이름을 얻게 된 것이다. 독일의 표현주의는 세 가지 작업 방법으로 나뉘는데 첫째는 1905년 드레스덴에서 결성된 '브뤼케(Bruecke: 다리파)' 그룹으로 키르히너, 헤켈, 슈미트로틀루프 외에 놀데, 페히슈타인이 이에 속하고 둘째는 1910년 베를린에서 바르덴이 창간한 예술잡지 〈슈투름〉과 같은 이름의 화랑에 의하여 만들어진 '슈투름 그룹'이 있으며, 셋째로

건축의 형태는 시대를 반영한다

는 칸딘스키, 마르크를 중심으로 1911년 뮌헨의 신예술가 동맹으로부터 갈라져 나와 결성한 '청기사 그룹'이다.

이밖에도 구성원으로는 클레, 야우렌스키, 마르케, 쿠핀, 뮌터 등이 이 그룹에 속해 있다. 이 외에 프랑스의 야수파가 있는데 이들의 작업 방법은 기존의 표현과 많이 달라 이러한 이름이 붙었다. 단순한 형태와 원색으로 평면적 화면을 표현한 마티스, 두터운 마티엘을 사용한 블라맹크와 루오 등이 이 그룹에 속한다. 이들은 시대적인 방법과의 차이에서 충격을 주었는데 근세에는 매너리즘이 그 시대의 반항아처럼 인식되었다.

이들도 기존의 틀과 구조를 파괴했으며 과장되고 비례파괴를 보이는 기형학적인 표현을 사용했다. 이러한 예술의 사춘기적인 반항은 건축에도 적용되었는데 건축은 3차원적인 성격을 갖고 있기에 미술과의 표현 방법에 차이가 있다. 건축에서 나타내는 표현주의의 요소는 네 가지로 축약할 수 있다.

1. 고딕건축과 같은 수직적 형태: 수직은 방향성이 있고 중세 말에 나타난 형태로 인간의 정신을 정화한다는 의미를 갖고 있기도 하다.
2. 결정체: 예를 들어 석탄이나 다이아몬드와 같은 구조체를 나타내며 이는 무형을 유형으로 표현한 것으로 섬세한 마음의 표현이기도 하다.
3. 조소적 형태: 마음이 보이지는 않지만 존재의 의미를 나타내기 위하여 일정한 형태로 표현한다(골격적 형태-사다리처럼 골격이 들어난 형태로 파리의 퐁피드 건물처럼 구조가 그대로 보이는 형태, 평면적 형태-전체 형태에 평면이 강조된 것으로 미스 반 데어 로에의 바

르셀로나 파빌리온 같은 건물, 조소적 형태-건축물의 하나의 조형물처럼 일정한 이미지를 갖고 있는 형태로 멘델스존의 아인슈타인 탑과 같은 건물).

4. 조적조: 건축물의 재료로 일반적으로 벽돌처럼 쌓아 올리는 조적조 재료를 사용한다. 이는 인간이 만든 재료이기도 하고 대지와도 관계가 있다.

표현주의 건축물들의 공통점은 이 네 가지 특징이 모두 적용되어 있다는 것이다. 페터 베렌스의 헥스트 염색 공장은 천장의 형태를 결정체로 만든 것을 볼 수 있다. 건축에서는 일반적으로 건축의 공간을 기능에 맞추어 설계했던 반면 표현주의는 인간의 내면을 형태에 담으려 했다. 이는 형태 시도에 대한 새로운 발걸음을 한 걸음 더 내딛는 것으로 현대 건축의 형태에 대한 시작을 알리는 것과 같으며, 이전의 고정된 건축물 형태를 추상적으로 다양하게 시도할 수 있음을 나타내는 메시지이기도 하다.

건축의 표현주의 형태
페터 베렌스의 헥스트 염색 공장

건축의 형태는 시대를 반영한다

표현주의의 특징을 적용한 건축물
위) 독일 함부르크의 칠레하우스(프리츠 회거, 1924년) / 독일 포츠담의 아인슈타인 타워(에리히 멘델존, 1921년)
아래) 구스타프 에렌말의 '나발 기념탑' / 파울루스의 '크로스교회'

대량생산을 키워드로 한
'아르데코'

아돌프 로스는 장식을 범죄와 동일시했다. 그는 장식은 범죄라는 생각에 '장식과 죄악'이라는 내용의 논문을 발표하고 이를 증명하기 위하여 1910년에 최초로 철근 콘크리트로 된 주택을 무장식의 구조로 선보였다. 장식과 구조의 구분은 곧 안전과 관계가 있다. 이는 르네상스 건축가 알버티의 이론으로, 떼어 낼 경우 안전에 영향을 미치는 것을 구조라 하고 안전에 아무 영향을 주지 않는 것을 장식이라고 정의했다.

근대 정신 중 하나는 바로 탈 과거로 그 기준을 장식의 사용에 두었다. 즉 장식을 건축물에 적용하는 것은 곧 과거와 연결시킨 것으로 근대 정신에 어긋난 것으로 여긴 것이다. 그래서 루스는 장식을 사용하는 것은 반 근대적인 정신의 산물이라고 했다. 산업혁명과 시민혁명 이후를 시대적으로 근대로 보기도 하지만 사실 초기의 근대 건축은 장식적인 표현이 많이 등장했다. 이는 과도기적인 표현으로 순식간에 장식을

건축의 형태는 시대를 반영한다

배제하고 건축물의 형태를 표현한다는 것은 무리였다. 그래서 입체파나 아방가르드를 현대 건축의 시초라고 보는 이유 중의 하나가 바로 장식이 배제되고 기능적인 공간으로 작업 콘셉트의 변화가 시작됐기 때문이다.

근대 초기에는 형태주의와 기능주의의 대립이었다. 즉 이전에는 형태주의가 주였고 아방가르드 등장 이전에는 이 두 가지가 병행하던 시기였으며 그 이후는 기능주의가 주를 이루었다. 그래서 니체는 아직도 형태주의가 만연한 파리를 불태워버리고 싶다고 표현했으며 이에 동조한 르코르뷔지에가 기능주의의 선두주자로 앞장섰다. 그래서 포스트모더니즘의 이론가 찰스 젱크스는 르코르뷔지에를 비판했다.

과거 건축물에서 대표적인 장식이란 바로 벽체 구조에 있는 기둥과 공간에서 면적을 많이 차지하는 바로크식 계단이었다. 바로크에 접어들어서 장식은 주를 이루고 로코코에서는 이 장식들이 더 디테일해지는 경향을 보이면서 근대 건축가들은 이 장식을 과거의 산물로 보았던 것이다.

아돌프 로스는 장식에서 벗어나지 못하는 과거의 건축가들을 비웃기라도 하듯 루스 빌딩을 통하여 구조의 과감한 시도를 보여주었으며 특히 철근 콘크리트로 구조의 연립주택을 선보임으로써 무장식 건축물이 기능에 전혀 문제가 없음을 알리려 노력했다. 그러나 예술가들은 무장식의 표현을 질 낮은 제품으로 간주했기 때문에 예술과 기술을 접목시키는 아트 & 크래프트(Art & Craft) 운동이 일어나기도 했다. 독일은 반 데 벨데와 헤르만 무테지우스의 논쟁 끝에 산업제품의 규격화를 통하여 질을 높이는 방법을 강구하였으며 지금도 이러한 시스템이 독일의 산업 구조를 이루고 있다.

좋은 건축물이란 장식인가, 기능인가

아트 & 크래프트의 출발은 아트 & 데코(Art & Deco; 아르데코)로 나누어 생각해야 한다. 이전의 바로크처럼 거대하게 출발한 것이 아니라 시각 예술 차원에서 등장한 것으로 미술과 같은 2차원적인 부분에서는 크게 나타나지 않고 건축물이나 가구 등에서 등장한 것이 특징이다. 루이 14세 또는 루이 16세 시대에 사용했던 디자인이 가구 등에 나타났으며 건축물에서는 홍보 차원에서 등장한 것으로, 이 같은 스타일은 제1차 세계대전 이후 프랑스에서 처음 시작된 것으로 짐작한다.

특히 건축물에서는 철근 콘크리트의 등장으로 과거처럼 각 부분을 조적식으로 분리해 쌓으면서 만들던 것과는 다르게 구조체를 일체식으로 만들면서 금속을 사용하거나 부조처럼 일부분을 장식하는 방식으로 전체에 종속된 수준이었다. 그런데 시간이 지나면서 데코 스타일은 점차 화려하고 독립적인 개체로 발달하기 시작했다. 이때 성격이 다른 두 개의 협회가 탄생한다. 하나는 전통적인 장식을 추구하는 장식 예술가 협회로 1925년에 창립되었는데, 가구 디자이너 자크 에밀 룰만, 조각가 앙투안 부르델, 디자이너 폴 푸아레가 이 협회에 포함되어 있다. 그들은 현대적인 형태에 전통적이며 복잡하고 값비싼 재료를 결합했다. 그러나 이에 반해 사회의 흐름은 과거를 거부하였으며 새로운 기술의 발전을 추가하여 단순하고, 장식적이지 않으며, 저렴한 재료로 대량

건축의 형태는 시대를 반영한다

생산을 기반으로 한 스타일을 원하고 있었다.

4년 후인 1929년에는 전통주의자들과 대립한 모더니스트들이 현대 예술가 협회를 창립하는데 건축가인 피에르 샤레, 프란시스 조르다인, 로버트 말렛 스티븐스, 르코르뷔지에 등이 이 협회에 속해 있다. 그들은 부유층을 위해서만 만들어진 전통적인 아르데코 양식을 맹렬히 공격했는데 잘 건축된 건물은 사람들이 이용하는 데 수월해야 하며, 그러기 위해서 장식적인 형태보다는 기능을 따라야 한다고 주장했다. 물건이나 건물의 아름다움은 그 기능을 수행하기에 완벽하게 맞아떨어져야 하며, 특히 대량생산을 통해 저렴한 비용을 창출해야 한다고 했다.

아르데코의 옹호자인 디자이너 폴 폴로는 "사람이 살아가는 데 반드시 필요한 것만 있어야 하는 것은 아니다. 여기에는 부수적인 것들도 필요하다. 그렇지 않다면 꽃, 음악, 향수 등이 삶 속에서 필요한 이유 따위는 없다"라며 기능주의만을 주장하는 모더니스트들에 반박했다. 그러나 근대 건축술 보급에 앞장선 르코르뷔지에는 집을 가리켜 '삶을 위한 기계'라고 칭하면서 기계는 조금만 이상이 있어도 불량품을 생산할 수 있음을 알리고 아르데코는 과거의 산물이며 모더니즘이 미래라고 주장했다. 그의 주장은 점차 확대되어 교육에도 반영되었으며 아르데코의 영향을 누그러뜨리는 역할을 했다. 특히 독일이 제품을 규격화하여 제품을 대량생산하면서 가격을 낮추자 아르데코적인 디자인이 성행하기 시작한 프랑스는 수출에 막대한 타격을 입으면서 아르데코 문화가 주춤하는 일이 벌어지기도 했다. 모더니스트들의 아르데코에 대한 공격도 멈추지 않았는데 특히 1925년 박람회에서 건축가 르코르뷔지에는

'1925 Expo: Arts Déco'란 제목으로 〈에스프리 누보(L'Esprit Nouveau)〉라는 잡지에 전시회에 대한 기사를 집필하였는데, 박람회에 출품된 다채롭고 호화로운 물건의 과도한 장식에 대 공격이 주를 이루었다. 그리고 가구와 같이 실용적인 물건에는 장식이 필요 없다고 결론짓고 '장식이 없는 것이 곧 현대의 장식이다'라고 말했다.

아르데코는 프랑스에서 시작됐지만 미국이 역사 만들기에 정성을 쏟던 당시 모던의 기능주의보다는 역사적인 이미지를 가진 아르데코가 미국 문화에 더 적절하다고 판단한 것인지 오히려 미국에서 활성화되기 시작했다. 그러나 1929년 대공황이 오면서 모던을 추구하는 현대 예술가 협회의 주장이 더 강렬해지고 가구 회사들도 개인을 위한 제품 생산보다는 시리즈 같은 기획물로 돌아서기 시작하면서 아르데코는 더이상 확장되지 못했다.

사실 아르데코는 신고전주의와 아르누보가 막을 내리며 나타난 후속물이었기 때문에 고전을 답습할 수밖에 없었고, 장식을 위하여 세계 각지에서 수집된 근대 이전 미술을 비롯하여 루브르 박물관, 로망 박물관을 비롯해 프랑스 국립 예술원에 전시되면서 장식적인 부분에 많은 영향을 끼쳤다. 물론 이곳에 전시되기 이전부터 폼페이, 트로이의 발굴과 더불어 18세기 파라오 투탕카멘의 무덤으로 인해 고고학이 인기를 끌고 있었다. 그래서 전통장식을 추구하는 예술가와 디자이너는 고대 이집트, 메소포타미아, 그리스, 로마, 아시아, 메소 아메리카와 오세아니아 요소를 모티프로 통합하여 만들었다. 이는 아르누보의 후속 조치로 등장한 것이기에 아르데코 곳곳에는 곡선이 담겨 있었다.

건축의 형태는 시대를 반영한다

아르데코 시대 중 특히 1930년대에는 장식의 모티프가 건물의 기능을 나타내기도 했다. 극장은 음악, 춤, 흥겨움을 묘사한 조각품으로 장식되었고, 전력 회사들은 해돋이를 나타냈으며, 크라이슬러 빌딩은 양식화된 장식품을 보여주었다.

아르데코 장식의 변화

아르데코 장식은 몇 가지 단계를 거치며 변화되었다. 1910년부터 1920년까지 아르데코는 '포브스(Fauves)'라고 알려진 예술적 운동의 밝은 색상과 다채로운 발레 슈즈의 세트에 영감을 받았다. 이 스타일은 종종 상어 가죽, 진주, 상아, 착색된 가죽, 옻칠을 한 목재 및 그 기하학을 강조한 가구의 장식용 상감(象嵌)과 같은 이국적인 소재로 표현되었다.

1920년대 후반과 1930년대에는 새로운 재료와 기술에 영감을 받아 장식 스타일이 더 매끄러운 형태로 변화되었다. 모서리가 둥글고 모던한 스타일을 그대로 유지하면서 세련된 유선형으로 변하기 시작했는데

초기 아르데코 스타일의 의자(1915년)

1920년대 아르데코 스타일 의자

크롬 도금 강철, 알루미늄 및 베이크 라이트(초기 형태의 플라스틱)와 같은 새로운 재료가 가구와 장식품에 등장하기 시작했다.

1930년대 아르데코는 영국의 집 디자인과 다양한 공공건물의 디자인에서 눈에 띄게 변모했다. 평평한 지붕으로 올라가는 직선, 흰색으로 장식된 주택 정면, 문 주변에는 기하학적인 디자인이 등장했으며 높은 창뿐만 아니라 볼록한 곡선의 금속 창이 등장해 눈길을 끌었다.

가장 널리 알려진 거대한 아르데코 조각 중 하나는 브라질의 리우네자네이루가 내려다보이는 코르코바도산 정상에 있는 그리스도상이다. 그리스도상은 폴란드계 프랑스 조각가 폴 란도프스키가 만든 것으로 1926년부터 1931년에 걸쳐 제작되었다.

유럽에 국제양식이 등장하면서 아르데코가 점차 시들해져 간 반면 미국은 오히려 아르데코 건축물이 왕성하게 등장하여 도시를 채우고 있었다. 아르데코 건축물은 가구나 인테리어, 그리고 그림과 같은 분야보다 그 특징이 뚜렷하여 이 양식의 건축물은 다른 양식과의 구분이 쉬운 편이다.

건축의 형태는 시대를 반영한다

위) 아르데코 디자인의 주택(1930년대)
아래) 폴 란도프스키의 그리스도상(1931년)

뉴욕의 크라이슬러 빌딩은 1930년도에 지어진 건축물로 아르데코의 이미지를 잘 나타내고 있다. 곧게 뻗은 수직선 형태에 상층부 모서리 곡선은 아르누보 후기의 영향을 받은 것을 알 수 있으며, 엘리베이터 문의 장식은 이국적인 느낌을, 장식적인 이미지는 아르데코 형태임을 알 수 있다. 급하게 올라가는 직선과 철재 금속의 장식품들은 1930년대 이후 나타난 아르데코의 특징으로 화려함을 극대화하려는 의도를 볼 수 있다. 이 이미지를 그대로 담은 영화가 있는데 바로 〈배트맨〉이다. 배트맨이 활동하는 도시는 고담시로 이는 성경의 타락한 도시 소돔과 고모라를 연상케 한다.

유럽에 아르데코가 등장한 것은 근대가 시작한 후인 1900년도로 장식에 대한 거부감으로 인해 많은 질타를 받고 급기야 국제양식에 밀려난 반면 미국은 오히려 1930년대 이후 활성화되었다. 이는 역사 만들기를 바탕에 둔 것이기도 했지만 제1차 세계대전을 통해 세계 경제대국으로 급부상한 이유도 한몫했다.

미국은 유럽처럼 정통성 있는 건축물을 만들기에는 한계가 있었다. 아르데코는 역사적인 의미도 있었지만 그 바탕에는 부의 상징을 부각하기 위한 목적이 있었기 때문에 대형 빌딩에 유난히 많이 적용했다. 그러나 근대 건축가는 과거를 어두운 시기로 보았고 상업적인 이미지가 부정적인 사고의 바탕이 될 수도 있었기에 배트맨의 저자는 그 배경을 고담시라 이름 짓고 배경을 아르데코 이미지로 결정함으로써 아르데코 건축물이 모여 있는 뉴욕을 배경으로 삼았는지 모른다.

제2차 세계대전 후 아르데코 디자인의 유행이 사그라지면서 지배적인

위) 뉴욕의 크라이슬러 빌딩(1930년) / 엘리베이터 문의 장식(1930년)
아래) 1930년대의 철제 금속 장식

건축 스타일은 르코르뷔지에와 미스 반 데어 로에가 개척한 국제 스타일이 점차 자리를 잡아가고 있었다. 제2차 세계대전 이후 마이애미 비치에 소수의 아르데코 호텔이 건축되기는 했으나 다른 곳에서는 찾아보기 힘들게 되었다.

산업 디자인에서는 주크 박스와 같은 자동차 스타일링과 제품에 계속해서 사용되었다. 1960년대 베비스 힐리어 같은 건축 사학자들의 저서 덕분에 아르데코가 이론적으로 정착하게 된 것이다. 1970년대 미국과 유럽에서 아르데코 건축물을 보존하기 위한 움직임 덕분에 많은 건물이 복원되고 용도 또한 변경되었다. 1980년대 포스트모던 아키텍처의 등장으로 아르데코도 등장했지만 단순히 3차원적인 장식적 기능으로 사용된다. 현대에 와서는 아르데코가 디자이너들에게 영감을 주며 현대 패션, 보석과 세면 용품에 종종 사용되고 있다.

건축의 형태는 시대를 반영한다

뉴욕의 나이아가라 모호크 빌딩(1932년)

현대

국제양식 International Style

미니멀리즘 Minimalism

포스트모더니즘 Postmodernism

네오모더니즘 Neo-modernism

해체주의 Dissolutionism

스마트 건축 Smart Architecture

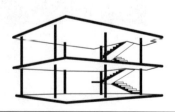

#제2의 형태   #브루탈리즘   #돔이노 시스템
#제2차 세계대전   #4차 산업혁명

현대,
새로운 시대를
기대하다

현대 건축의 시작,
'국제양식'

　근대와 현대라는 시기를 명확하게 구분하기는 어렵다. 근대 이전은 산업혁명과 시민혁명을 통하여 건축에도 변화의 바람이 불어와 재료와 장식 그리고 기술의 변화로 기존의 양식을 벗어나 새로운 형태를 시도했고 특히 이전 시대에 없었던 기능을 요구하는 건축물이 등장하면서 근대의 새 물결이 일었다. 글래스고파를 중심으로 형태와 개인적인 이미지가 등장하기는 하지만 아직도 과거의 양식에서 완전히 벗어나지는 못했기 때문에 근대 초기도 완전히 새로운 건축 형태를 보여주었다고 보기 어려웠지만 이전의 후원제도의 변화와 평면의 변화 그리고 건축구조의 변화가 찾아온 것은 사실이었다.

　건축주의 요구에서 건축가의 개성과 이론에 입각한 형태들이 등장하지만 아직도 건축물에는 이전의 양식이 절충되어 등장하고 특히 대칭이라는 전체적인 형태의 범주는 아직도 실현되고 있었기 때문에 근대

건축의 형태는 시대를 반영한다

초기는 양식적인 과도기였다. 그러나 입체파가 등장하고 절대주의, 그리고 엘 리시츠키의 프라운 연작 등은 이전의 이미지와는 분명히 달랐고 근대 초기의 이미지와도 차별성을 나타냈다. 이것은 새로운 시작을 알리는 신호탄이었지만 아르데코의 등장은 근세 말미에 신고전주의가 등장하여 과거로 되돌아가는 느낌을 주었다.

이에 반하여 근대의 건축가 아돌프 루소 같은 건축가는 장식에 대한 심한 거부감을 나타내는데 이는 곧 과거로부터 벗어나지 못한 건축을 꼬집는 것으로 아르데코와 근대 건축은 마지막 싸움을 하게 된다.

1923년 이탈리아에서 건축가의 전문직 승인 이후 건축학교가 설립되고 근대 건축에 대한 본격적인 교육이 시작되는데 프랑스의 보자르 건축학교에서 가르치는 건축 형태는 대부분 신고딕이나 로마네스크 양식으로 박람회장과 같은 대형 건축물에는 아치 외에 이를 적용하기 힘들었다. 그래서 최초의 건축학교 바우하우스에서는 보자르 학교 교수들을 아카데미적이라고 꼬집으며 시대에 맞지 않는다고 비판하기도 했다. 아직도 근대가 절충주의에 빠져 있고 과거의 양식을 쫓는 건축 경향을 꼬집으며 과거와의 분리와 새로운 양식의 필요성을 느껴 급기야 몇 가지 안을 정리하여 발표하게 되는데 이 순간부터 근대와 현대의 구분이 명확해진다. 예를 들면 당시 라이트의 건축은 당시 유럽뿐 아니라 미국에도 지대한 영향을 주었지만 명확하게 현대 건축 범주에 넣지 않을 정도로 차이를 두기도 했다. 그의 건축은 당시 대칭적인 형태를 나타내고 있었으며 그의 건축 이미지에는 아직도 과거의 형태가 남아 있었기 때문이다. 국제양식은 이 시기에 등장한 것으로 여기서부터 현대 건축으로 보아야 할 것이다.

가장 짧은 시간에 전 세계적으로 퍼지다

  우리나라와 독일뿐 아니라 세계 어디서나 볼 수 있는 일반적인 주택
들을 시대 양식으로 구분한다면 어디에 속할까? 이는 아마도 인류 역
사상 숫자적으로도 가장 많을 것이며 지역적으로도 가장 넓은 지역에
분포되어 있을 것이다. 연대표를 보아도 가장 짧은 시간에 전 세계적으
로 분포되었다. 외형적으로는 다른 것 같지만 구조적으로 공통점을 갖
고 있다. 앞에서 다룬 건축물들은 그 특징이 명확하고 양식적인 영역이
분명한데 이 형태들은 워낙 많이 퍼져 있어 한 양식으로 다루지 않는
경우도 있다. 그러나 이 건축물도 분명히 하나의 영역을 갖고 있는데 이
를 우리는 국제양식이라 부른다.

  국제양식은 근대와 현대의 경계선에 있는 것으로 근대가 바르게 등장
히면서 사실 근대 이전과 근대는 절충적이고 과도기적인 시대로 볼 수
있다. 또한 산업혁명을 거치면서 재료나 기술적인 부분에서 과거 양식

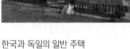
한국과 독일의 일반 주택

건축의 형태는 시대를 반영한다

과 차이를 갖도록 시도했지만 시민혁명적인 차원에서는 건축에서 명확하게 분리하지 못했다. 그 명확한 분리라는 것은 바로 사회신분에 대한 변화이다. 시민혁명 이전의 신분은 귀족과 평민이라는 형태였지만 시민혁명을 통하여 이것이 무너지고 또한 산업혁명을 통하여 자본가와 노동자라는 새로운 신분이 등장하게 된다. 이전의 신분 관계는 거의 세습적인 성격을 갖고 있었던 반면 자본가와 노동자는 얼마든지 교체가 가능한 구조였다.

건축물의 성격도 마찬가지였다. 이전의 건축물은 대부분 상류층의 건축물이었던 반면 일반인들을 겨냥한 건축물의 등장은 역사에서 찾아보기 힘들었다. 사회적으로 변화가 일어나기는 했지만 아직 일반인들을 위한 건축물까지 도달하는 데는 시간이 걸렸던 것이다. 가장 큰 이유 중 하나는 바로 양식의 굴레였다.

과거를 청산하고 새로운 시대를 열자는 근대 정신에 입각하여 시작됐지만 아직 초기 근대는 방황하는 상황이었고, 특히 이전보다 더 애매모호한 양식의 복합적인 건축물들이 등장하면서 근대 건축물은 오히려 시대적으로 독립성을 보이지 못했다. 가우디의 건축물 같은 경우는 아르누보의 대표적인 양식으로 꼽고 있기는 하지만 사실상 고딕의 형태를 갖고 있다.

글래스고 같은 경우도 부분적인 사각 형태를 취하기는 하지만 아직 로마네스크의 모습과 과거에 추구했던 대칭이라는 모습에서 벗어나지 못하고 있었다. 양식이라는 의미는 사실 형태적인 차원에서 다루는 것으로 어떤 목적을 갖고 건축물을 설계하든 그 기능에 상관없이 동일한 양식 또는 형태를 적용하는 것에 대해 근대 건축가들은 고민했고 이 문제를 풀지 못했다. 즉 '기능은 형태를 따른다'는 형태주의에 아직도 묶여 있는 것이 새로운 시대를 기대하는 건축가들에게는 고민이었다. 특히 산업혁명 이후 과거에 없었던 창고, 백화점, 박람회장, 사무실 등 새로운 시대에 등장한 건축물의 다양한 기능이 과거의 획일적인 양식하에 설계되는 것이 문제라고 생각했던 것이다. 그래서 근대 건축가들은 새로운 건축에 대해 정의하기 시작했다. 이때가 바로 아르데코가 전성기에 이르렀던 1920년대와 1930년대로 여전히 장식이 등장하는 양식을 제한해야 한다는 의견들이 모이게 된 것이다.

이 운동에 앞장선 사람이 바로 현대미술관 큐레이터 헨리 러셀 히치콕과 필립 존슨이다. 1932년에 발표된 현대 건축에 대한 정의의 바탕에는 모든 사람이 쉽게 사용할 수 있는 건축물이라는 의미가 담겨 있다. 이러한 배경이 된 역사적 사건이 바로 제1차 세계대전이다.

인류 역사상 가장 많은 사람이 죽은 대전으로 전쟁 후 폐허가 된 전 세계의 도시에 많은 건축물 중에서도 특히 주택의 보급이 시급해졌다. 그러나 과거 건축 양식의 형태는 이 상황에 맞지 않았고 새로운 주택을 보급하기 위한 건축술이 필요했다. 이때 등장한 것이 국제양식으로 이는 특히 전쟁의 한가운데 있었던 네덜란드, 프랑스 그리고 독일에서 시작되어 1970년대까지 급속도로 전 세계에 퍼져 나가 지배적인 건축양식으로 자리 잡게 되었다.

이 양식의 초기 작업 방법에 규칙을 정하였는데 그것은 경량이어야 하며, 대량 생산이 가능하고, 경비를 절감하기 위하여 산업 자재를 사

건축의 형태는 시대를 반영한다

용할 것, 모든 장식 및 색상을 거부하고 흰색 바탕으로 할 것, 대량생산이 가능하도록 반복적인 모듈형과 평평한 표면을 사용하되 벽면은 일반적으로 유리와 함께 사용할 것 등이었다. 이러한 이론을 잘 적용한 것이 1927년 루드비히 미스 반 데어 로에가 감독하고 당대의 유명한 건축가 16명이 모여 국제양식의 가장 획기적인 표현으로 건축된 슈투트가르트의 바이센호프 주거단지이다.

이 주거단지는 당시 매일 수천 명의 방문객이 다녀갈 정도로 엄청난 인기를 얻었다. 이 주거단지는 규칙을 적용한 건축물로 당시에는 실로 획기적인 시도였다. 이는 단지 주택단지에 국제양식만을 시도한 것뿐 아니라 생활 자체를 바꾸는 사건이기도 했다. 〈인문 360도〉에 실린 '요리'라는 제목의 건축 칼럼에는 이러한 내용이 담겨 있다.

"건축의 양식은 너무도 다양하다. 르코르뷔지에는 양식을 '귀부인의 머리에 꽂은 깃털과 같다'고 했다."

이는 양식이 큰 의미를 갖고 있지 않다는 뜻이다. 그러나 건축의 형태뿐 아니라 디자인의 시대적 변화를 정의하려면 양식을 비교하지 않고서는 말할 수 없다. 각 시대마다 다양한 양식이 등장하지만 대표적인 양식은 크게 고대와 근대 두 가지이다. 고대 양식이 형태주의와 감성 위주였다면 근대 양식은 기능주의와 이성이 주를 이뤘다. 또한 건축물의 형태 면에서 고대가 하나의 테두리 안에 모든 공간을 집약했다면 근대로 오면서 공간은 기능별로 독립되는 구조를 띠게 됐다. 특히 산업혁명과 시민혁명을 거치며 삶의 형태와 신분 체계가 수평적으로 바뀌면서 사람들의 생활 형태에도 변화의 바람이 일었다.

부엌에 불어닥친 현대화의 바람

이러한 흐름에 따라 새로운 사회 형태와 주거 형태가 등장하는데 이 중 하나가 바로 부엌의 혁명이었다. 산업혁명이 일어나면서 농촌에 있던 사람들이 도시로 몰려들자 새로운 주택 계획이 필요했고, 포화상태의 도시는 새로운 서민 주거 형태인 '아파트'라는 해결책을 내놓으며 부엌을 변화의 주 포인트로 삼았다. 빠르게 움직이는 사회에 발맞춰 새로운 음식이 요구되었고, 이에 따라 새로운 주방기구와 가구 디자인도 등장했다.

독일공작연맹이 슈투트가르트에 '바이센호프 지들룽(Weissenhof Siedlung)'이라는 새로운 주거 형태를 선보이면서 부엌에도 현대화가 시도됐는데 이는 기차의 식당칸에서 모티프를 가져왔다. 부엌에서의 여성의 노동을 줄이고 동선을 효율적으로 하기 위해 근접 거리에 모든 것을 배치했다. 그리고 기차에서 사용되는 음식 운반 수단을 부엌으로 끌어들였는데 이것이 그 유명한 '프랑크푸르트 부엌'의 시작이자 현재 부엌의 모태이다. 이는 1926년 프랑크푸르트의 주거단지 사업에 맞춰 오스트리아 최초의 여성 건축가 마가레테 쉬테-리호츠키가 설계한 것이다.

사실 이것은 바우하우스 양식의 영향이 크다. 바우하우스는 규격화된 주거 공간에서 부엌이 어떤 기능과 형태를 갖추어야 하는지 연구했다. 어디서 먹고, 요리는 어디서 해야 하며, 잠은 어디에서 자야 하는가 등을 고려했는데, 여기에 결정적인 영향을 준 요소가 바로 음식과 요리였다. 거실과 부엌의 연결 관계를 고려해 부엌 문을 슬라이딩 도어로 설계했는데 주거에서 여성에게 변화가 요구되는 필수적인 공간으로 부엌

건축의 형태는 시대를 반영한다

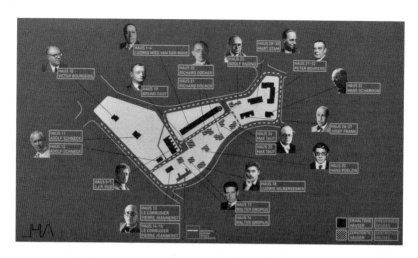

위) 바이센호프 지들룽(Weissenhof siedlung)_독일공작연맹(1927년)
아래) 바이센호프 주택단지 모습

에 초점을 맞춘 것이다.

또한 비용이 높아지면 원래 목적과 달라질 수 있다는 우려 때문에 아파트를 시공할 때 부엌의 모든 가구를 붙박이로 해결하고 시공과 동시에 설치하였다. 여성이 부엌에서 시간을 절약할 수 있도록 함으로써 가족과 보다 많은 시간을 갖게 하고, 최소한의 공간을 효율적으로 이용하도록 하기 위함이었다. 당시 주택의 변화와 함께 부엌이 달라지면서 모든 주방기구에 대한 현대화 바람이 일었고, 요리기구도 석탄이 아닌 전기를 사용할 수 있도록 바뀌는 작업이 병행되었다.

이러한 프로젝트는 생활의 전반적인 변화를 가져왔고, 주방의 동선 체계를 설정하여 그에 맞게 주방가구를 설치할 수 있게 되었다. 또한 요리할 때 아이들을 쉽게 관찰할 수 있도록 유리문을 설치하고, 통풍을 고려한 발코니 등을 계획했다. 이렇게 1927년 초기 현대식 요리를 위한 '프랑크푸르트 부엌'이 탄생된 것이다.

건축가는 건축물을 설계하고 형태를 만드는 것이 전부라고 생각하는 사람들이 많다. 그러나 사실은 그렇지 않다. 건축물은 고유의 기능을 갖는 공간이다. 이 공간에 사용자가 들어와 머물면서 고유의 기능에 만족할 때 비로소 건축물이 완성되는 것이다. 부엌은 요리만 하는 곳이 아니라 모든 공간에 활기를 불어넣는 곳이다. 건강한 요리는 건강한 환경에서 나온다.

르코르뷔지에는 부엌이라는 공간의 중요성에 대해 이렇게 말했다. "가정에서 일하는 여성이 요리 외 새로운 삶을 기대한다는 것을 부정할 수는 없다. 그들은 더이상 가족의 순교자가 아니다. 그들이 영혼 깊숙

건축의 형태는 시대를 반영한다

프랑크푸르트 부엌 / 독일공작연맹 스토브(1927년)

한 곳에서부터 '나는 행복해요' '정말 아름답네요'라고 말할 수 있게 하
는 것이 바로 건축예술이다."

　이렇게 현대 건축은 건축물의 이미지뿐 아니라 생활 자체도 현대적으
로 변화시키는 역할을 한다. 현대 건축의 이론 중에는 '형태는 기능을
따른다'라는 기능주의가 그 바탕에 있기 때문이다. 당시 산업혁명의 영
향은 실로 컸으며 이를 사회에 적극적으로 사용하려는 운동이 한창이
었는데 건축가 르코르뷔지에는 테일러주의*를 건축에도 적극적으로 받
아들여 이를 적용하고자 했다. 그는 모든 사회 경제적 수준을 보다 높

---

* 과학적 관리는 워크플로를 분석하고 종합하는 경영 이
　론으로 주요 목표는 경제 효율성, 특히 노동 생산성을
　향상시키는 것

은 생활 수준으로 창출하기 위해 현대 산업 기술과 전략을 지지하는 내용을 〈에스프리 누보(L'Esprit Nouveau)〉라는 저널에 기고했다. 이러한 내용을 토대로 슈투트가르트의 바이센호프 주거단지를 조성한 것이다.

장식은 범죄이며 재료는 진실이다

1932년 히치콕과 존슨은 국제양식이라는 단어를 처음 사용하면서 국제양식에 대한 홍보를 위하여 전시를 준비하는데 전시 카탈로그에 국제양식의 세 가지 스타일 공간의 양(질량과 견고성에 반대함), 규칙성 그리고 유연성이 있어야 한다는 내용을 담는다. 여기에 국제양식은 질량보다는 크기를 표현하고 선적인 대칭보다는 균형을 강조하며 장식품의 제거라는 세 가지 원칙을 추가한다. 국제양식의 공통적인 특성에는 형태의 근본적인 단순화, 장식품의 거부, 유리 등 평면 표면의 사용 등이 포함된다. 또한 건물의 투명성, 건축(정직한 구조 표현), 산업화된 대량 생산 기술의 수용, 디자인 철학에 기여한다는 내용 등도 있다. 국제 스타일은 일반적으로 세 가지 구호로 요약할 수 있다. 장식은 범죄이며 재료는 진실이고, 양식은 기능을 따른다는 것으로 르코르뷔지에는 집을 가리켜 '삶을 위한 기계'로 정의 내리기도 했다.

1932년 국제양식 전시는 크게 성공하여 전 세계로 확산되며 이후 과거 스타일은 소멸되어 가는 양상을 보이기 시작했다. 그러나 1930년대에 독일에서 나치 정권이 점차적으로 부상하면서 나치가 현대 건축을 거부하자 전위 예술가였던 건축가와 대다수의 유대인들이 유럽 대륙을 떠나게 된다. 그리고 상당수의 유태인 건축가들이 팔레스타인과 소

건축의 형태는 시대를 반영한다

련 그리고 미국으로 가는 동안 멘델 손과 같은 일부 사람들은 영국에 자리를 잡는다. 그러나 전쟁 이후 미국이 반공산주의 정치 노선을 주장하고 필립 존슨의 기능주의를 거부하면서 독일 슈투트가르트의 바이센호프 프로젝트 건축가를 비롯한 많은 건축가들이 소련으로 도피했었다는 사실을 숨기려 한 일이 있었다.

처음에 소련이 기능주의와 국제양식에 훨씬 더 관심을 기울였기 때문에 국제 스타일을 수행했던 중요한 인물들이 1930년 소련에서 이상주의 도시 계획을 수행하고자 도시 전체를 건설하려고 시도했다. 그러나 1936년 스탈린이 그들을 밖으로 내쫓으면서 건축가들 중 많은 사람들이 무국적자가 되어 다른 곳으로 피난처를 찾아 떠나야만 했다. 이것이 독일의 건축가이자 도시 계획가인 에른스트 게오르크 메이가 케냐에 자리를 잡게 된 이유다.

국제양식의 디자인 특징 중 하나는 위치, 장소 및 기후에 무관하다는 것이다. 이것은 국제양식이 어디서나 보편적으로 적용될 수 있는 것으로 인식되는 발판이 되었다. 지역 역사 또는 국가적 언어를 반영하지 않는 객관적인 스타일로 발전된 것이다. 하지만 이것은 반대로 국제양식의 약점 중 하나이기도 했다. 2차 세계대전 이후 국제양식은 더욱 퍼져나가 특히 미국과 캐나다에서 더욱 두각을 나타내기도 했으며 유럽의 대부분 기업 건축물과 고층 건축물에 이 국제양식이 적용되었다. 그러나 점차 비평을 받게 되었는데, 특히 라이트는 기계적이고 지극히 기능적인 이 양식에 대하여 경고하기도 했다. 역사학자 로버트 콜리어는 기존의 도시를 고려하지 않고 교통과 토지의 영향, 그리고 도시계획을 잘 반영하지 못하는 양식이라고 비판하기도 했다. 그러나 이러한 비판에도 국제양식은 계속 전파되고 네 가지 특징을 바탕으로 정형적인 스타일을 갖게 되었다.

1. 정사각형이나 직사각형의 선
2. 단순한 3차원 돌출 사각형
3. 눈금처럼 수평으로 진행되는 창문
4. 모든 형태가 90도 정면

국제양식을 종합적으로 다시 살펴보면 직선 형태로, 장식이 제거된 단순한 평면과 내부가 개방된 모습이며, 캔틸레버 구조를 사용하며 철근 콘크리트 구조에 유리와 강철을 사용한다는 것이다. 국제양식에 많은 건축물이 등장하지만 그중 대표적인 것이 미스 반 데어 로에의 글라스 타워와 르코르뷔지에의 돔-이노이다. 글라스 타워는 이전까지 있었던 건축의 구조를 바꾼 것으로 벽체구조에 한정되었던 하중의 흐름을 바꾸면서 벽의 자유로움을 시도했다. 벽의 자유로움은 곧 공간의 자유로움으로 이것이 바로 이전 건축과의 가장 큰 차이이다.

벽체구조는 하중이 벽을 타고 기초로 전달되는데 기둥은 기둥을 통하여 전달된다. 그래서 바닥선이 비교적 자유로우며 기둥구조는 기둥으로 하중을 전달하므로 벽을 만드는 데 있어서도 자유롭다. 그래서 벽 재료로 유리를 선택하기에 이른 것이다. 벽의 의미는 시야가 더이상 가지 못하는 곳이기에 이러한 건축물들은 하중을 기둥으로 해 벽을 유리

건축의 형태는 시대를 반영한다

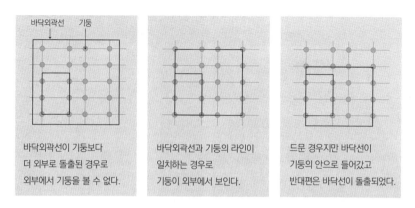

바닥외곽선이 기둥보다
더 외부로 돌출된 경우로
외부에서 기둥을 볼 수 없다.

바닥외곽선과 기둥의 라인이
일치하는 경우로
기둥이 외부에서 보인다.

드문 경우지만 바닥선이
기둥의 안으로 들어갔고
반대편은 바닥선이 돌출되었다.

바닥 외곽선의 위치와 벽체구조

로 만들 수 있고 유리벽은 시야를 통과시키므로 벽이 없는 건물인 것이
다. 만약 유리벽 앞에 커튼을 넣는다면 그 커튼은 벽이 된다. 그래서 유
리로 된 건축물을 커튼 월(Wall)이라고 부르는 것이다.

미스의 시그램 빌딩은 전체가 유리로 덮여 있고 기둥구조로 되어 있
기 때문에 켄틸레버 형식으로 시작할 수밖에 없다. 이 건물의 지상층을
살펴보면 바닥선과 기둥의 위치가 동일한 곳에 있으므로 위의 그림에서
가운데 방식에 해당한다. 이렇게 미스의 건축물뿐 아니라 르코르뷔지
에의 돔-이노 시스템은 국제양식에 큰 발자국을 남긴 것으로 평가받고
있다. 르코르뷔지에의 근대 건축 5원칙은 그의 건축물 중 하나인 빌라
사보아에 잘 나타나 있다.

건축사의 위대한 발명, 돔-이노 시스템

과거에 벽의 두께는 지금과 비교하면 아주 두꺼웠다. 로마의 판테온

미스 반 데어 로에의 시그램 빌딩 / 글라스 타워(1956~1958년)

같은 경우는 거의 6미터에 가까울 정도였다. 이것이 고전 건축이 가진 구조의 한계였다. 그래서 더 다양한 건축 형태를 만드는 데 한계가 있었으며 고딕 외에는 고층 건축물을 만드는 데도 어려움이 따랐다. 벽이 두껍다 보니 창의 역할도 기능을 할 수 없었다. 수직 형태를 시도한 고딕에 적용된 컬러 유리는 벽의 두께를 줄이면서 창이 본 기능을 하게 된 역사적인 사례다. 르코르뷔지에는 하중에 대한 연구를 통해 벽체구조를 기둥으로, 바로 하중을 받는 골조구조로 변경했다. 이것은 건축에 있어서 위대한 발명이었다.

건축의 형태는 시대를 반영한다

이것이 현대 건축과 그 이전 건축의 가장 큰 차이를 보여주는 부분이다. 지금 전 세계의 주택은 돔-이노 시스템으로 짓는다고 생각하면 된다. 르코르뷔지에는 이 돔-이노 시스템에 의한 혁신뿐 아니라 건축의 5원칙이라는 이론을 정리하여 발표하면서 박공지붕을 평지붕으로 바꾸는 혁신 또한 제시했다. 그의 5원칙은 필로티 구조, 자유로운 평면, 자유로운 입면, 띠창, 옥상정원이었다. 특히 필로티 구조는 골조구조를 뜻하는 것으로, 기둥으로 건축물에 하중의 흐름을 바꾸어 건축물이 빼앗은 대지를 다시 돌려놓는 자연주의를 보여주었다.

자유로운 평면은 각 층의 평면을 모두 다르게 구현할 수 있다는 특징이 있다. 기둥으로 하중을 받는 경우에 가능한 것으로 이는 골조구조의 혁신이다. 자유로운 입면은 건축물을 각 방향에서 바라보았을 때 모두 다른 입면을 갖도록 디자인한다는 뜻으로 디자인의 해방을 말한다. 띠창 또한 골조구조에서 가능한 것인데 이는 국제양식의 한계를 지적한 것으로 띠창이 반드시 가운데 위치하지 않고 벽면에서 자유롭게 이동할 수 있는 기능이다. 예를 들면 모서리에 창이 놓일 수도 있고 돌출

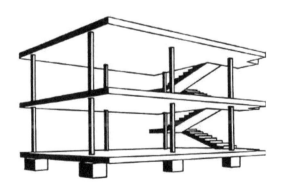

르코르뷔지에의 돔-이노 시스템

되거나 후퇴하는 형태도 가능하다는 것이다.

옥상정원은 구조적인 이유도 있지만 건축물이 빼앗은 자연을 다시 돌려주는 의미로 조감도에서 보았을 때 녹지의 흐름이 연속되는 장점이 있다. 옥상정원을 만들기 위해서는 평지붕을 만들어야 하는데 옥상정원을 만들지 않고 평지붕을 만든 것은 매우 잘못된 방법이다. 이러한 5원칙을 잘 보여준 것이 바로 빌라 사보아이다.

르코르뷔지에의 국제양식에 대한 노고는 실로 위대한 것이 맞다. 하지만 그의 작품이 고건축에 강한 경고로 작용하고 이에 고건축이 1970년까지 주춤하면서 고건축을 추구하는 건축가들로부터 강한 비평을 듣게 된다.

프랑스에서 주로 작품활동을 했음에도 전 세계적으로 그의 작품이 가장 적은 나라가 바로 프랑스이다. 그러나 국제양식에 대한 역할을 높인 것은 실로 위대한 일이다. 그의 작품 못지않게 국제양식을 정착시키는 데 지대한 공을 세운 건축물이 있다. 바로 일 년 전에 선보인 미스의 빌라 투겐트하트이다.

미스는 평생 공간의 자유를 위한 건축물을 설계했다. 그 좋은 예가 바로 바르셀로나 파빌리온이다. 파빌리온의 위대함은 형태에 있는 것이 아니고 그 콘셉트에 있다. 아르데코가 성숙기에 있었던 1929년도에 많은 근대 건축가들이 국제주의와 장식에 배타적인 입장을 취하고 있을 때 그는 공간의 자유를 강력한 메시지로 전달했다. 이것은 1900년도 중반뿐 아니라 지금까지도 우리가 풀어야 하는 미래 지향적인 공간의 미래를 보여준다. 여기에는 암호가 담겨 있는데 사람들은 미니멀리즘

건축의 형태는 시대를 반영한다

위 부터) 프랑스 파리의 빌라 사보아(르코르뷔이제, 1929년)

체코 브르노의 빌라 투겐트하트(미스 반 데어 로에, 1930년)

뉴욕현대미술관 소장 중인 바르셀로나 파빌리온(미스 반 데어 로에, 1929년)

을 나타내는 '간결한 것이 더 아름답다(Less is More)'를 떠올리기도 한다. 그러나 그 이상의 것이 있는데 그것은 바로 고정관념으로부터 자유로워지는 것이다.

많은 건축가들은 무의식 속에 공간의 시작과 구조체의 시작, 또는 공간과 벽의 출발과 끝이 동일해야 한다는 고정관념을 가지고 있었는데 미스는 이에 대한 의문을 던지며 구조체 또는 벽의 존재와 공간의 존재를 분리하여 나타내고자 했다. 이를 잘 보여준 것이 바로 파빌리온이다. 그리고 이 메시지를 완성시킨 것이 바로 필립 존슨의 글라스 하우스이다.

글라스 하우스는 역사 이래 모든 건축물의 콘셉트가 담겨 있고 미래의 건축 콘셉트가 나아가야 할 해결책도 담긴 모든 것의 집합체로서 현재까지의 가장 완벽한 건축 형태이다. 필립 존슨은 과거 양식을 담은 포스트모더니즘 또는 국제양식을 초월한 건축 형태를 설계했지만 국제양식에 있어서 중요한 역할을 한 것임에는 틀림없다. 국제양식이 중요한

미국 코네티컷주의 글라스 하우스(필립 존슨, 1949년)

건축의 형태는 시대를 반영한다

역할을 할 수 있도록 이에 대한 교육이 본격적으로 자리 잡은 것도 주목할 만한 점이다. 예를 들어 독일 데사우의 바우하우스 같은 경우 새로운 양식에는 새로운 건축교육이 필요하다는 점을 인지하고 적극적으로 교육을 펼쳤다.

현대 조형 예술에 큰 영향을 끼친 바우하우스

바우하우스의 역사는 1919년부터 1933년까지로 독일 나치의 압력으로 폐쇄되었다. 초기에는 바우하우스에 건축 전공은 없었고 다른 예술 분야만 다루었다. 그 후 모든 예술은 건축을 포함하여 총체적인 예술작품이 되어야 한다는 생각에 건축이 추가된 것이다. 1919년부터 1925년까지는 바이마르에, 1925년부터 1932년까지는 데사우에, 1932년부터 1933년까지는 베를린에 자리하는데 초기에는 바우하우스의 전신인 그랜드 듀칼 색슨 스쿨을 맡았던 반데 벨데가 벨기에 국적이라는 이유로 교장을 그만둔 후 1930년부터 1933년까지 나치 정권의 압력을 받아 미국으로 갈 때까지 바우하우스의 교장은 자주 바뀌었다.

1923년 교장이었던 월터 그로피우스는 "더이상 로마네스크 양식의 대성당과 국민 운동으로서 공예 중심 미학의 이미지를 만들지 않고 기계, 라디오 및 고속 자동차의 세계에 적합한 건축물을 원한다"라고 선언했다. 새로운 시대에 적합한 새로운 건축 스타일을 만들고자 했던 것이다.

저렴한 비용에 기능적인 면을 더하기 위해 대량생산에 적합한 재료가 필요했던 것이다. 이 목표를 달성하기 위하여 그는 예술과 공예가 재

독일 바이마르의 '바우하우스'(1919년) / 독일 데사우의 '바우하우스'(1926년)

결합해야 하며 단순히 대량생산이 아닌 예술적 가치도 있는 고급 기능 제품을 만들어야 한다고 주장했다. 그로피우스는 이렇게 바우하우스를 국제양식으로 키우며 성장시켰고 1928년 친구였던 바우하우스의 교수 한네스 마이어에게 학교를 맡기게 된다. 그러나 급진적 기능주의자였던 마이어는 오히려 많은 갈등을 일으키고 이에 적응하지 못하는 많은 강사를 해임시켜 학교에는 점점 좌파 이념이 확장된다.

이에 1930년 학교 이사회는 마이어를 해임하면서 그로피우스가 다시 학교로 돌아와 주기를 원하지만 그는 미스를 추천한다. 미스는 교장으로 임명된 후 학생들과의 면담을 통해 좌파를 해산시킨다. 하지만 점차 학교가 나치 정치색을 띠자 미스는 1932년 베를린의 버려진 공장을 빌려 자신의 돈으로 새로운 바우하우스를 설립하는데 10개월 후 나치의 간섭이 심해지자 미스는 1933년 학교를 자발적으로 폐쇄해 버린다. 나치는 바우하우스가 추구하는 모던과 국제양식을 타락한 예술이라고 질타했는데 이는 국제양식을 유태인의 양식으로 간주해 비롯된 일이었다.

건축의 형태는 시대를 반영한다

사실 나치 주도하에서 이뤄진 많은 건축이 이들의 영향을 받았는데 예를 들어 히틀러의 엔지니어인 프리츠 토트가 1935년에 만든 고속도로의 다리와 주유소 등 대부분은 미스가 제안했던 국제양식 안을 그대로 사용한 것이다. 학교는 폐쇄되었지만 미국과 각 나라로 흩어진 교수들의 영향은 오히려 국제주의를 전 세계에 알리는 계기가 되었다. 독일의 아파트를 비롯하여 많은 주택 건축물들은 당시 바우하우스의 교수들이 제안한 것들이었다. 이 중 바우하우스와 국제양식을 가장 잘 보존하고 있는 곳이 바로 이스라엘의 화이트 시티이다.

1930년대부터 화이트 시티의 건축물들은 국제양식으로 지어졌는데 나치를 피하여 건너간 독일 유태인 건축가에 의해 4천 개가 넘는 건물이 들어서게 되었다. 나치의 등장 후 텔아비브는 세계 어느 도시보다 국제양식의 건물을 가장 많이 보유하게 되었다. 2003년 유네스코는 텔아

이스라엘 텔아비브의 화이트 시티

비브의 화이트 시티를 세계문화유산으로 지정하고 '20세기 초 새로운 도시계획 및 건축의 뛰어난 사례'라로 선언했다.

데사우로 이전한 바우하우스는 그들의 건축 이념에 맞는 학교 건물을 선보이는데 이는 국제양식을 따른 것으로 한 벽면을 차지한 창의 형태는 혁신적이며, 부유함의 의미를 불어넣은 좋은 계기로 작용했다. 이와 유사한 방법으로 지어진 것이 그로피우스와 아돌프 마이어의 파구스 공장으로, 이 건축물들은 모서리를 돌아가는 유리벽과 계단의 독립, 그리고 밝은 내부를 특징으로 꼽을 수 있다. 간결하면서 혁신적인 강렬한 구조는 국제양식이 추구하는 파구스 공장에 걸려 있는 시계의 간결함에서 잘 나타난다. 대칭을 탈피하고 시각적인 공간의 분류와 다양한 요소가 입면을 차지하도록 했으며 유리 프레임을 간결하게 처리한 것 또한 특징이다.

국제양식의 방향은 대량생산을 위한 재료의 규격화를 선보인 건축물로 저렴함을 꾀하면서도 품위 있는 건축물을 만드는 것이었다. 국제양식의 차이를 위하여 바이마르의 바우하우스와 데사우의 바우하우스를 비교하면 쉽게 이해할 수 있을 것이다.

건축의 형태는 시대를 반영한다

위) 독일의 파구스 공장
　(그로피우스와 아돌프 마이어, 1913년)
아래) 데사우 '바우하우스'의 창문

단순함에서 우러나는 아름다움, '미니멀리즘'

    예술작품을 감상하면서 예술가와 관찰자의 교감 사이에 무한한 상상력이 발휘될 때 우리는 감동받고 깨달음을 얻게 되기도 한다. 예술가가 자신이 느낀 감동을 작품을 통해 표현하고 전달하는 데 있어서 작품에 자신의 감동을 구체적으로 표현한다면 정신적인 교류보다는 동의하는 차원에서 끝날지도 모른다.

    예술가들은 자신의 작품에 메시지를 담음으로써 관찰자와의 정식적인 교류를 원한다. 그렇기에 구체적인 표현은 예술가의 의도가 온전히 전달된다는 장점도 있지만 관찰자의 참여나 작품에 대한 관찰자와의 교류가 부족할 수도 있다. 반대로 예술가의 의도를 정확하게 알 수 없을 때 관찰자는 그 의도를 추측하게 된다는 것이다. 그 추측이라는 부분이 바로 관찰자의 몫인데 이 부분에서 다양한 해석이 나타날 것이다.

    예술가의 표현은 마치 암호처럼 작용하여 관찰자의 수만큼 다양한

건축의 형태는 시대를 반영한다

추측이 발생할 수 있다. 이것이 바로 추상적인 작업이다. 추상화는 이렇게 탄생했다. 추상화는 작업자와 관찰자의 사이에 틈을 두어 관찰자가 자신의 지식을 바탕으로 그 형태를 완성시키는 것이다. 추상 작품은 크게 두 가지로 나누어 볼 수 있는데 하나는 현실에 존재하지 않는 것을 시각적으로 보여주어 그것을 상상하게 하는 것이고 또 하나는 형태에 대한 최소한의 요소로 전체를 상상하게 하는 것이다. 후자가 바로 미니멀리즘이다.

미니멀리즘은 미술 분야에서 먼저 시작되었다. 그 근원에는 러시아의 화가 카지미르 말레비치가 있다. 큐비즘과 미래파가 등장하던 시기에 말레비치가 그림을 전시했는데 대상을 시각적으로 묘사한 것이 아니라 '순수한 예술적 감각의 패권'에 기반을 둔 추상 예술이었다. 당시에는 이를 절대주의라고 불렀는데 이전의 미술이 화려하고 풍부한 표현을 바탕으로 했다면 그는 제한된 범위의 색상을 사용했고 원, 사각형, 선, 직사각형과 같은 기본적인 형태를 기하학적으로 표현했다.

말레비치는 전통적인 화가들이란 하나의 구체적인 이미지를 통하여 공통적이거나 획일화된 사고를 갖게 만드는 예술가적인 기술자라고 생각했다. 이는 곧 객관적인 사고를 갖게 하는 것이라고 보고 비객관성, 즉 주관적인 사고로 예술을 바라보게 하는 이미지를 만들고 싶었던 것이다. 그것은 완성된 이미지가 아닌 최소한의 형태 요소를 제시했을 때 가능하다고 생각했다. 즉 구체적인 대상에 대한 통일된 사고는 곧 자신이 바라보는 이미지를 통하여 확신하게 되는 사고의 숭배라고 여겼다. 사물에 대한 확신을 갖지 않게 되는 반 유물론적 사고, 반 획일적인 사고를 갖는 철학을 구현하고자 했던 것이다.

하나의 사물이 있는데 원래는 좌측에 손잡이가 있으나 화가가 손잡이를 우측에 그린다면 그 그림을 보는 사람들은 우측에 손잡이가 있는 것으로 생각하게 된다. 식당에서 음식을 주문했는데 어떤 것은 맵고 어떤 것은 짠맛이 날 수도 있다. 이는 요리사의 결정에 따라 먹어야 하는 강제성을 띤다. 말레비치는 음식을 만들어주지 않고 그 음식에 들어가는 최소한의 재료를 제공함으로써 먹는 사람이 스스로 자기 입맛에 맞게 만들어 먹도록 선택권을 주고자 했다. 이것이 미니멀리즘의 기본 방침이다.

예술은 스스로 존재한다

말레비치는 절대주의에 관하여 "예술이 국가나 종교에 봉사할 필요가 없고 틀에 박힌 역사를 증명할 필요가 없고 그 자체로 존재하며 어떤 대상을 나디낼 필요가 없으며 그 스스로 존재할 수 있다고 믿는다"라고 했다. 즉 하나의 명확한 이미지가 특별한 역할을 할 수 있는 가능성이 있기에 명확한 형태를 갖지 않아도 그 스스로 존재의 의미가 있다는 것이다. 그렇다면 그 스스로의 의미는 어디서 오는 것일까? 바로 관찰자가 만드는 것이다. 즉 관찰자가 이미지를 바라보면서 스스로 만들어내는 것이 곧 객관적인 예술이라는 것이다.

말레비치가 절대주의에서 사용한 이미지의 최소 요소는 사각형, 원 그리고 선이다. 예를 들어 검은 사각형, 흰 사각형 위의 흰 사각형 그리고 검은 원 그림이 있다면 우리가 여기에서 얻을 수 있는 정보는 무엇이

　　　　　　　　　　　　건축의 형태는 시대를 반영한다

말레비치의 절대주의적 이미지
왼쪽부터) 말레비치의 검은 사각형, 흰색 위의 흰색, 검은 원

있을까? 사각형의 흰 바탕 안에 검은 사각형, 흰 사각형 위에 흰 사각형, 그리고 흰 사각형 위에 검은 원. 물론 더 상세하게 살펴보면 더 많은 정보를 얻을 수도 있겠지만 그리 많지는 않을 것이다. 검은 사각형은 정중앙에 있고, 가운데 그림 흰 사각형은 약간 기울어져 있고 검은 원은 우측 위로 쏠려 있다. 그것이 말레비치가 우리에게 준 최소한의 정보이다.

말레비치는 이렇게 간소하게 작업했지만 나머지는 우리에게 상상할 수 있는 기회를 제공한 것이다. 어떤 사람은 흰 바탕의 검은 사각형을 보고 사각 파이프를 절단한 것이라고 생각할 수 있고 건축을 한 사람은 명도의 차이가 주는 원근법에 의하여 검은 사각형은 우리와 가깝고 바탕의 흰 사각형은 먼 곳에 있다고 느낄 수 있으며 두 개의 종이를 겹쳐 놓은 것이라고 생각할 수도 있다. 이렇게 그 가능성은 무한하다.

그렇다면 말레비치의 검은 사각형 그림 안에 사자 그림을 넣어보자. 많은 것을 생각할 필요 없이 사자가 근엄하다, 무섭다 등의 정도는 생각할 수 있지만 그렇다면 왜 사자의 전체 몸이 아니라 얼굴만 넣었을까? 또는 호랑이의 얼굴을 왜 확대했을까? 등 여러 가지 의문이나 생각이

들 것이다. 여기에는 이 액자를 만든 작업자의
의도가 다분히 담겨 있으며, 이 의도대로 관찰
자가 유도당할 수 있다는 것이 말레비치의 생
각이다. 말레비치는 아마도 당시 주입식 사회
분위기로 정치에 현혹되는 국민들을 깨우치기
위하여 의도적으로, 또는 반항적으로 이러한 시도를 했을 것으로 추정
하기도 한다. 이렇게 추측하는 이유는 말레비치가 이러한 시도를 다른
나라로 전파하려 한 정황이 없고, 러시아 내에서만 활동했기 때문인데
이러한 말레비치의 예술 형식과 아이디어를 해외로 알린 사람이 있다.
바로 같은 러시아의 미술가이자 건축가인 엘 리시츠키이다.

리시츠키는 말레비치로부터 깊은 인상을 받았다. 그런데 말레비치가
2차원적인 표현을 사용했다면 엘 리시츠키는 3차원적인 표현을 사용

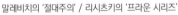

말레비치의 '절대주의' / 리시츠키의 '프라운 시리즈'

건축의 형태는 시대를 반영한다

해 대각선으로 나타냈다. 그는 자신의 작품을 '회화에서 건축으로 가는 다리'라고 표현하며 이를 프라운(Proun)이라 이름 붙였다. 리시츠키의 작품이 말레비치에서 데 스틸과 바우하우스로 넘어가는 교량 역할을 하게 된 것이다. 이때까지는 미니멀리즘보다는 절대주의 또는 ABC 아트로 불렸는데 미니멀리즘이라는 이름이 본격적으로 붙게 된 것은 1960년대이다. 제2차 세계대전 이후 여러 예술이 등장하는데 미니멀리즘도 이즈음에 등장하였으며 1970년대 초기 미국에서 더욱 활발하게 나타난다.

미니멀리즘의 예술가들은 사물 그 자체보다는 그 사물이 있는 공간을 더 중요시하게 여겼다. 하나의 공간에 많은 사물이 있을 때 관찰자는 그 사물들에 집중하여 그 사물이 있는 공간을 인지하지 못한다. 즉 그 사물의 본연의 가치는 어느 환경에 있는가에 따라 달라질 수도 있다는 것을 보여줌으로써 사물을 바라보는 관찰자의 인지에 초점을 맞추고자 한 것이다.

다른 양식의 예술은 화폭이 평면이고 이미지도 평면이다. 그러나 미니멀리즘은 그러한 평면성을 부정하고 사물이 가진 두께와 그 사물이 놓인 공간의 성격에 따라서 다르게 나타나는 관찰자의 지각, 인지도 그리고 감각을 중요시한 것이다. 즉 작가가 전달하려는 의도보다는 관찰자의 인지도에 중점을 두었다. 그래서 점차 미니멀리즘 미술에 조각과 같은 입체적인 표현이 등장하지만 그 사물은 오히려 단순하고 최소한의 것을 나타내기 위하여 동일한 사물을 반복적으로 보여준다. 이러한 표현 방식을 표방하며 등장한 것이 댄 플래빈의 형광등이다.

댄 플래빈은 형광등을 일정한 간격으로 나열하여 하나의 이미지를 만들지만 그것이 무엇인지는 그리 중요하지 않다. 이 이미지가 가진 두께와 빛의 흐름을 통하여 우리가 인지하는 것은 어느 방향에서 보는가에 따라 또 다른 것을 지각하고 감각을 얻게 한다. 이는 무궁무진한 가능성을 갖고 있는데 작가는 그 무한한 느낌을 관찰자의 몫으로 돌리고 있다. 즉 관찰자의 인지에 따라 작품의 내용이 달라지는 것이다. 이는 어떻게 보면 퓨리즘 같은 것으로 평면이 사라진 회화를 제공한다. 말레비치에서 엘 리시츠키, 데 스틸에서 바우하우스의 전개상 특징은 점차 구성요소가 사라진다는 것이다. 생텍쥐페리의 "완벽함이란 더 보탤 가능성이 있는 것이 아니라 더이상 뺄 것이 없을 때 그것이 바로 완벽함이다"라는 말을 실현한 것이다.

토니 스미스의 '프리 라이드(Free Ride)'는 3차원적인 표현으로 육면체의 형태 중 더이상 제거하지 못하는 마지막 요소만 남긴 것으로 여기에서 요소를 더 제거한디면 육면체라고 볼 수 없다. 즉 미니멀리즘의 표현은 아무리 제거를 해도 최소한 작가의 의도는 가지고 있어야 한다는 것이다. 입체 형태의 최소한의 표현은 선에서 끝난다. 건축의 미니멀리즘적인 표현에서 우리가 기억해야 하는 부분이다. 건축은 공간을 표현하는 3차원적인 성격을 갖고 있으므로 선 이상의 최소화는 불가능함으로 면의 표현까지 볼 수 있다.

일본 문화에 나타나는 미니멀리즘

미니멀리즘을 설명할 때 반드시 등장하는 것이 일본 문화이다. 미니

건축의 형태는 시대를 반영한다

위) 댄 플래빈의 '형광등'
아래) 토니 스미스의 '프리 라이드(Free Ride)'

멀리스트들의 특징은 장식이 없는 단순함인데 일본 문화에는 이러한 특징이 잘 나타난다. 특히 빛에 의한 채광을 주 요소로 빛에 따라 나타나는 움직임과 깨끗한 공간을 나타내려고 노력한다. 빛이 사물의 본질을 솔직하게 보여주고 공간 안에서 가치를 재발견하는 데 중점을 둔 것이다.

일본의 정원을 보면 이러한 성격이 잘 보이는데 사실 미니멀리스트들은 색도 절제하여 사용하지만 일본 정원은 미묘한 갈색과 흐린 주황색이 보이는 찰흙 벽의 조화를 잘 보여주는데 정원에 놓인 사물의 존재를 나타내면서도 정원의 공간과도 조화를 이룬다.

일본 교토의 료안지 정원은 미니멀리즘의 성격을 잘 나타내는 것으로 정원을 사용하는 기능보다는 시각적인 기능을 통하여 관찰자의 지각

일본 교토의 료안지 정원(15세기 후반)

건축의 형태는 시대를 반영한다

과 인지, 그리고 감각을 불러일으키는 기능을 더한다. 평면적인 성격을 피하고자 정원에 돌출 석재를 두고 그 주변으로 마치 파장처럼 원을 그려 넣은 것은 무슨 의미인지는 알 수 없지만 보는 이로 하여금 여러 가지 생각을 이끌어낸다. 료안지 정원은 항상 이 같은 형태를 고수하지 않고 일 년에 두 번씩 다른 곳으로 옮기기도 하는데 이것은 공간의 성격에 따라 인지가 달라짐을 보여주는 한 예이다.

예를 들어 료안지 정원뿐 아니라 일본의 다다미도 공간의 미니멀리즘적인 표현이고 그들의 미닫이문도 건축의 미니멀리즘적인 성격을 잘 나타내고 있다. 이는 일본의 세계관인 '와비-사비(Wabi-Sabi)'를 잘 반영하고 있다. 'Wabi'는 소박한 단순함, 신선함 또는 조용함을 의미하며, 'Sabi'는 아름다움이나 평온함을 뜻한다. 료안지 정원의 찰흙 벽은 '와비'를, 바위 정원은 '사비'를 나타낸다.

미니멀리즘은 평면의 표현과 사물의 혼란함을 부정한다. 최소한의 표현이란 최소한의 존재를 나타내기도 하지만 건축 공간은 회화와 달리 기능이라는 목적이 있기에 이를 포기하면서까지 나타낼 수는 없다. 그래서 대부분의 요소가 하나의 포인트에 그 콘셉트를 맞추어야 하는 부담이 있다. 일본 문화에 이러한 성격이 잘 드러나는데 이를 잘 보여주는 건축가 중 일본의 안도 다다오가 있다.

이우환 미술관에 전시된 안도 다다오의 조경은 료안지 정원의 와비-사비의 일본 세계관이 잘 적용되어 있다. 그가 설계한 건축물에는 가능한 장식을 배제하고 최소한의 형태 요소만을 사용하여 공간을 구성한 것을 볼 수 있다. 특히 그는 노출 콘크리트를 즐겨 사용하는데 이 또한 그만의 미니멀리즘적인 표현으로 볼 수 있으며 이는 노출 콘크리트가 처음 적용될 때 솔직함의 표현 기호로 선택된 것으로 가장 검소한 표현의 한 기법으로 본다.

다다오 작품의 주된 표현 방법은 선과 면으로 특히 미니멀리즘에서 요구하는 빛의 작용에 의한 공간의 흐름을 잘 나타내고 있다. 이렇게 미니멀리즘에서 요구하는 표현은 단순함의 메시지를 전달하려는 목적으로 기본적인 기하학, 장식 없는 이미지, 단순한 재료 및 동일한 구조의 반복과 질서를 공통적으로 나타내고 있다. 가능하면 인공적인 채광이 아닌 자연채광을 이용하는데 인공적인 빛은 고정된 반면 자연채광은 시간에 따라 흐르면서 공간의 분위기를 바꾸고 공간을 단순하게 만들며 깨끗한 공간을 표현하기 때문이다.

다다오는 노출 콘크리트를 즐겨 사용하는데 이는 미니멀리스트들이 재료의 본질과 단순성을 추구하고 겸손함을 나타내려는 의도를 담고 있다. 이는 19세기 후반부터 예술과 공예운동이 대중화되면서 재료의 본질뿐 아니라 형태의 본질이 흐트러지면서 물질의 특성과 진실을 보여주자는 의도가 중요시되면서 나타난 현상이다. 이 운동에는 바우하우스의 영향도 컸지만 특히 미스의 '간결한 것이 더 아름답다(Less is More)'는 정신이 작용했다. 그는 바르셀로나의 파빌리온을 통해 공간이 없는 공간을 선보이면서 면과 선으로 구성한 단순한 구조를 선보였다.

판스워스 하우스는 미스의 대표적인 작품으로 면보다는 선을 더 강조한 형태로 공간을 인위적인 구성보다는 구조체로 표현하고자 한 의도가 담겨 있다. 시선이 더이상 가지 못하는 곳에 벽이 있다는 개념을

건축의 형태는 시대를 반영한다

위) 안도 다다오의 '이우환 미술관'(2010년)
아래) 미스 반 데어 로에의 '판스워스 하우스'(1951년)

위) 독일의 브루더 클라우스 야외 예배당(페터 춤토르, 2007년)
아래) 멕시코의 위성타워(루이스 바라간, 1957년) /
　　멕시코의 쿠아드라 산 크리스토발(루이스 바라간, 1968년)

건축의 형태는 시대를 반영한다

잘 보여주는 것으로 커튼 월을 적용했다. 이는 면을 통한 벽으로 만들어진 건축물은 둔탁하고 공간의 본질을 가리는 것으로 보고 최소한의 형태 요소를 적용하여 설계한 것이다.

스위스 건축가 페터 춤토르는 다른 건축가들이 다양한 양식을 시도하는 반면 미니멀을 강하게 고집하는 건축가로 면을 사용한 미니멀리즘 건축물을 누구보다 잘 표현하고 있다. 그의 작품 중 독일 와첸도르프 근처 농장에 있는 브루더 클라우스 야외 예배당(Bruder Klaus Field Chapel)은 농부 트루델이 의뢰하여 2007년 완성한 후 가톨릭에 헌정했는데 미니멀리즘적인 이미지가 강하게 나타나는 작품으로 지금도 방문객들의 발길이 끊이지 않고 있다.

미니멀리스트들이 때로 색의 절제를 추구한 반면 오히려 색을 강하게 나타내 사물을 존재를 더 부각시키려는 의도를 보여주는 미니멀 건축가도 있다. 그는 멕시코의 건축가이자 엔지니어인 루이스 바라간으로 남미의 컬러풀한 이미지를 그대로 보여주고 있다. 남미의 강렬한 태양빛에 드러나는 원색의 미를 한층 돋보이게 한 것으로 전체적인 형태들은 아주 단순하고 강렬한 수직적 형태를 취하고 있지만 형태의 존재는 충분히 전달된다. 바라간에게 있어서 물은 그 지역의 생명을 의미하는 것으로 물의 흐름이 보여주는 투명성은 곧 순수함을 나타낸다.

이 외에도 미니멀리즘적인 양식을 추구하는 건축가는 많은데 이는 점차 단순해지는 시대적인 성향도 있지만 이제는 공간이 갖추어야 하는 기능의 많은 부분을 설비 등으로 해결할 수 있기 때문에 형태에 부수적인 부분이 많이 사라지고 있다는 의미로도 해석할 수 있을 것이다.

새로운 시도에 대한 자신감을 담은 '레이트모던'

모던이 시작된 배경에는 산업혁명도 있지만 시민혁명이라는 시대적 변화도 큰 역할을 했다. 특히 군주제가 무너지고 공화제가 들어서면서 신분제도의 변화와 함께 지원제도의 붕괴로 예술가들의 홀로서기가 새로운 작품의 물결에 힘을 실었다. 이전까지는 작품을 원하는 사람들의 취향에 맞게 작업을 하던 방식에서 이제는 자기만의 스타일을 만들기 시작한 것이다.

근세의 마지막인 신고전주의에서 과거의 그리스와 로마 양식이 재등장하면서 과거로 돌아가는 듯했지만 산업혁명이 몰고 온 새로운 건축물의 요구는 이전의 건축 형태로 해결할 수가 없었으며 특히 유리나 강철의 등장은 건축 구조에 변화를 일으켰다. 탈 과거라는 기치 아래 기계가 근세의 시대적 코드로 작용하면서 모던은 빠른 변화를 보여주었다. 그러나 아직 근세는 과거의 형태에서 완전히 벗어날 수 없었는데 이

건축의 형태는 시대를 반영한다

는 당시 활동했던 사람들 대부분이 그 이전 시대부터 과거의 형태로 작업을 이어 왔기 때문이다.

예를 들어 가우디는 아르누보의 대표적인 건축가이지만 고딕의 이미지를 갖고 있었고 프랭크 로이드 라이트도 모던의 중요한 영향을 미친 건축가이지만 과거의 이미지를 쉽게 버리지 못했으며, 사실상 글래스고도 모던하지만 그 이전의 대칭이나 비율적인 면에서 과거의 틀을 벗어나지 못한 것이다.

이에 아돌프 로스 같은 건축가는 장식을 범죄처럼 취급하여 철근 콘크리트를 주재료로 하는 구조를 선보였고 바우하우스나 르코르뷔지에, 그리고 미스 같은 건축가들은 모던도 과거처럼 고유의 양식을 가져야 한다는 생각에 새로운 양식을 선보이기 시작했다. 이렇게 모던은 성숙기에 접어들고 급기야 비례, 대칭, 그리고 다양한 재료를 선보이는 현대라는 시대에 맞는 건축 형태를 선보이기 시작했다.

이러한 추세에 모던은 성수기를 맞아 활발한 활동을 펴고 있는 반면 과거의 형태를 지닌 건축의 활동은 그만큼 줄어들었고 특별한 기능을 필요로 하는 건축물에만 단편적으로 등장하기 시작했다. 모던은 이 여세를 몰아 더욱 활발해졌으며 국제양식이라는 새로운 패러다임을 탄생시키면서 지역, 날씨 그리고 환경을 초월한 형태로 발전하게 되었다. 이렇게 점차 발달한 모던은 급기야 자신감에 차 혁신적인 형태를 만들어 내는데 그것은 바로 구조에 대한 자신감이었다.

과거의 건축물은 중세의 수직적인 이미지를 제외하고는 수평적인 것이 대부분이었으며 이를 대칭적인 형태로 유지하며 발달시켰던 반면,

구조에 자신감이 생긴 모던은 형태라는 고정관념을 벗어난 이미지에도 도전하게 된다. 이를 후기 레이트모던(Late Modern)이라고 부른다. 이는 건축뿐 아니라 모든 분야에 등장하는데 여기에는 해체주의도 등장한다. 이들은 과거 건축이 규칙과 틀, 그리고 단아한 모습을 벗어나지 못하는 것을 비웃기라도 하듯 과감한 시도를 한다. 후기 모던은 더욱 발달하면서 급기야 초기 모던과도 차이를 보이지만 포스트모던과의 차이를 보이기에 모던의 한 축으로 보아야 한다.

과도한 표현으로 섬세함을 비웃다

레이트모던은 그림을 예술적으로 분석하기보다 기존의 그림과 다른 점으로 일단 디테일하지 않다는 점이 특징이다. 전체적인 형태에 초점이 맞추어져 있고 형태의 흐름을 표현하기보다 그 사물 자체의 존재를

왼쪽) 오스카 블루머의 '서부 뉴저지의 형태와 빛, 모티브'
오른쪽) 다나카 이코의 '니혼 부요 포스터'

건축의 형태는 시대를 반영한다

나타내는 데 중점을 두었으며 동일한 영역은 동일한 묶음으로 표현한 것이 특징이다. 또한, 개체 자체의 성격과 통합적이고 전체적인 묶음으로 흐름을 강조하는 특징이 있다. 구조의 자신감은 모험적이며 과도한 표현으로 섬세함을 비웃기라도 하는 듯한 이미지다. 특히 인상파의 섬세함을 비웃기라도 하는 듯 단면적인 특징을 보여주는데 강렬한 메시지를 명확하게 전달하려는 의지가 분명하며 자신감이 가득한 것을 알 수 있다.

카타르 국립 컨벤션 센터는 레이트모던의 대표적인 건축물로 센터의 기둥의 윗부분과 아랫부분을 보면 그 차이를 비교할 수 있다. 아랫부분은 일정한 규칙과 동일한 형태와 규칙을 유지하는 반면 윗부분은 아래의 모든 기둥을 하나로 합쳐놓은 듯한 힘찬 곡선으로 강렬함을 나타낸다.

카타르 국립 컨벤션 센터(2011년)

일반적으로 기둥은 위에서 하중을 받아 기초까지 전달하는 기능을 하는데 카타르 국립 컨벤션 센터의 기둥은 마치 윗부분에 달려 있고 아랫부분은 떠 있어 자칫 불안감을 주는 듯하지만 구조상으로 아무 문제가 없음을 보여준다. 이것이 바로 레이트모던의 의도이다.

레이트모던 양식의 조형물들의 특징은 하중의 흐름이 강렬하다는 것이다. 데이비드 스미스의 '쿠비 비'라는 조형물은 불규칙한 상부의 요소들을 받치고 있는 하부는 오히려 더 빈약해 보이며 X자로 꺾이면서 하중의 흐름마저 안정되어 보이지 않는다. 거기에 바닥과 닿은 부분은 면이 아니라 모서리라는 것이 불안감을 조성하지만 안정적으로 서 있음을 전하려는 메시지가 담겨 있는데 특히 금속이라는 재료를 통하여 이것이 가능함을 알리려는 의도를 담고 있다.

앤서니 카로의 '드림시티'라는 조형물은 불규칙한 형태들의 조합으로 불안감을 조성한다. 중앙의 원형은 좌우 요소들의 안정되지 못한 불안감을 해소하는 역할로 녹슨 것은 시대를 말하는데, 장시간 이러한 불안정한 형태가 안정감 있게 존재함을 알리려는 의도가 있음을 알 수 있다.

리처드 세라의 '기울어진 구'는 과도한 형태로 섬세함을 비웃는 듯 수직과 수평의 불일치를 나타낸다. 레이트모던은 디테일하고 섬세하게 갈라지거나 선의 조합으로 화려함을 나타내는 장식적인 조형물에 대한 반항으로 하나의 원에서 출발했지만 그 일부만을 발췌하여 나타내도 충분히 안정감이 있음을 나타내려는 의도를 갖는다.

아니시 카푸어의 조형물은 얇은 면이 독립적으로 서 있어 이는 보는 이로 하여금 충분히 불안감을 줄 수 있다. 특히 바닥에 안정감 있게 수

건축의 형태는 시대를 반영한다

위) 데이비드 스미스의 '쿠비 비'(1963년) / 앤서니 카로의 '드림시티'(1996년)
아래) 리처드 세라의 '기울어진 구' / 아니시 카푸어의 '세계를 뒤집기'(1996년)

직으로 서 있는 것이 아닌 안으로 약간 기울어져 있는 모습이다. 그럼에도 이들은 충분히 오랜 시간을 이렇게 서 있어도 전혀 문제없음을 보여주고자 한다.

스페인 산타크루스 데 테네리페에 위치한 테네리페 콘서트홀은 산티아고 칼라트라바의 작품으로 그 건축가의 다이내믹한 이미지가 그대로 드러나는 형태이다. 이 건물의 특징은 위에 얹은 섬세하지 않은 구조물이다. 판형으로 가늘고 긴 형태를 안정감 있게 세운 것이 실로 놀라운데 이 형태 안에 숨겨진 구조적인 흐름이 포인트이다.

디오니시오 곤살레스의 도핀 아일랜드 시리즈는 재료가 주는 이미지에 특징이 있다. 아마도 재료를 금속과 같은 유연성이 있는 재료를 사용했다면 그리 놀라운 일이 아닐 것이다. 그런데 철근 콘크리트로 부드러운 곡선을 만들어 낸 것이다. 물론 거푸집을 사용했겠지만 재료와 유연성의 연관관계를 통하여 새로운 시도에 대한 메시지로 받아들여야하나. 일반적으로 내부공간의 효율을 생각하여 많은 시도를 포기하는 건축가들에게 주는 메시지로 보인다.

이렇게 레이트모던이 우리에게 주는 메시지는 새로운 시도에 대한 자신감으로 그들은 모던 양식이 발달하면서 특히 구조에 대한 자신감을 보여주고자 했다.

건축의 형태는 시대를 반영한다

위) 스페인의 테네리페 콘서트홀(산티아고 칼라트라바, 2003년)
아래) 디오니시오 곤살레스의 도핀 아일랜드 시리즈

'포스트모더니즘',
과거의 모티브에 현대의 기술을 입히다

과거의 형태를 역사의 뒤안길로 밀어 넣고 모던이 점차 확산되면서 과거 형태를 추구하는 예술은 시대에 뒤떨어진 것처럼 인식되던 때, 1972년 7월 15일 하나의 사건이 발생한다. 미국 미주리주 세인트루이스에 프루이트 아이고(Pruitt-Igoe)라는 대규모 공공 주택단지 프로젝트가 시행되면서 아파트 대단지가 조성된다. 이 규모는 33개동 2,762세대를 위한 것으로 12,000명을 수용할 수 있는 규모였다.

이는 새로운 도시계획으로 911사태 때 무너진 WTC 쌍둥이 빌딩의 설계자 미노루 야마사키의 설계로 야심차게 시작되었으나 계획처럼 입주자가 들어 오지 않아 전체 동 70퍼센트가 빈 아파트로 남게 되었다. 이후 이곳이 우범화되자 시는 아파트 처리문제로 고민하게 된다. 그리고 1972년 급기야 이 단지의 중앙에 있는 건물을 파괴하는 것으로 결정한다.

세인트루이스의 프루이트 아이고 주택단지

이때까지 숨죽어 있던 과거 양식은 이 사건을 계기로 이날을 모던의 사망일로 정하게 된다. 이는 단지 기능주의적인 건축물로 승승장구하던 모던에 경고장을 던진 것이며, 국제양식을 앞세워 모던의 문제를 지적한 것이다. 이후 과거 양식이 등장하는데 이것이 바로 포스트모던이다. 이렇게 과거 양식이 기지개를 켜며 현대에 재탄생되었다.

셰익스피어의 4대 비극 중 하나인 〈로미오와 줄리엣〉은 두 가문의 싸움 속에서 만들어가는 사랑 이야기로 전 세계적으로 알려진 작품이다. 이 작품의 배경은 16세기 중반, 즉 중세와 근세의 과도기로 아직은 중세의 모습을 갖고 있던 때였다. 칼을 허리에 차고 말을 달리던 그 도시의 풍경을 떠올리던 시대로 현대의 모습과 많이 다르다. 두 가문의 싸움 속에서 운명적으로 만난 두 사람은 애틋하면서 사랑스럽기도 하다. 1968년 레오나드 위팅과 올리비아 핫세가 주연으로 등장한 영화 〈로미오와 줄리엣〉을 기억하는 사람들이라면 영화의 배경을 칼싸움이 벌어지는 이탈리아 중세로 여길 것이다.

1996년 이러한 기대를 깨고 레오나르도 디카프리오와 클레어 데인즈가 주연으로 등장해 새로운 배경의 영화로 선보인다. 두 가문이 원수지간이라는 것은 동일하나 배경은 현대로 바뀌고 말 대신 자동차를 타고 다니며 칼 대신 총을 쏘는 내용으로 바뀌었다. 영화의 애절한 마지막 장면조차 동일하다. 즉 영화의 구성과 내용은 원래의 〈로미오와 줄리엣〉을 벗어나지 않았을 뿐 그 시대적 배경과 영화 촬영기법은 현대적으로 바뀌었다. 이것이 바로 포스트모던 형식을 따른 영화이다.

한복은 우리의 전통 의상이다. 과거에는 일상복이던 것이 지금에 와서는 특별한 날이 아니면 입지 않게 되었는데 이유는 양복보다 여러 가지 면에서 불편하기 때문이다. 전통 한복을 입기 위해서는 알아야 할 것이 많으며 매듭도 바르게 매야 한다. 이러한 부분들은 옷이 불편하다는 것만큼 한복을 멀리하게 되는 이유가 되기도 한다. 그래서 등장한 것이 개량 한복이다. 전통 한복에 비해 형태, 옷 모양과 착용 방법이 단순하고, 현대인이 입는 옷과 크게 다르지 않다. 그러나 전통 한복이 가진 이미지는 가능한 유지하려 했다는 것을 알 수 있다. 우리는 이를 과거와 현대를 접목한 퓨전이라고 말할 수 있으나 사실상 이는 포스트모더니즘의 콘셉트를 따른 것이다.

건축의 형태는 시대를 반영한다

전통과 역사적 이미지를 담다

이집트의 피라미드는 그 입구를 쉽게 찾을 수 없으며 거대한 사암 덩어리로 왕의 권위를 보여주는 상징물로 존재한다. 나일강의 서쪽에 수직으로 자리를 잡고 있는 피라미드는 과거 왕의 상징물로 이만한 크기나 위협적인 것이 없을 정도로 상징적인 역할을 한다. 5000년의 기간에 걸쳐 변화를 보이지 않았던 이집트의 역사만큼이나 그 육중함을 보여주고 있다.

파리 루브르 박물관의 피라미드는 1989년에 선보인 것으로 파리의 입장에서 남다른 의미를 갖는다. 과거 식민지를 가졌던 프랑스의 위세를 그대로 표현해주는 상징적인 곳이기 때문이다. 둘 다 피라미드이지만 중국계 미국인 건축가 이오 밍 페이가 왜 이곳에 피라미드를 세웠는지 생각해 볼 필요가 있다. 세계적인 정원 디자이너 찰스 젱스는 이 피라미드를 가리켜 "이 피라미드는 모던의 탈을 쓰고 프랑스에 영광을 돌려주었다"라고 표현했다.

이집트의 피라미드 / 파리 루브르 박물관의 피라미드

프랑스 파리의 개선문 / 라데팡스의 신 개선문

    프랑스 파리의 개선문은 파리의 많은 역사를 함께한 상징적인 건축물이다. 파리를 오가는 주요 행렬이 이 개선문을 통과할 만큼 도시의 출입구로서 중요한 역할을 한다. 라데팡스의 신 개선문은 파리의 개선문과 하나의 축을 이루며 신도시에 만들어졌다. 이 신 개선문의 디자인은 현대적이지만 그 역사적인 이미지는 구 개선문을 떠올리게 한다. 이 또한 포스트모더니즘의 일환이다.

    독일 프랑크푸르트에 있는 메세 토르하우스(Torre Messe Torhaus)와 메세 투름(Messeturm)은 최근의 작품임에도 불구하고 대칭, 격자화된 기하학, 스케일과 형태까지 이 지역의 붉은 색조 석재에 대한 역사적인 기억을 담고 있다. 특히 독일 중부지방은 남부 지방의 흰 사암과 대비되는 붉은 사암의 중세 건물들이 많이 자리 잡고 있다. 이 두 건물은 이러한 지역적 특성을 감안하여 도시적인 맥락으로 건축되었다.

    포스트모던 이론가 찰스 젱스는 포스트모던에 대해 역사적 기억, 도

건축의 형태는 시대를 반영한다

위) 독일 프랑크푸르트의 메세 토르하우스(O.M.웅거스, 1984년) / 메세투름(1991년)
아래) 매너리즘 양식의 건축물 / 로마네스크가 있는 매너리즘 양식의 건축물

시적 맥락, 장식, 재현, 은유, 참여, 공공영역, 다원주의 그리고 절충주의의 디자인이 포함되었을 때 포스트모던으로 볼 수 있다고 했다. 그의 정의를 바탕으로 보았을 때 이 두 건물은 포스트모던으로 볼 수 있는 것이다. 즉 포스트모던은 과거에서 모티브를 가져와 현대적인 기술로 만들어낸 작품이다.

매너리즘 양식의 건물은 다양한 양식이 하나의 형태에 복합적으로 담겨 있다. 기독교의 등장과 함께 신인동형론의 바탕을 이룬 고대의 시기가 매듭을 지었는데 초기 기독교가 세상에 등장할 때 비잔틴이 함께 등장한 것이다. 로마의 정세 불안은 건축물에도 고스란히 나타나는데 경계를 나타내는 첨탑이 바로 그 예이다.

석조건물이 절정을 이루는 중세에는 구조적인 불안감이 첨탑의 증가하는 현상으로 나타나고 특히 로마황제의 정치적인 불안함이 시작되는 중세에는 자체적인 경계를 갖추려는 욕구에서 건물은 외부 영역, 중간 영역 그리고 개인 영역을 이루는 3단 영역 분리를 이루게 되는데 이는 외부의 형태에도 반영된다. 중세의 시작인 비잔틴, 과도기의 로마네스크 그리고 중세의 절정을 이루는 고딕에서 건물의 외형은 큰 차이를 나타낸다.

뉴욕에 있는 필립 존슨의 AT&T 빌딩은 3단 구성으로, 롤스로이스의 라디에이터를 닮은 창의 격자, 영국에서 18세기에 등장한 로코코 양식의 치펜데일 가구의 꼭대기, 원, 그리고 경사 지붕 등 역사적인 표현들이 담겨 있다. 이렇게 과거에서 형태적인 모티브를 가져와 만들어내는 것이 포스트모더니즘의 대표적인 표현이다.

건축의 형태는 시대를 반영한다

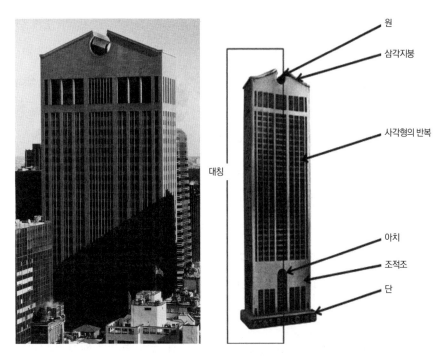

원
삼각지붕
사각형의 반복
대칭
아치
조적조
단

위) 미국 맨해튼의 AT&T 빌딩(필립 존슨, 1983년)
아래) 안산대학교의 진리관 건물

1960년에 등장한 포스트모더니즘(Postmodernism)의 'Post'의 대체 단어는 'After'이다. 즉 '애프터모더니즘(After Modernism)'으로 표현할 수도 있다. 말 그대로 모더니즘(1900~1960) 후에 등장한 것이다. 포스트모더니즘을 사실상 한마디로 규정하기는 쉽지 않다. 그러나 역사적인 것과 관련이 있으며 이를 현재와 접목하는 절충적인 양식을 갖고 있다.

안산대학교의 진리관 건물에는 그리스 신전의 형태가 숨겨져 있다. 상단부의 삼각형, 심즈(Sims)의 배열기단부, 그리고 하단의 계단 부분이 형성되어 있다. 이는 신전의 전형적인 모습으로 이 세 가지 요소가 필수적인 부분이다. 그러나 삼각형 가운데 놓인 원형이나 각 창문의 상단부 아치 형태는 로마의 산물로 이 형태는 복합적인 형태를 취했다고 볼 수 있다. 특히 가운데 기둥의 배열이나 창문의 배열은 그리스 양식과는 차이가 크다. 그러나 기둥과 삼각형의 중간 부분인 심즈의 배열은 그리스 건축을 그대로 옮기려는 의도가 보인다.

이렇게 포스트모더니즘의 특징은 명확하다. 포스트모더니즘을 주도하는 건축가들은 모더니즘을 난해한 디자인으로 치부한다. 모더니즘이 발생한 시기에 클래식한 디자인을 추구하던 그룹은 사회의 흐름에 그들의 위치를 드러내지 않았던 것이다. 그러나 모더니즘의 등장을 환영했던 것은 아니다. 모던이 들어선 시기에는 과거 타도의 목소리가 컸는데 거기에는 클래식한 스타일이 담겨 있음을 알고 있었기 때문이다. 그래서 아돌프 로스의 장식을 강도로 취급하는 행위와 콘크리트 주택의 등장에는 입을 다물고 있을 수밖에 없었다.

모더니즘에 비하면 훨씬 형태주의에 가까웠던 포스트모더니즘은 드

건축의 형태는 시대를 반영한다

디어 정비를 갖추고 1972년대 애프터모더니즘이라는 깃발을 들고 다시 등장하게 된다. 이들이 갖고 온 무기는 역사적인 기억이었는데 이것이 바로 포스트모더니즘이었다.

포스트모더니즘의 부활, 다시 맥을 잇는 제1의 형태

근대를 기점으로 형태가 두 개로 나뉘지만 제2의 형태가 등장했다고 해서 제1의 형태가 사라진 것은 아니다. 제1의 형태가 지속되는 상황에서 새로운 형태가 등장한 것이다. 다른 분야는 새로운 시도 속에서도 기존의 것들이 공존하며 지속됐는데 건축의 형태는 잠시나마 첫 번째 시도가 주춤할 수밖에 없었던 역사적 배경을 갖고 있다.

심지어 활동하던 건축가들이 전면에서 물러나고 엔지니어가 앞장을 서야 했던 시기가 바로 제2의 형태가 등장하던 근대이다. 그림이나 음악은 시대적인 변화 속에서 감성적인 부분과 이성적인 부분이 공존하며 만든 자와 제공자 사이에 언어적인 공유가 가능했으나 건축은 감성적인 부분에서 이성적인 부분으로 빠르게 전이되면서 언어적인 교환이 어려워지는 상황으로 변화되었다. 형태주의는 시대적으로 뒤떨어지는 이미지를 갖게 되고 기능주의가 시대를 반영한 최첨단의 형태로 자리매김하면서 새로 생긴 형태에 대한 이해가 수반되지 않으면 공유가 불가능한 시대가 된 것이다.

이는 국가에도 영향을 주어 기능적인 부분이 부각되면서 여러 나라에 근대의 형태들이 도입되어 국제주의라는 건축 형태가 빠르게 보급되고 무분별한 형태들이 생성되며 도시가 황폐해지기 시작했다. 이에 지역적인 안배와 환경에 대한 영향을 배제하고 기능에 맞춘 최첨단 건축이 해결책으로 자리매김하게 되었다. 이 시기가 바로 제1의 형태가 잠시 주춤했던 시기다. 시기적인 압박감도 있었지만 기능이라는 달콤한 언어에 이를 대체할 만한 단어가 제1의 형태에는 존재하지 않았기 때문이다.

이는 제1의 형태, 즉 근대의 기능을 앞세운 형태는 스스로 자신의 문제점을 드러낼 때까지 기다려야만 했던 것과 같다. 근대로 보면 분주하고 혈기왕성한 출발이었지만 제1의 형태에 있어서는 암흑기와도 같은 시기였다. 연대기를 보면 시간대마다 새롭게 출발했지만 이 시기만큼 이전 것을 부정하고 근본 자체를 변화시킨 시기는 없었다. 근대는 참으로 짧은 시기 동안 그렇게도 오랜 역사 동안 지속되었던 제1의 형태를 멈춰 세웠고 특히 서민의 형태라는 이점이 더욱 대중 속으로 파고드는 데 도움이 되었다. 하지만 서민들은 소외된 디자인 일색이었던 근대의 형태를 진심으로 반겼을까 하는 의문이 든다. 제1의 형태와 제2의 형태 사이의 큰 차이는 바로 장식이다.

이탈리아 르네상스 이전 건축물 형태의 특징은 구조와 일치했다. 건축 형태 그 자체가 구조를 보여주고 있었던 것이다. 그러나 르네상스에 들어와서 구조는 숨겨지게 되고 이중적인 표현이 등장했다. 가장 대표적인 것이 바로 기둥과 벽의 이중 사용이었다. 하중을 전달하는 구조체가 벽으로 대치되면서 기둥은 장식적인 요소로 전락하게 되고 이를 시작으로 기둥이 장식의 대표적인 구조물이 된 것이다. 이를 계기로 장식이 발전을 이루게 되지만 장식은 기능적으로 필요한가, 그렇지 않은가 하는 투쟁의 가운데 있었다. 이는 건축 비용과 관계가 있었다. 이를 위

건축의 형태는 시대를 반영한다

한 투자가 필수적인지 생각해 보았을 때 이는 서민들에게 부담으로 작용했다. 이러한 부담을 해결한 것이 바로 기능이다.

장식이 투자의 가치가 있는가에 대한 의문이 다시 기능적으로 필요한 가라는 의문으로 대치되면서 근대 예술가들은 서민의 입장을 대변하고자 했다. 이 대변은 타당했다. 경제적인 이유로 장식을 선택한 것이 아니라 불필요하기 때문에 선택하지 않았다는 정당성이 생겨났다. 그러나 권위적이고 부유한 계층의 많은 부류들이 제1의 형태를 선호하는 것을 보면 이 정당성이 임시 방편적인 변명일 수도 있다는 생각을 하게 된다. 이러한 의견이 두 개의 형태에 자연스럽게 선택되었지만 공유되지 않고 상황에 의하여 잠시 억눌려 있었을 뿐 의도에 따른 것이 아니라는 의견이 더 지배적이다. 또한 모든 형태는 선택하는 것일 뿐 다른 의도에 의하여 제한되어서는 안 된다.

이러한 상황이 지속되고 1980년도까지 잠잠했던 제1의 형태가 부활하면서 근대의 종말을 선언하는 대치 상황이 찾아왔다. 이것이 바로 포스트모더니즘의 탄생과 모더니즘의 종말이다. 포스트모더니즘은 종적을 감춘 형태 언어를 세상에 끄집어냈는데 이는 다시 감성적인 대화를 시도하려는 의도였다. 그러나 과거의 형태를 그대로 사용하지 않고 근대가 주장하는 기능 또한 접목하여 새로운 기술과 새로운 재료를 사용함으로써 과거의 형태 디자인을 재정비했다.

고대는 중세와 근세를 통하여 강렬하게 이어져 왔고 고전주의와 신고전주의라는 징검다리 위를 걷다가 근대에 잠시 선택의 기회를 주면서 주춤했지만 포스트모더니즘을 통하여 다시 화려하게 부활한 것이다.

포스트모더니즘의 부활은 제1의 형태가 다시 맥을 잇게 되는 것으로 이 것이 모더니즘의 종말과 시민혁명의 종말을 의미하는 것은 아니다.

　수직적인 신분의 변화가 수평적인 신분 변화, 즉 부르주아와 프롤레 타리아로 바뀌면서 자본가와 노동자의 선택으로 시민혁명의 정신은 이 어지고 있었고 선택의 폭 또한 넓어졌다. 물론 근대는 자신들이 부르주 아라고 생각하지 않지만 시민혁명에 의하여 잠시 주춤한 포스트모더니 즘은 이들을 가난한 척하는 부르주아로 치부하고 있었다. 포스트모더 니즘이 과거의 디자인과 연결되어 있지만 고전적인 디자인도 그 자체로 공존하고 있고 시대의 주를 이루었던 모더니즘 또한 선택 사항이 된 것 이다.

　모던이 독자적으로 주를 이루던 시대가 지나고 클래식한 형태가 등 장하면서 건축가들은 이 두 가지의 부류에서 하나를 선택하든, 그렇지 않든, 아니면 두 가지를 병행하든 분류를 당하는 입장이 되었다. 즉 건 축가들은 이 두 가지 부류 중 하나에 속하게 될 것이다. 일반인들도 이 제 감성적인 제1의 형태를 선택할 수 있고 이성적인 제2의 형태를 선택 할 수 있는 폭이 넓어졌다. 시대에 뒤떨어진 선택이라는 기준이 사라지 고 취향에 대한 대등한 입장이 형성된 것이다.

　이렇게 시대 속에 잠시 주춤했던 포스트모더니즘은 과거의 디자인에 기능을 첨가하여 다시 등장했다. 매너리즘, 바로크 그리고 로코코가 등 장하면서 주류가 왕에서 귀족으로 바뀌고 지배계층의 일방적인 태도가 문제시되면서 교훈적인 메시지가 등장했다. 클래식이란 디자인 자체에 있는 것만이 아니라 때로는 시대적인 교훈 전달을 위하여 인용되는 경우도 있다. 예를 들어 사회가 혼란스럽거나 어떤 메시지가 필요한 상황에서는 고전적인 미디어가 많이 등장하게 된다.

고대를 기점으로 제1의 형태가 시작하는데 중세에 들어서도 고대의 표현이 주로 사용되고 특히 삼각지붕, 기둥, 단과 같은 그리스 형태 요소와 아치, 돔, 볼트, 조적조 등의 로마 형태 요소들이 주를 이루게 된다. 그러나 이렇게 뚜렷한 요소들 외에도 르네상스에 등장한 안드레아 팔라디오의 대칭적인 배열, 그리고 순수한 형태를 이루는 삼각형, 사각형, 그리고 원의 기하학적 형태의 반복 등이 제1의 형태에 추가된다.

이러한 추가적인 형태 요소로 인하여 고대부터 전해온 형태 요소의 사용에 따라 양식은 조금 더 세분화되지만 역시 제1의 형태에 속한 것은 마찬가지였다. 이를 구분하는 기준은 원형의 형태와 얼마나 근접하는가에 있다. 어차피 시대가 변했기 때문에 고대의 형태와 동일한 모습을 갖고 있다고 해도 이는 더이상 원형이 아니다.

제1의 형태는 크게 네 가지로 구분할 수 있다. 원본, 고전주의, 신고전주의, 그리고 포스트모더니즘이다. 여기에서 원본이라는 것은 고대만을 의미한다. 원본과 동일한 형태로 만들되 재료, 건축기술, 형태를 동일하게 함으로써 거의 원본과 유사하게 만드는 것이 바로 고전주의이다. 그리고 형태와 표현은 유사하지만 재료와 건축기술만 그 시대의 것을 적용하는 것이 신고전주의이다. 포스트모더니즘은 말 그대로 모더니즘 이후에 등장한 과거의 디자인 요소를 사용하여 현대적으로 재구성한 양식이다.

우연히 탄생한 걸작은 없다

건축이든, 미술이든, 음악이든, 양식적으로 분류하는 용어는 무척 많다. 이 단어들을 이해하는 것은 결코 쉬운 일이 아니다. 과거에서부터 지속적인 발전과 변화를 해오면서 전해오는 형태와 반대로 중간에 새로운 시도로 등장한 형태로 정리하고자 하지만 그 많은 형태들을 분류하기란 결코 쉬운 일이 아니다. 의외로 고전과 닮은 건축 형태를 설계하는 학생은 많지 않다. 고전의 형태는 일정한 공식을 알아야 하며 반대로 르코르뷔지에가 보여준 도미노 시스템처럼 구조와 벽체가 자유로워진 모던은 형태 구성에 쉽고 우리 주변에 쉽게 볼 수 있을 만큼 익숙하기 때문일 것이다. 그러나 도시는 다양한 요소로 채워져야 하며 다양한 부류의 인간들이 만족하는 환경을 가져야 한다.

창작에는 작업자의 의도가 담겨 있어야 한다. 형태가 잘된 건축물과 잘못된 건축물은 없다. 표현을 잘한 건물과 잘못한 건물만이 존재할 뿐이다. 그러나 표현을 잘했다는 기준은 어떻게 정할 수 있을까? 그것은 바로 작업자의 의도이다. 의도적인 콘셉트를 정립한 후 그것을 형태에 반영하고 그 콘셉트가 형태 속에 잘 표현되어야 하는 것이다.

우리가 알고 있는 명품의 공통점은 바로 이 의도된 표현이 작품에 담겨 있다는 것이다. 이것은 언행일치(言行一致)의 산물이다. 언(言)은 의도이고 행(行)은 작품이다. 그래서 형태를 배우거나 만들 때 이러한 의도를 갖고 표현하는 연습을 한다면 좋은 작품을 만들 수 있다. 의도하지 않고 우연히 나온 걸작은 없다.

1900년대의 남대문(숭례문)을 보면 성벽을 좌우로 연결하여 사대문의

1900년대 남대문 / 2013년에 복원된 남대문

역할을 하고 서울의 관문으로서 기능을 갖췄다는 것을 알 수 있다. 그러나 화재로 소실되어 2013년에 복원된 남대문의 모습을 보면 1900년대 남대문과 약간의 차이는 있지만 사실 소실되기 전의 모습 그대로 재현하고자 소실되기 전의 건축 재료와 건축기술 등을 사용했다. 그리하여 소실되기 전의 원형과 유사한 형태를 얻게 되었다. 이것이 바로 고전주의이다. 예를 들어 형태 그 자체는 동일하지만 노출 콘크리트, 자갈, 금속판, 유리, 석재 등으로 재료를 변경했다면 이것은 신고전주의이다.

신고전주의 남대문

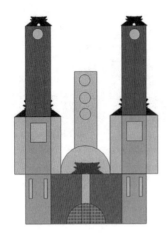

포스트모더니즘 남대문

남대문의 이미지를 넣고 르네상스에 유명했던 좌우대칭 형식을 빌려 순수한 도형인 사각형, 삼각형 그리고 원을 변형 없이 첨가해 보았다. 남대문과 전혀 상관은 없지만 이를 전체 건축물의 형태에 이미지 요소로 넣었으며 과거의 형태 공식을 사용하여 만들어 본 것이다. 미숙하게 보여도 이것이 바로 포스트모더니즘이다. 즉 전체적인 형태에서 원형의 모습을 알 수는 없지만 포스트모더니즘은 과거의 디자인 공식을 사용하여 인간 중심적이고 감성적인 표현이 드러나면서 중심적인 형태 구성을 갖추었다. 이렇게 고전은 고전주의, 신고전주의 그리고 포스트모던 이라는 세 가지 규칙 안에서 일상에 등장하게 되었다. 그러므로 포스트모던을 이해하려면 과거 양식을 먼저 알아야 하고 그 형태가 어디에서 왔으며 어느 부분에 과거의 이미지가 적용되었는지 알면 훨씬 흥미롭고 재미있다. 포스트모던이 과거의 디자인 양식을 적용하여 만들어진 형태라 해도 현대에 속한 양식임에는 틀림없다.

건축의 형태는 시대를 반영한다

모던이 주를 이루며 급성장하고 과거의 양식이 점차 감소되지만 이러한 분위기 속에서 과거의 양식이 아주 사라진 것은 아니었다. 과거의 양식이 과거처럼 많지는 않았지만 유지되고 있었는데 그러던 와중에 과거의 양식을 이어 오는 건축가들이 있었다.

포스트모던이 시작하게 된 배경에는 로버트 벤투리, 필립 존슨, 찰스 무어, 마이클 그레이브스와 같은 건축가들이 있다. 이들 중 벤투리를 포스트모던의 시작으로 설명할 수 있다. 그는 포스트모더니즘의 탁월한 이론가이자 포스트모던의 아이디어를 제공한 건축가였다.

벤투리는 로마에 있는 미국 아카데미에서 공부한 후 처음에는 모더니스트 건축가의 영향을 받았는데 1958년까지 모더니스트인 핀란드계 미국 건축가 에로 사리넨과 인도계 미국 건축가 루이스 칸의 사무실에서 일한 후 예일대학의 건축학 교수가 되었다. 그는 건축을 배우면서 현대 건축의 단점을 깨닫게 되었는데 특히 그 엄격한 기능, 획일적인 부분, 장식의 부재 그리고 건축물이 가진 도시의 역사와 문화를 무시한 설계 방식에 대한 모순으로 현대 건축에 대한 흥미를 갖지 못했다. 그러던 중 1966년 〈건축의 복잡성과 모순〉이라는 제목의 저서를 발표하게 되는데 여기서 그는 근대주의의 기능적 교리 대신 역사적 요소, 근대 이후 등장한 철근 콘크리트와 강철 위주의 건축물이 주를 이루는 상황에서도 건축물에 적합한 특성 있는 재료와 역사적 암시의 의미적 사용, 그리고 건물을 흥미롭게 만들기 위한 비례 및 규칙을 제안했다.

그리고 또 한 권의 책을 발표하면서 근대주의의 모순에 대한 주장을 더 자세히 펼쳐나간다. 그는 건축가들이 설계 시 자신의 설계 의도와 유토피아만을 나타내려고 시도하기보다는 장소에서 오는 환경 등 기존 건축물을 고려하고 이를 반영할 것을 촉구했다. 또한 그는 저서를 통해 장식과 장식 요소가 "다양성 및 의사소통을 위한 다양한 요구사항을 수용한다"고 주장했다. 그의 책은 모던 일색이었던 상황에서 건축에 대한 새로운 사고방식에 대한 관찰자의 시각을 넓히는 데 큰 영향을 주었다.

이전의 모든 역사적인 건축물과 고전적인 건축물들은 역사를 바탕으로 건축되었으며, 미스의 유명한 건축물들은 간결한 것이 더 아름답다는 기치 아래 설계되었는데 이에 대하여 벤투리는 그의 건축물들은 한마디로 '더 적은 것은 지루한 것이다(Less is a Bore)'라고 평가했다. 그는 포스트모던 건축물을 설계하며 다양한 스타일과 역사적인 참고 문헌을 반영하는 새로운 스타일의 사례들을 선보였는데 역사적인 스타일이 더 학문적이며 표현 또한 풍부하다고 주장하기도 했다.

그의 첫 번째 건물 중 하나는 1960년에서 1963년 사이에 지어진 필라델피아의 길드 하우스와 필라델피아의 체스트넛 힐에 있는 어머니의 집이었다. 이 두 집은 이후 포스트모던 운동의 상징이 되었다. 그 후 1960년대와 1970년대에 역사적인 사례와 그 주변의 도시에 존재하는 아이디어와 양식을 고려한 일련의 건물을 설계하며 포스트모던 양식의 건축물들을 선보이기 시작했다.

벤투리의 길드 하우스와 어머니의 집을 살펴보면 과거 양식에서 사용하는 좌우대칭이 전체 형태에 기본적으로 담겨 있는데 이는 모던의 국제양식에서 지적한 회피해야 할 형태이다. 또한, 길드 하우스에 담겨 있

건축의 형태는 시대를 반영한다

위) 미국 필라델피아의 길드 하우스(로버트 벤투리, 1960~1963년)
아래) 미국 필라델피아의 어머니의 집(로버트 벤투리, 1962년)

는 아치와 주택에 보이는 삼각형의 이미지는 로마와 그리스 신전에서 그 근거를 찾을 수 있으며 삼각형, 사각형 그리고 원 또는 곡선을 반복적 그리고 규칙적으로 사용하는 것 또한 과거의 양식에 자주 등장하는 표현이다. 길드 하우스의 조적조는 로마에서 시작한 것으로 이 또한 과거 양식의 한 표현이다. 이렇게 벤투리는 자신의 건축물에 과거 양식의 디자인 요소를 의도적으로 사용했는데 바로크처럼 장식을 의도적으로 붙이는 방식이 아닌 형태 속에 이미지를 장식적으로 나타내면서 포스트모던을 유지하려 했던 것이다.

세계 각국에서 일어난 모더니즘에 대한 반란

벤투리가 이러한 시도를 하던 시기에 이탈리아에서도 모더니즘에 대한 반란이 시작되었다. 바로 건축가 알도 로시에 의해서였다. 그는 전쟁 중 파괴된 이탈리아 도시와 건물들이 원래의 거리 계획 또는 도시 문화를 무시한 상태로 이전 건축 역사와 아무런 관련 없는 모더니스트 스타일로 재건되는 것을 신랄하게 비판했다. 도시가 역사적인 구조와 형태, 지역 전통을 보존하는 방식으로 재건되어야 한다는 것이 그의 주장이었다.

알도 로시가 디자인한 산 카탈도 국립묘지 건물은 과거 양식에 자주 등장하는 개구부의 리드미컬한 배치가 인상적이다. 일반적으로 창의 배치는 일정한 규칙이 있는데 기둥의 구조나 주차장의 영향도 받지만 일반적으로 한 박자, 두 박자, 세 박자 그리고 네 박자의 규칙을 따르기도 한다. 이러한 규칙은 사실 과거 양식에서 유래한 것이다. 일정한 규

건축의 형태는 시대를 반영한다

칙 속에서 동일한 형태를 반복한 것이 특징이며, 세계의 극장은 로마네스크 양식을 그대로 현대로 가져온 느낌이다. 과거의 교통수단은 대부분 수로를 통해서 이뤄졌기 때문에 유럽의 강 중앙에는 중세풍의 세관 건물을 많이 볼 수 있는데 베니스에 이러한 형태를 옮겨 놓음으로써 현대 도시에 중세의 느낌을 주려는 의도를 엿볼 수 있다.

　미국의 건축가 마이클 그레이브스 또한 포스트모던 스타일의 건축물을 설계했는데 그의 많은 건축물 중 포스트모더니즘 양식의 건축물 두 개를 선택한다면 포틀랜드 공공 빌딩과 덴버 공립 도서관이다.

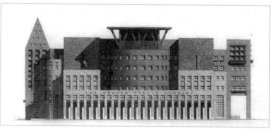

위) 이탈리아의 산 카탈도 국립묘지(알도 로시, 1984년) /
　　건축 비엔날레 행사 후 해체된 세계의 극장(알도 로시, 1979년)
아래) 미국 오리건주의 포틀랜드 공공 빌딩(마이클 그레이브스, 1982년) /
　　미국 콜로라도주의 덴버 공립 도서관(마이클 그레이브스, 1996년)

그레이브스는 이 외에도 미국에 동일한 양식의 건축물을 다수 설계했다. 일반적으로 건축물의 규모나 기능을 볼 때 중요한 역할과 특수한 목적을 가진 건축물에 특정한 양식이 적용되는 경우가 많은데 그레이브스는 대형 쇼핑몰 건축물뿐 아니라 소매점의 디자인에 큰 영향을 미친 미국의 제이씨페니(JC Penney)와 타깃(Target)과 같은 체인을 위해 크고 저렴한 소매점을 설계하여 건물의 주요 건물뿐 아니라 작은 규모에도 양식을 적용했다.

그레이브스가 처음부터 포스트모더니스트는 아니었다. 초기에 그는 피터 아이젠만, 찰스 과스메이, 존 헤이덕, 리차드 마이어와 함께 순수 모던 건축을 지향하는 모임인 '뉴욕파이브(New York Five)'의 일원이었지만 1982년 포틀랜드 건축물을 설계한 후 포스트모더니즘으로 설계 방향을 변경하였다.

그레이브스 작품의 특징은 형태 안에 형태를 시도했다는 점이다. 모던온 형태 자체에 대칭을 피하고 그 개체 하나하나를 기능적으로 시도하는 반면 포스트모던은 과거의 디자인 이미지에서 보여주는 반복적인 요소를 통하여 리드미컬하게 배치하고 복잡하지 않은 수평이나 수직 축을 갖고 있으며 기본적인 기하학적인 도형을 사용하여 안정적이고 규칙적인 배치를 하는 것이 마치 공식처럼 사용되는데 그레이브스 또한 전체적으로 이러한 배치를 시도했다.

미국의 건축가 찰스 무어 또한 포스트모더니즘의 유명한 건축가 중 한 사람으로 그의 가장 유명한 작품은 유명한 이탈리아 르네상스 건축물 안에 담겨 있는 디자인 요소를 풍성한 컬렉션으로 구성하여 나타낸

건축의 형태는 시대를 반영한다

뉴올리언스의 이탈리아 광장이다. 이는 로마가 광장으로 시작한 도시의 기원을 담아 주변으로 르네상스 건축에서 볼 수 있는 다양한 요소들을 표현한 것으로 포스트모더니즘의 감성적이고 기하학적인 요소들로 광장을 적나라하게 표현하였다. 또한 비버리힐스에 스페인 부흥 건축물을 바탕으로 비버리힐스 시빅 센터를 설계하였는데 이 또한 찰스 무어의 포스트모던을 잘 나타낸 대표적인 건축물이다.

이탈리아 광장은 미국 이탈리아 문화센터 뒤에 위치해 있다. 이 광장은 완성되기도 전에 걸작이 될 것으로 관심받았으나 밀레니엄 시대가 시작되면서 과거의 양식이 관심받지 못하고 이 주변이 발전되지 않으면서 이 광장의 작업 또한 제대로 진행되지 못해 잊히기 시작했다. 그래서 세인트루이스 프루이트 아이고가 모던의 죽음이라는 이름이 붙여진 것처럼 '포스트모던의 파멸'이라는 이름이 붙게 되었다.

미국 뉴올리언스의 이탈리아 광장(찰스 무어, 1978년)

그런데 2003년에는 이탈리아 광장 근처에 라이크스 센터(Lykes Center)가, 2004년에는 로우스 호텔(Loews Hotel)이 완공되고 이탈리아 광장도 복원되면서 관심을 끌기 시작했다.

처음에 뉴올리언스는 이탈리아 이민자를 많이 받아들였지만 프랑스와 스페인 이민자들이 많은 기부금을 내면서 이탈리아인의 존재가 무의미해져 가고 도심지에 발생한 질병을 개선해야 하는 문제에 놓이게 되었다. 찰스 무어는 예일대학교 건축학과의 학장을 지냈으며, 후에 '포스트모던 건축(Postmodern Architecture)'이라고 불리는 재치 있고 풍부한 디자인 언어를 제안하며 뉴올리언스의 이탈리아계 미국인 커뮤니티의 비전을 실현하는 데 도움을 주고자 했다.

찰스 무어는 세 명의 젊은 건축가와 뉴올리언스의 페레스(Perez) 회사와의 긴밀한 협력을 통해 이탈리아 반도 모양의 공공 분수대를 상상해 냈는데 분수대와 그 주변의 콜로네이드는 고전적인 형태를 적절히 적용하여 동역학을 이용해 작동되도록 했다.

찰스 무어의 또 다른 작품인 비버리힐스 시빅 센터는 1982년 비버리힐스 시청을 개축하면서 시민 센터를 건설하려는 프로젝트 제안을 통해 시작된 것으로, 시는 찰스 무어에게 설계를 의뢰했는데 그는 이미 지어진 시청의 스페인 부흥 건축 양식을 바탕으로 스페인 부흥, 아르데코, 포스트모던 스타일까지 모든 이미지를 적용하여 이 건물을 설계했다. 여기에는 안뜰, 개울, 산책로와 건물이 포함되며 개방형과 반 밀폐형 공간이 다양하게 있고 계단과 발코니에는 포스트모던의 양식을 적용하여 1990년에 완공하였다.

건축의 형태는 시대를 반영한다

미국의 비벌리힐스 시빅 센터(찰스 무어, 1990년)

　모던과 포스트모던을 다양하게 보여준 건축가가 있는데 바로 필립 존슨이다. 그의 경력은 전체적으로 두 개의 양상을 보인다. 처음에는 순수 모더니스트로 발걸음을 내디뎠는데 1935년 국제 현대 미술관에서 유명 박물관 카탈로그를 공동 저술하고, 하버드대학교의 발터 그로피우스와 마르셀 브로이어와 함께 공부했다.

　코네티컷의 새로운 가나안에 있는 그의 글라스 하우스는 미스의 미니멀리즘과 비슷한 양식의 건물을 선보이면서 모더니스트 운동의 상징으로 부상했다. 그는 미스와 함께 뉴욕의 시그램 빌딩을 설계하여 모던의 또 다른 상징적인 건축물을 탄생시켰다. 특히 1930년대 후부터는 석고 천장과 좁은 색의 창문이 있는 포트 체스터 홀과 네브래스카대학교의 예술 화랑과 같은 곳에 마치 과거의 건물을 비웃기라도 하듯 장난

필립 존슨의 건축물
위) 미국 포트 체스터 홀(1933년) / 미국 네브래스카대학교의 예술 화랑(1963년)
아래) 미국 미네소타주의 IDS 센터(1973년) / 미국 텍사스주의 펜조일 플레이스(1975년)

건축의 형태는 시대를 반영한다

기 있는 표현과 늘어진 표현을 건물에 포함하기도 했다. 미네 아 폴리스의 IDS 센터와 휴스턴의 펜조일 플레이스처럼 1970년 그의 주요 건축물은 분명하고 명확한 표현의 완전한 모더니스트였다.

그런데 AT&T 빌딩부터 포스트모더니즘으로 극명하게 변모했다. 이 건물의 가장 두드러진 특징은 치펜데일식(Chippendale) 가구를 모델로 한 순전히 장식적인 최고급 건물로, 역사적인 건축물에 대한 의미심장한 표현을 담고 있다는 것이다. 포스트모더니즘 이론가 찰스 젱스는 이 건물을 최고의 포스트모더니즘적인 건축물이라고 극찬했다. 존슨의 의도는 모더니스트 마천루 건축물로 가득한 맨해튼 도시에 포스트 모던적인 건축물을 세워 기업 상징으로 돋보이게 하려고 포인트를 주려는 것이었다. 그의 의도는 적중하여 이 건물은 맨하튼뿐 아니라 모든 포스트모던 건축물 중에서 가장 훌륭한 건축물로 알려지게 되었다.

AT&T 빌딩은 포스트모더니즘의 대표적인 건축물로, 지금은 소니빌딩으로 불리는데 역사적인 건축물의 모든 디자인 요소를 다 갖추고 있다고 해도 과언이 아닐 정도이다. 모던으로 가득한 도시의 빌딩 숲속에서 독자적인 형태를 갖춘 만큼 이를 통해 존슨의 깊은 의도를 깨닫게 하는데 이 건축물은 포스트모던을 설명할 때 빼놓을 수 없는 예로 사용되기도 한다.

그리고 얼마 지나지 않아 펜실베이니아에 있는 피츠버그 판유리 회사(Pittsburg Plate Glass Company)의 포스트모던 프로젝트인 PPG 빌딩을 완성한다. 이 건물은 231개의 유리 첨탑을 포함하여 네오 고딕 양식의 건물 형태를 갖추었는데 여섯 개의 유리 건물 중 하나인 PPG 빌딩의 높이는 안테나를 포함하여 194미터에 달한다.

필립 존슨의 PPG 빌딩을 보면 꼭대기 첨탑의 형태들이 고딕 이미지를 띠고 있다. 모던에 중세의 이미지를 첨가하면서 만들어 낼 수 있다는 포스트모던의 메시지와 함께 형태 디자인의 마무리에 대한 교훈적인 내용을 갖고 있기도 하다. 이 건물은 여섯 개의 PPG 중 하나로 피츠버그에 있는 건물이다. 이 건축물도 포스트모더니즘 형태에 모던의 주재료인 유리를 접합시킨 건축물로 존슨의 설계 디자인이 얼마나 무궁무진한지 알 수 있는 예다. 이 밖에도 손꼽히는 포스트모던 건축가로 프랑스의 크리스찬 드 폴잠파크, 스페인의 리카르도 보필, 이소자키 아라타, 그리고 마리오 보타 등이 있다.

미국 뉴욕의 AT&T 빌딩(필립 존슨, 1982년) / 미국 피츠버그의 PPG 빌딩(필립 존슨, 1984년)

건축의 형태는 시대를 반영한다

일정한 틀을 거부한 새로운 시도, '네오모더니즘'

포스트모더니즘의 등장은 모더니스트들에게 충격을 안겨주었다. 모던 이전 역사주의의 배경은 군주제와 연결되어 있어 사회적 불평등을 야기하던 시기였는데 특히 장식이라는 요소가 건축의 영역에서 차지하는 역할이 컸다. 모더니스트들은 이를 권위적인 이미지로 여기며 상당히 부정적인 태도를 보였다.

오랜 세월을 거쳐 평민 출신 중 경제력을 가진 부르주아들이 시민혁명의 주축이 되어 새로운 사회를 만들었고 바로크는 특히 루이 14세의 귀족 천대 시대였는데 이렇게 왕족에게 미움을 샀던 귀족들이 부르주아들과 결탁하여 로코코를 만들었으며 산업혁명이라는 새로운 시기는 수직적인 신분 관계에서 자본가와 노동자라는 새로운 수평적 신분 관계를 탄생시켰는데 이는 분명히 평민들에게 새로운 시대를 예고했을 것이다.

모더니스트들은 오로지 귀족을 위하여 만들어진 장식은 일반인들에게 동력을 더욱 요구하는 일이었으며 이는 일부 계층만을 위한 작업이라고 생각했다. 그리고 이 장식들은 오로지 시각적인 역할만 담당했을 뿐 기능적인 부분에서는 쓸데없는 요소로서 모든 사물은 기능을 우선시해야 한다는 새로운 모토 아래 새로운 시대를 열어간 것이다.

새로운 희망 속에 모던은 승승장구하여 심지어 구조적으로 자신감을 갖고 과감한 시도도 서슴지 않았으며 역사적인 형태를 음지로 몰아내고 새로운 시대를 마음껏 즐기던 끝에 레이트모던까지 등장시키는 데 일조한다. 이렇게 역사주의를 시대에 뒤떨어진 디자인으로 간주하며 전진했고 특히 국제주의 양식의 등장은 일정 지역뿐 아니라 전 세계를 하나로 묶고 고리타분한 역사에 매달린 사람들을 비웃기라도 하듯 지역과 환경 그리고 문화까지 무시한 방법으로 보란 듯 도시를 채우며 성장한 것은 실로 모던의 큰 승리였다.

사실 오랜 역사 속에서 도시를 채우던 역사주의 건축물을 제치고 모던의 건축물들이 도시의 자리를 차지하는 기회를 얻기란 쉽지 않았을 것이다. 그런데 전쟁을 통하여 도시의 많은 건축물, 특히 과거의 건축물들이 사라지면서 이는 모던에게 주어진 절호의 찬스였던 것이다. 만일 전쟁으로 인해 도시가 폐허로 변하는 상황이 발생하지 않았다면 아무리 기술과 재료가 과거와 달랐어도 모던도 이렇게 빠른 속도로 성장할 수 없었을 것이다.

모던은 이것을 기회라고 생각하여 양식을 무시한 디자인 국제주의 양식으로 '형태는 기능을 따른다'는 모토 아래 장식을 철저히 배제하며

건축의 형태는 시대를 반영한다

도시를 가득 채워나가고 있었다. 하지만 프루이트 아이고의 철거 사건 후 모던은 사망일을 선고받은 듯 충격에 빠졌다. 이때 모든 것의 해결책처럼 자리매김하며 질주하던 모던의 행보가 잠시 멈추었다.

그 틈을 타서 모던은 재평가를 받게 되고 많은 모던 건축가들이 모던의 문제점에 동의하며 역사주의 건축물의 필요성에 동참하게 되면서 벤투리의 '더 적은 것은 지루한 것이다'라는 주장이 설득력 있게 작용하고 도시는 다양한 건축물의 등장을 허용하게 된다. '기능은 형태를 따른다'는 역사주의 모토가 다시 등장하게 된 것이다. 역사주의 건축물은 감성주의를 바탕으로 인간의 심성을 중요시한다. 그러나 모던은 이성주의를 바탕으로 하는 것으로 기술적인 부분을 부각한다.

포스트모던이 재등장하고 다시 장식에 대한 관심이 쏟아지면서 모더니스트들은 이에 대항할 양식의 필요성을 다시 느낀다. 그리고 벤투리나 필립 존슨의 장식에 대한 의견에도 관심을 갖게 된다. 그러나 모더니스트들이 시도하는 새로운 모던은 장식을 첨가했지만 그것이 역사적인 장식은 결코 아니었다. 그것은 형태적인 장식일 뿐이었다. 즉 형태 그 자체가 장식이 되는 것이었다.

과거의 장식은 종교적인 교훈을 담거나 아니면 그리스 신화에 등장하는 기득권자의 권위를 도와주는 이미지와 같은 의미를 담고 있었다. 그러나 새로운 모던은 장식을 표현하되 의미가 없는 장식, 즉 형태 속에 형태로 존재하는 것이었다. 그러나 형태와 형태가 서로 융합하지 않아 쉽게 읽히지 않는 것, 안정된 형태보다는 공격적이거나 폭발하는 듯한 형태, 불규칙성을 갖는 불협화음, 일정한 주제를 나타내는 형태적인 장식, 시간적 흐름을 담고 있는 기억의 흐름, 추상적이면서 회화적인 파괴, 비장소성, 일정한 기능의 파괴 등 고정된 사고를 갖지 않고 일정한 틀에 있지 않은 기능의 파고 등 새로운 시도를 하게 된다.

이는 역사적인 건축물이 갖춘 안정감과 규칙 그리고 비례에 대한 반항처럼 작용한다. 그리고 이를 새로운 모더니즘, 즉 네오모더니즘(Neo Modernism)이라고 이름 지었다. 모던 자체가 새롭다는 의미이므로 'New'를 붙이는 것은 반복적인 단어의 나열로 이 또한 새로운 모더니즘의 콘셉트에 맞지 않으므로 'Neo'를 붙인 것이다. 이것이 네오모더니즘의 탄생이다.

포스트모던을 경계하는 네오모던

근대 이후 현대가 등장하는데 현대의 시점은 국제양식부터 보는 것이 옳다. 국제양식 이전에는 사실 그 표현 방식이 지역적이었으며 과거와 크게 다르지 않았다. 그러나 국제양식은 그 이전과 차이를 보였고 새로운 이론을 내세워 등장했다. 레이트모던이 등장하고 이후 포스트모던의 등장 직후 네오모던이 등장한다.

포스트모더니즘은 모더니즘이라는 단어가 붙어 있지만 사실 모던과는 관련이 없다. 포스트모던(Post Modern)에서 'Post'는 'After'라는 뜻이므로 모던 이후에 등장했다는 것을 의미한다. 여기에서 모던과 상관이 없다는 것은 그 형태 표현 방법을 말하는 것이다. 간단히 말하면 모던의 기본 바탕은 장식을 배제하는 것이었으며 포스트는 과거처럼 장식을 표현하는 것이다. 그래서 시기적으로는 현대에 등장했지만 제1의 형태인 과거의 건축 표현 범주에 넣었다. 즉 제1의 형태는 장식을 포함하는 것을 말하고 제2의 형태는 장식을 배제하는 것을 기준으로 나눈 것이다. 정리하면 모던은 과거의 양식에서 탈출을 의미하고 네오모던은 포스트모던을 경계하는 의미라고 생각하면 된다.

네오모던의 대표적인 건축물 중 하나인 베르나르 추미의 라 빌레트 공원을 본다면 누구든 그동안의 지식을 모두 무용지물이라 여기게 되는 경험을 하게 될지 모른다. 라 빌레트 공원은 보는 이들에게 할 말을 잃게 만드는 작품이다. 그가 역사주의에 저항적이라면 우리는 추미에게 저항적일 수밖에 없다.

추미는 우리에게 그의 편에 설 수 있는 자리를 전혀 내주지 않고 심지

프랑스 파리의 라 빌레트 공원(베르나르 추미, 1979년)

어는 자신의 입장만을 밝힌 채 그 자리를 떠나 버렸다.

온전히 우리의 선택은 그냥 바라보는 것이다. 마치 하나의 나라와 시간의 흐름을 축소시켜 각 도시를 만들어 놓고 이 도시를 도로로 연결해 놓은 것 같기도 하고 하나의 도시를 축소하여 중심과 외곽으로 만들어 놓은 것 같기도 하다. 건축가는 공원을 하나의 도시처럼 만들어 놓았으나 그곳에 건축은 없고 추미의 암호(점: Folie. 선: Time. 면: Earth)만으로 가득하다. 그래도 도시는 성벽으로 둘러쳐져 있지 않았으며 자신을 은폐할 수 있는 후미진 곳도 없다. 다행스럽게도 계단이 있으며 운하를 건널 수 있도록 했고 몇 개의 벽도 존재한다. 길은 어디론가 방향을 설정하고 있으며 그 끝에는 목적지가 존재한다는 개념이 있다. 그러나 그의 길은 건축물을 지나쳐 가고 있다.

길은 뻗어 나가지만 그의 길 위에는 또 하나의 길이 있다. 그것은 불안과 도전으로 받아들일 수 있다. 라 빌레트 공원에서 건축물은 머무는 곳이 이니라 거처가는 곳이다. 그것은 주거의 개념에 대한 도전이다. 소방서를 떠올리게 하는 붉은색이 이를 더 강조하고 있다. 그 어느 색보다도 붉은색은 피를 의미하는 것처럼 생명을 의미하며 생동감과 현재진행형을 의미한다.

그의 건축물은 자신의 존재를 나타내지 않고 오히려 석재의 존재를 더 친근하게 만들고 있다. '건축은 건축적이어야 하는가'라는 의문을 진지하게 생각해 본 적은 없으나 그의 건축물을 바라보면 그러한 의문을 떠올리게 한다. 그래야 하지 않을까 하는 생각을 하지만 그에 대한 의문을 끝까지 물고 늘어진다면 왜라는 물음에 구체적으로 다가갈 자

건축의 형태는 시대를 반영한다

신은 없다.

그것은 아무도 정하지 않았지만 존재하는 약속이기 때문이다. 아마도 추미는 이러한 주인 없는 약속을 누군가는 책임져야 한다는 문제를 제기하는지도 모른다. 그의 작품이 추상적이라는 것은 구체적인 것을 좀 더 구체화시키려는 의도에서 비롯된 것인지도 모른다.

건축적이라는 것은 무엇인가? 건축의 주인공은 공간이라는 브루노 제비의 개념에서 볼 때 공간을 나타내야 하는 것이 건축이라면 추미의 건축물에도 공간은 존재한다. 그러나 그의 건축물에서 공간은 전부가 아닌 일부라는 것이다. 즉 건축의 주인공이 공간이 아니라는 것이다. 그의 건축에서 공간이 전부여야 한다는 규칙은 어디에도 없다.

아마도 그의 작품을 보이는 그대로 본다면 의문투성이가 되지만 그것은 맞는 의문일 수도 있다. 그의 작품이 바로 의문을 던지고 있기 때문이다. 그렇다면 무엇에 대한 의문인가? 그것은 불확실성에 대한 의문이다. 이것이 네오모더니즘의 한 부분이다. 추상적으로 존재하는 의문을 형태화하여 구체적으로 보이게 함으로써 우리 스스로 그 해답을 찾게 하려는 것인지 모른다. 그래서 그의 건축물은 암호이다.

르코르뷔지에의 옥상정원이 대지에서 빼앗은 땅을 되돌려주는 것이라면 그의 건물은 빼앗은 그 건너편의 시야를 우리에게 되돌려주는 것이다. 주어진 것을 다시 새롭게 만들어서 되돌려주는 것이 현대산업의 특징이 아닌가 생각한다. 그의 틀은 흩어진 것을 하나의 테두리 안에 넣어서 다시 되돌려주고 있지만 그 틀 안에 있는 것은 다시 사라질 수 있다. 들어 올려진 손은 나의 의지이지만 그 손에 앉은 것은 새의 의지이고 다시 날아갈 의지 또한 그 새가 가지고 있다. 추미의 작품이 독자적이지 않고 아이젠만이나 게리 그리고 시노하라 카즈오의 작품과 부분적으로 같은 이미지를 갖는 것은 그 테두리가 형성해 가는 형태 속에 우리가 떠올리는 이미지가 존재하기 때문이다.

그것은 곧 형태의 해체가 아니라 이미지의 해체를 의미한다. 그리고 그들의 작품 속에는 중심이 튀쳐나왔지만 중심이 없는 것은 아니다. 건물의 테두리를 모두 잘라 버린다면 남는 것은 역시 공간을 가진 소위 순수한 이미지의 건물이다. 그렇다면 이것은 해체가 아니고 중심을 벗어난 연장인 것이다. 그리고 곳곳에 매달려 있는 원이나 삼각형은 그저 장식일 뿐이다. 알버티의 미와 장식의 비교에 있어서 미 또한 하나의 구조로 볼 수 있다. 그리고 장식은 떼어 내어도 구조에 전혀 상관없다고 했을 때 공간을 이루는 구조물 외의 것은 장식이다.

이러한 관점에서 봤을 때 모든 것이 다 포스트모더니즘이고 모던이고 그리고 네오모던이다. 찰스 젱스가 열 가지 중 여섯 가지의 공통점이 있을 때 그들을 하나의 사조에 넣을 수 있다고 했어도 마찬가지이다. 알버티의 관점으로 보았을 때 이 건물은 장식으로 가득한 건물이다. 건축에서 장식이 아닌 것은 공간뿐이다. 고딕의 플라잉 버트레스가 구조의 역할을 훌륭히 해내는 뼈대인 것처럼.

해체와 구성이라는 것은 단순히 형태에만 국한되는 것은 아니다. 라빌레트 공원에 있는 한 폴리의 붉은 격자 안에는 거대한 물레방아의 일부가 땅에 묻혀 있다. 그 거대함은 힘을 의미하기도 하지만 땅에 묻힌 것은 무력한 모습으로 보인다. 이는 관찰자가 가진 기대에 대한 해체이

건축의 형태는 시대를 반영한다

다. 이는 기능에 대한 구성을 벗어난 것이다. 완벽한 해체란 곧 존재하지 않는 것이라는 것은 설명하지 않아도 알 수 있다.

그러나 건축물이 가진 인간에 대한 기본적인 역할은 우리가 벗어날 수 없는 굴레이다. 이러한 상황이 추미로 하여금 그 테두리마저 벗어 버리는 그로닝엔 글라스를 탄생시키게 한 것이다. 그 글라스는 존재하지 않으면서 그곳에 있다. 전과 후, 비시각적, 그리고 비장소적인 건축물을 우리에게 보여주는 것이다. 이것이 미래이다.

흐름에 대항하는 네오모더니스트들

"유리로 된 건물을 본 적이 있는가?"라는 기자의 질문에 추미는 미스의 건축물을 떠올렸다. 그러나 그 건물은 유리를 모두 제거했을 경우 철 구조물은 남는다고 설명했다. 이는 철 구조물만 남았어도 주택이 존재한다는 의미이다.

추미의 글라스 비디오 갤러리는 사방이 유리로 설계되어 있어 유리 너머로 나무를 볼 수 있다. 우리는 이곳에서 유리 뒤의 나무를 볼 수 있다. 공간을 이루면서 공간이 존재하지 않는 완전한 해체를 시도하려는 그의 의미를 엿볼 수 있다. 비디오라는 극히 사적인 사물을 공개적인 장소로 옮기고자 하는 그의 의도는 엄청난 시도이며 욕구 자체를 분해하는 시도로 볼 수 있다. 완전한 해체는 자연 그대로 두는 것이다. 추미는 이 건물의 구조에 가장 흔한 재료를 사용하였다. 그것은 네오모더니즘 정신에 타당한 방법이다. 2중적이며 가공이 이루어지고 두 겹으로 된 것은 부르주아적인 이미지이다. 노출 콘크리트의 솔직함처럼 그 표면이 그대로 드러나는 것은 곧 직설적인 표현이다. 이 건물의 접합 부분은 단순한 클립을 사용해 고정시켰다. 단순하다는 것은 없음을 향해 가는 손짓이다.

아마도 유리로 된 클립이 있었다면 그는 클립도 유리로 사용했을 것이다. 이것은 그가 대들보와 기둥마저 유리를 사용한 것을 보면 잘 알수 있다. 후에 이곳을 하얀 풍선으로 한동안 가득 채웠다는 것은 아주 재미난 아이디어였다. 이것은 이 건물이 존재하지 않는다는 그의 의도를 잘 반영하는 부분이다.

사람들에게 표준과 상식은 쉽게 부수지 못하는 벽과 같다. 그리고 이는 우리의 사고의 범위를 제한하는 하나의 막으로 감싸고 있다. 이는 획일적이고 기계적인 사고로 이어질 수밖에 없다. 보편적인 것이 무난하

네덜란드 그로닝겐의 글라스 비디오 갤러리(베르나르 추미)

건축의 형태는 시대를 반영한다

다는 의미로 존재의 권리를 포기하고 테두리 안에서 보장된 상황을 받아들이는 것, 이는 창조와는 거리가 먼 행위이다. 비평가들이 비평하는 것은 그들의 행위이며 창조자의 행위는 창조하는 것이다. 이것은 결코 기존의 테두리 안에 존재하지 않아야 하며 고르지 않은 땅 위에 서 있을 수밖에 없다. 평탄한 대로처럼 빠르지는 않지만 구렁이 담 넘어가듯 유유히 흐르는 그 평안함은 결코 무난함에 저항하는 자들의 길이 아니다.

안락함에 안주할 수 있는 소망은 모두의 소망일지 모르지만 추미는 감히 그 게으름의 막을 뚫고 나왔다. 흐름을 타기만 해도 장소의 이동을 만끽할 수 있다. 그러나 그것은 자신의 존재를 스스로 개척하려는 자들의 자리가 아니다. 네오모더니스트들은 그 흐름에 대항하고 못된 송아지처럼 끝없이 뚫고 나오려 한다. 그 세계에서 자신의 영원한 위치는 없다. 언제나 새로운 모습은 시간의 흐름이 평가한다.

추미의 이 라 빌레트 공원은 자연에게서 공간을 빼앗은 것이 아니라 서로 공유하는 공간이다. 영역을 표시하였지만 공유하는 공간이고 단순히 기능적인 만족에 머무는 것이 아니라 점차로 퍼져나가는 건축이다. 그것은 소유에서 무소유로 가는 과정을 표현한 것이고 공간의 자유를 그냥 얻는 것이 아니라 단계별로 어떻게 진행되어 가는가를 표현하고 있다. 형태에서도 가장 기본적인 수평과 수직의 요소가 모여서 완성된 것으로 이는 진정한 해체가 단순한 것에서 이루어진다는 것을 그가 사용한 재료들에서도 여실히 나타나고 있다.

솔리드(Solid: 채워진 공간)에서 보이드(Void: 비어 있는 공간) 또는 보이드에서 솔리드로 가는 과정으로 이는 소유에서 무소유 그리고 무소유에서 소유

라 빌레트 공원에 설치된 조형물 폴리

건축의 형태는 시대를 반영한다

로 가는 과정이다. 해체는 안에서 밖으로 나가는 것이다. 가장 중심에 있는 것은 자기 자신이다. 이는 자신의 해체가 곧 우주의 해체이며 공간이 건축의 중심에 있는 것이 아니고 전체 건축물 중에 공간이 일부를 차지하는 것이다.

몇 개의 요소는 비건축적일 수 있다. 그러나 그것은 그 개체 하나만을 보았을 경우로, 여기에서는 전체를 하나의 건축물로 모아서 보아야 하며 이를 다시 개별적으로 분리해 놓은 것으로 볼 수 있다. 이는 종합적 큐비즘의 확대이다. 그러므로 라 빌레트 공원은 작게 보아야 한다. 라 빌레트 공원은 하나의 완충공간으로 여기에 놓인 각각의 요소는 공간을 채우는 가구이며 룸이 되고 거실이 되며 태양은 조명이 된다.

이 형태에서 굳이 구조적인 안정감을 시도하려 했다는 일반적인 상식을 끌어들이고 싶지 않다. 너무 앞서간 것이 아닐까 싶지만 이 구조체의 최상부에 수평적 테두리가 없는 것을 보았을 때 완전한 개방을 보여주는 것이 아닌가 생각하기도 했다. 완성과 명확한 표현이 없다는 것, 그리고 구체적인 설명을 주지 않았다는 것은 답답할 수도 있겠지만 느낌의 자유라는 해방감도 느낄 수 있다. 이것은 네오모더니스트들이 추구하는 것이다. 명확한 포스트모더니즘처럼 그 소재의 근거를 불러올 수 있고 역사적인 뿌리를 보여주는 것은 오히려 그 작품을 하나의 테두리에 가두어 두는 것일 수 있다. 그러나 그것이 단지 이해를 구하는 데 필요한 요소라면 이해를 구하지 않는 부류들에게는 분명한 공식을 필요로 하지 않는다는 것이다.

네오모더니스트 중 한 명인 추미의 작품을 보면서 이렇게 다양한 해석이 나오는 것은 그들의 작품이 갖는 특징으로 명확하지 않지만 명확한 오브제를 제공하면서 존재하는데 네오모더니즘의 특징 중 하나는 개인적인 표현을 추구한다는 것이다. 네오모더니즘 건축가들의 작품은 개성이 강하고 서로 간에도 그 표현 방법이 너무 달라 마치 다다이즘처럼 개인 양식이라는 표현에 가까울 만큼 특징이 모두 다르다. 이것 또한 네오모더니즘의 한 형태이다. 프랭크 게리, 피터 아이젠만, 렘 콜하스, 버나드 추미, 자하 하디드, 마키 후미히코, 시노하라 가즈오 모두 네오모더니스트들이지만 이들 작품을 하나의 범주에 넣기에는 개성들이 강하고 특징적인 것과 같다. 한마디로 네오모던은 '묻지마 디자인'이다.

우리는 바나나를 보면서 왜 바나나가 구부러졌는지 따지지 않는다. 맛있으면 되는 것이다. 즉 바나나 모양이기 때문이다. 네오모던 또한 굳이 따져서는 안 된다. 그저 감상하는 것이다. 역사주의 건축물들은 각 부분에 타당한 이유와 규칙과 배치에 대한 법칙이 있다. 이에 대한 반발심으로 등장한 것이기 때문에 타당한 이유가 있다면 그것은 네오모던이 아니다.

네오모던의 특징 중에는 부조리, 불일치, 불협화음 등이 있다. 예를 들어 창문에 방충망을 설치한다면 일반적으로 창문의 형태와 크기를 측정한다. 그러나 네오모더니스트들은 창문만 가리면 충분한 것이다. 즉 기능만 하면 된다고 생각한다. 그래서 창문보다 방충망이 커도 크게 문제 삼지 않을 것이다. 그러나 규칙을 중시하는 사람들은 크기가 맞지 않는 것에 대하여 왜 그런지 물을 것이다. 그러면 네오모더니스트들은 왜 안 되는지 다시 물을 것이다.

건축의 형태는 시대를 반영한다

위) 다닥다닥 붙어 있는 집들의 지붕들
아래) 빨래판이 창의 역할을 대신하고 있는 문 / 처마를 받치고 있는 기둥의 모양이 모두 제각각인 주택

　우리나라의 달동네 형태와 분위기를 모르는 사람은 없을 것이다. 다
닥다닥 붙어 있는 집들의 지붕들을 보면 각양각색이다. 아마도 정리되
고 깔끔한 동네에 사는 이들에게는 이러한 형태가 어색할 수도 있을 것
이다. 하지만 그들은 지붕의 기능에 아무런 문제가 없는데 이런 형태가
왜 어색한지, 문제가 되는지 되물을 것이다. 문에 달린 빨래판을 보고

그저 빨래판이라고 생각하는 사람들이 있겠지만 집주인에게는 빨래판이 훌륭한 창 가리개가 된 것이다. 또한 처마를 받치고 있는 기둥의 모양이 모두 제각각인 것에 거부감을 느끼는 사람들도 있을 것이다. 그러나 훌륭한 기둥으로 사용되고 있다. 이것이 네오모더니즘의 자유이다.

창문이 매달려 있는 건축물이 있다. 태풍에 의하여 저렇게 된 것이라면 고쳐야 하지만 건축가가 의도적으로 만든 것이라면 이것은 네오모던 양식이다. 기능에는 아무 문제 없기 때문이다.

모더니스트들이 가장 좋아하는 건축 재료는 유리이다. 특히 이들은 가능한 벽을 없애고 벽을 유리로 대체하려는 노력을 많이 해왔다. 다르송(Darcons)의 본사 건물도 벽은 없고 테두리만 있는 건물로 전체적인 형태 자체가 하나의 조형물처럼 장식적인 역할을 하고 있다. 이 유리의 등장은 바우하우스에 그 기원을 두고 있는데 여기에는 부유라는 의미심장한 단어가 숨겨져 있다.

모던의 사망선고 후 포스트모더니즘이 등장하자 이에 발 빠르게 나온 것이 네오모던으로 이들은 과거보다 더 복잡한 형태로 완전히 틀을 부수고 모던의 시초보다 더 강한 기능주의를 나타내려고 한다. 그러나 이러한 작업이 진행될수록 우리가 혼란을 느끼는 것은 네오모던과 해체주의에 대한 구분이다. 그러나 이를 굳이 구분하지 못하더라도 이렇게 다양한 형태들이 우리 주변에 존재한다는 것은 무척 기쁜 일이다.

건축의 형태는 시대를 반영한다

위) 미국 텍사스주의 페롯 뮤지엄
아래) 멕시코의 건설회사 다르송의 본사 건물

'해체주의'에 여전히 남아 있는
고정관념

해체주의라는 영어로 'Deconstruction'이라고 표기한다. 여기에 'De'와 'Construction'이 합쳐져 이상하게도 'Construction' 구조라는 말이 먼저 떠올라 마치 구조를 해체하라는 말로 들린다. 맞는 말일지도 모른다. 해체주의는 프랑스 철학자 자크 데리다의 사상으로부터 시작했다. 그러나 굳이 이 인물을 알 필요는 없다. 아마도 초창기에는 구조를 해체하자는 말에서 시작됐을지도 모른다. 초기에는 구조가 건축물을 만드는 데 가장 걸림돌이었기 때문이다. 그러나 지금에 와서는 그 이상의 의미를 갖는다. 구조뿐 아니라 우리의 고정관념을 해체하자는 의미로 더 넓어졌다.

모든 건축물은 수직과 수평의 형태로 만들어져야 한다는 고정관념, 외벽에는 벽과 창, 그리고 문이 있어야 한다는 고정관념, 모든 건축물은 정해진 재료로 만들어져야 한다는 고정관념, 주출입구는 반드시 지상

건축의 형태는 시대를 반영한다

층에 있어야 한다는 고정관념, 구조체가 내부에 있어야 한다는 고정관념, 하나의 시간 흐름이 존재해야 한다는 고정관념, 모든 형태는 온전한 모습을 갖춰야 한다는 고정관념, 모든 요소가 제자리가 있다는 고정관념 등 우리가 지금까지 알고 있는 모든 고정관념을 해체해 버리는 것이 해체주의이다. 그러나 이러한 상황에서도 기능은 변하지 말아야 한다는 고정관념은 아직도 해체주의에 그대로 남아 있다.

프랭크 게리의 건축물
왼쪽) 체코 프라하의 댄싱 하우스(1996년)
오른쪽) 스페인의 빌바오 뮤지엄(1997년) / 미국 로스앤젤레스의 월트 디즈니 콘서트홀(2003년)

쾌적한 공간에 대한 욕구,
스마트 건축의 미래

어떤 기능을 요구하는 건축물을 설계할 것인가 결정되면 그 기능을 충족시키기 위하여 필요한 자료를 수집하고 사용 인원에 대한 조사와 이에 맞는 공간 분석, 그리고 방위에 대한 배치 분석과 환경 분석, 대지 조사 등 다양한 사전 작업을 하는 것이 일반적이다. 이는 사용자를 위한 일뿐만 아니라 도시에 가장 적절한 건축물을 창조하기 위해서이다. 그러나 국제양식이 확산되면서 과거보다 지역과 환경 그리고 그 영역의 문화와 역사적인 배경에 대한 고려 사항을 반영하지 않는 상황이 일어나고 있다. 이는 건축물 자체 기능에 초점을 맞추면서 생겨난 현상이다.

현대에 와서 설계작업의 고려 사항에 많이 배제되는 부분이 있다. 바로 내부공간의 배치와 빛, 환기 그리고 단열에 관한 사항이다. 과거에는 설계 과정에서 동선을 고려하여 공간 배치를 고민하고 이에 따라 환기를 위하여 개구부의 배치 선택과 구조에 따른 공간 나누기, 방위에 따

건축의 형태는 시대를 반영한다

른 공간의 종류를 분류하여 배치하였으며 개구부의 성격, 창의 크기와 배치를 고려하였다. 또한, 배치도, 평면도, 입면도 그리고 단면도 등 2차원적인 작업이 선행되고 이 과정이 완료된 후 투시도나 조감도 등을 작업했다. 이는 건축물의 외형을 이해시키는 데 그 목적이 있었다. 그러나 지금은 3차원적인 투시도 또는 조감도를 먼저 작업하고 내부 공간의 배치와 공기 순환, 내부로 유입되는 빛의 작용 등을 3D 작업을 통하여 먼저 시뮬레이션을 거친 후 이것이 목적한 바를 얻게 되면 비로소 2차원적인 작업을 하게 된다.

여기서 우리는 왜 작업의 순서가 바뀌게 되었으며 그 원인이 무엇인지 한 번 생각해 보아야 한다. 설계를 통해 기대하는 형태를 얻는 것도 중요하지만 쾌적한 공간을 얻는 것이 우선이다. 과거에는, 여기에서 과거란 도면을 처음 그리게 된 시기를 말하는데 이때는 온전히 손으로 그려야 했다. 이것이 최선의 방법이었다. 그렇다면 왜 도면을 그려야 하는지 생각해 볼 수 있다. 도면 작업의 목적은 설계자와 건축물에 관계된 사람과의 의사소통을 위한 도구이다. 즉 설계자 소유의 건축물이고 자신이 직접 시공할 것이라면 굳이 설계도를 그릴 필요는 없다.

하지만 그렇지 않다면 그 외의 사람에게 자신이 설계하고자 하는 건축물이 어떤 것인지 이해시킬 필요가 있는데 이를 그림으로 그려서 보여준다면 이해하는 데 훨씬 도움이 될 것이다. 이렇게 도면작업이 수작업으로 이뤄지다 보니 도면을 그리는 데 있어 전문성이 요구되었다. 그런데 컴퓨터 프로그램이 등장하면서 수작업이 필요 없게 되었고 도면작업은 훨씬 수월해졌으며 도면의 수정 또한 쉬워졌다. 수정이 쉬워졌다는 것은 건축물이 시공에 들어가기 전 하자를 줄일 수 있는 가능성이 커졌다는 것이며 건축주 등과 의견 교환이 더 많아졌다는 것을 의미한다. 건축주의 요구사항을 더 많이 반영할 수 있는 가능성이 생긴 것이다.

건축전문가가 아니라면 도면만으로는 건축물이 완공되기 전까지 건축물이 어떻게 생겼는지 정확히 알기는 어렵다는 단점이 있었다. 그런데 컴퓨터 프로그램이 더욱 발달하면서 투시도나 조감도 등 건축물의 3D 형태가 가능해지면서 건축전문가들은 시공되기 전 건축물의 형태를 미리 보여줄 수 있는 가능성이 생겼다. 이는 사실 건축전문가보다 건축주 등 건축물에 관계된 사람들에게 더 유익한 변화이다. 그러나 이는 형태의 사전 이해라는 수준일 뿐 준공 후 그 건축물이 쾌적한 공간을 갖추었는지는 알 수 없다. 이 때문에 건축주들은 건축가의 설명에 의존해야 하는 것이다.

그러나 많은 건축사무소가 기존의 2D 작업방식을 고수하고 있어 아직은 이해하기 어려울 뿐 아니라 이러한 작업방식은 일반적이지 않은 건축 형태를 시도하는 데 어려움이 있어 식상한 형태를 만들거나 준공 후 설계과정에서 기대하지 않았던 문제들이 발생하기도 한다. 그런데 이제 이를 도울 수 있는 컴퓨터 프로그램이 등장하여 지금은 2D 작업보다 3D 작업을 선행하여 외부뿐 아니라 내부 공간이 어떻게 반응하는지 시뮬레이션을 통하여 알 수 있고 이를 건축주에게 설명하면서 이해시킨 후 2D 작업을 하는 설계사무소들이 늘고 있다. 이 같은 프로그램의 도움으로 다양한 형태의 건축물도 시도할 수 있게 되었다. 그러나

건축의 형태는 시대를 반영한다

이것은 단지 형태와 데이터에 대해서만 알 수 있을 뿐 실질적인 상황을 알 수는 없었다. 그래서 다시 등장한 것이 업그레이드된 컴퓨터 프로그램이다.

이 프로그램은 공간의 상세한 상황뿐 아니라 특수한 재료를 사용했을 때 발생할 수 있는 문제까지 다양한 경우를 예상할 수 있게 해주었다. 이는 설계 작업뿐 아니라 또 하나의 혁신을 가져오는 계기가 되었다. 그것은 바로 IT와 설비 분야다.

더운 지방은 열기를 적게 받기 위해 흰색을 사용하고 지붕의 면적을 줄이거나 둥글게 한 반면, 추운 지방은 어두운색을 사용하고 지붕의 면적은 넓게 벽은 두껍게 하여 추위에 대비하고, 눈이 많이 오는 지방은 지붕에 눈이 쌓이는 것을 방지하기 위해 경사를 많이 주는 등 지역적인 특색이 있었으나 히터 또는 에어컨 등의 설비가 발달하면서 지역적인 단점을 보완해 나가기 시작하여 지역적인 특색이 사라지기 시작했다.

자연 조건을 최대한 이용하여 설계된 건축물인가

다양해진 건축물은 이제 더 쾌적한 공간을 요구하게 되고 급기야 설비가 추가되면서 요구에 걸맞은 공간이 탄생하게 되었다. 그러나 이는 에너지 문제로 불거지고 특히 자연파괴라는 문제까지 직면하게 되었다. 특히 건축 재료의 남용은 점차 심각한 문제를 야기하고 있으며 자연 파괴라는 인류가 풀어야 할 상황까지 직면하게 되었다. 그러나 많은 사람이 이를 심각하게 여기지 않고 더 쾌적한 공간에만 초점을 맞추고 있다.

지붕 위의 눈이 녹은 부분은
에너지가 방출된다는 의미이다

과다한 에너지 사용을 막기 위해
센서를 사용해 적절한 시간에만 냉각수가
흐르도록 설계되었다

눈이 내린 후 건축물의 지붕에 눈이 녹지 않은 부분과 녹은 부분을
볼 수 있을 것이다. 이는 녹은 부분으로 에너지가 방출된다는 의미이
다. 설비에 의한 무한 에너지의 사용에만 관심을 둔 탓에 이렇게 에너지
소비에 대한 문제를 아직 해결하지 못한 건축가가 있다. 에너지를 과다
하게 사용하는 것은 좋은 설계라고 볼 수 없다. 반면에 과다한 에너지
사용을 막기 위하여 센서를 이용해 일정한 습도와 온도를 맞춰 놓아 냉

건축의 형태는 시대를 반영한다

각수가 적절한 시간에만 흐르게 해 놓고, 냉각수 또한 우수를 받아 보관하도록 설계된 건축물도 있다.

주택의 1층 도면을 보면 위는 해가 잘 들지 않은 북쪽으로 이곳에 입구를 배치하고 사람이 머물지 않는 공간을 북쪽에 두어 완충공간으로 활용하며 식당을 동쪽에, 거실을 남서에 두고 벽을 설치하여 빛을 막았다. 또한, 남동에 가든을 배치함으로써 식물을 두어 직접적인 해를 막으며 공기 순환을 위한 배치를 한 것임을 알 수 있다. 이는 북에서 오는 추위를 공간배치로 막고 남에서 오는 장점을 최대한 살리려는 의도를 보여주는 공간구조이다.

주택의 2층 평면도 또한 마찬가지로 1층의 가든을 위층까지 썬큰(Sunken) 형식으로 개방한 것을 알 수 있으며, 아이들 방을 북쪽에 배치하고 창은 최소한으로 오픈하였다. 또한, 북서 방향에는 창고를 두어 완충공간으로 사용하고 안방을 남서쪽에 배치했다.

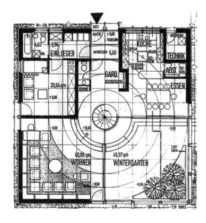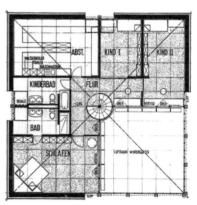

주택의 1층 도면 / 주택의 2층 도면

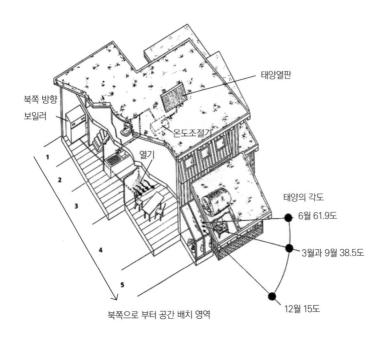

북쪽 방향

보일러

태양열판

온도조절기

열기

태양의 각도

6월 61.9도

3월과 9월 38.5도

12월 15도

북쪽으로 부터 공간 배치 영역

　이러한 공간 배치에서 자연의 조건을 최대한 방어하거나 이용하려는 의도를 알 수 있다. 일반적으로 추운 북쪽으로는 자주 사용하지 않는 공간을 두어 온도에 대한 완충 기능을 하도록 하고, 직접적인 해가 들어오는 남쪽에는 가든을 두어 간접적인 빛을 사용한다. 이는 에너지 절약에 목적을 둔 것이다. 아무리 IT 기술이 발달해도 이러한 공간 배치는 쾌적한 공간을 만드는 데 필요한 부분이다.

　이렇게 효율적인 공간 배치가 이루어져도 사람들은 더 편안한 환경을 갖기 원하는데 그것을 바로 IT 기술이 담당하는 것이다. 즉 쾌적한 공간을 위해 IT 기술이 전적으로 돕는다는 개념이 아닌 편리한 생활 방식을 영위하는 데 있어 IT 기술이 도움이 되어야 한다는 의미이다.

　베를린에 있는 한 주택은 건축물의 배치나 공간 구조를 변경하지 않

　　　　　　　　　　　　　건축의 형태는 시대를 반영한다

고 편리한 생활을 위하여 건축물에 IT 시스템을 적용하여 리모델링했다. 또한 지하에는 중앙시스템 장치를 설치하고 건축물 우측 외부에 안테나를 설치하여 네트워크 구조를 형성했다. 모든 것을 자동화 시스템으로 개조한 것인데 1980년대에 시도한 것이지만 지금의 조건과 전혀 다르지 않다. 모든 시스템을 핸드폰과 패드를 사용하여 조정할 수 있도록 함으로써 사람이 신경 써야 하는 많은 부분을 IT가 담당하도록 한 것이다. 예를 들어 외출 시 누군가 방문했을 때 이를 알려주고 원거리에서 문을 개폐할 수 있으며 블라인드가 내부의 습도와 온도에 맞추어 자동으로 조정되고 부재 시에는 화재에 대한 경보와 함께 소방서와 자동으로 연결된다. 이렇게 건축물은 설계, 설비 그리고 IT에 의한 자동화 시스템 등으로 변화하면서 건축가에게 새로운 능력을 요구하고 있다. 설계자의 부족한 인식을 건축물이 채우는 방식으로 변화하고 있는 것이다.

제4차 산업혁명,
인간의 자리를 빼앗긴 시대?

    스마트 건축은 편안한 환경을 만들기 위해 출발했지만 이제는 IT가 점차 주축이 되어가는 경향을 보인다. 역사를 살펴보면 고대에는 인간이 신인동형으로시의 역할을 했지만 이는 아주 미세한 부분이었다. 그리고 중세는 기독교 시대로 신본주의였고 인간은 배제된 시기였다. 그 후 근세는 인본주의라고 부르지만 사실은 신인동형이 다시 도래한 것이다. 그러나 고대와는 다르게 인간의 역할이 많은 부분을 차지했던 것이 사실이다.

    근대에 들어서면서 인간은 다시 그 자리를 뺏기고 기계가 그 자리를 차지한다. 그리고 IT가 등장하면서 인간은 자리를 찾지 못하게 된다. 지금은 AI 또는 ICT 시대이다. 이 기간은 점차 빨라지고 있다. 쾌적한 공간을 원하여 시작된 욕구가 더 편한 환경을 불러오기는 했지만 인간이

건축의 형태는 시대를 반영한다

주축이 되는 시대에 이에 대한 우려는 결코 기우가 아닐 것이다.

　시대 코드가 바뀔 때마다 건축의 변화가 있었던 것은 아니다. 근대 이전까지 변화가 있었지만 그것은 미미했으며, 근대에 들어서면서 이전에 없었던 기능을 요구하는 백화점, 박람회장, 사무실, 그리고 도시의 집중화로 인한 주거형태로 아파트와 중산층을 위한 주택 등 새로운 건축물이 등장하면서 건축에는 큰 변화가 생겼다. 그래서 근대를 제2의 형태로 본 것이다.

　그 이후에도 건축의 변화는 이어졌다. 근대 이전의 시기와 비교한다면 이는 기간에 비해 무척 큰 변화였지만 이것은 대부분 형태의 변화였다. 근래에 들어 설비의 역할로 국제주의 양식이 강해지면서 지역과 문화 그리고 환경을 무시하는 영향이 나타났지만 이는 건축가가 충분히 감당할 수 있는 변화였다. 그러나 이제 형태 외의 변화가 예고되고 있다. 근대가 막 시작될 때 새로운 재료에 의한 구조의 변화가 나타나면서

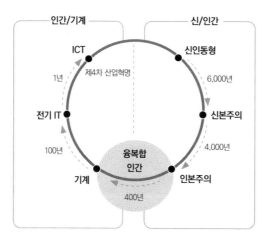

시대적 코드

건축가보다는 엔지니어가 더 각광받으며 그들의 활약이 요구되는 시대가 있었다. 이 같은 현상이 정착되어 현대에 들어 엔지니어의 역할이 커지게 된 것이다.

에펠탑을 만든 지그프리드 에펠도 사실 건축가라기보다는 정원의 철구조에 박식한 엔지니어였다. 이렇게 근대 초기에는 엔지니어의 도움 없이는 건축물을 만드는 것이 힘들었던 시기가 있었다. 이러한 흐름 속에서 건축물의 형태는 구조에 자신감을 얻고 변화하였으며, 현대에 이르러 무척 복잡한 형태의 건축물이 등장하게 되었다.

그러한 흐름을 볼 때 건축물의 형태가 단순함에서 복잡함으로 이어질 듯한 예감이 들지만 사실은 그렇지 않은 방향으로 흘러가고 있다. 이는 다른 요소가 개입되면서 건축물의 형태에 영향을 주는데 그것은 외부적인 것뿐 아니라 내부에서도 변화를 일으키고 있다. 그것은 바로 IT 기술이다.

제1차 산업혁명은 기계이며, 제2차 산업혁명은 전기이다. 또한, 제3차 산업혁명은 IT이고 제4차 산업혁명은 ICT이다. 근대의 시대적 코드는 기계로 당시 이는 첨단 단어였다. 증기의 발전으로 인력으로 하던 모든 것들은 기계의 힘으로 대량생산을 가능하게 했고 미래파의 이념이던 속도의 미도 등장했다. 그다음 탄생한 전기는 모터의 등장과 함께 더 많은 것을 인간에게 제공했다. 에펠탑은 파리 박람회용으로 만든 것으로 건설된 지 20년 후에 철거하기로 했던 것이지만 전기의 발명으로 지금까지 존재하게 되었다.

전기의 발명으로 제일 많은 변화를 일군 것은 산업현장이다. 건축은

건축의 형태는 시대를 반영한다

산업현장보다 형태나 공간적으로 크게 변화를 보이지 않았다. 단지 산업의 형태가 바뀌면서 새로운 기능을 요구하는 건축물의 등장만 있었을 뿐이다. 그러나 IT의 등장은 모든 것에 영향을 주었다.

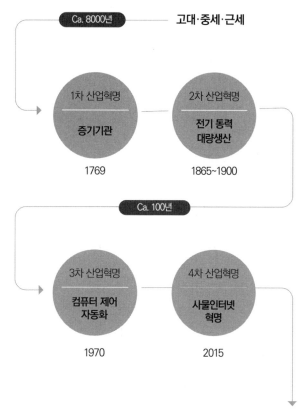

IT 인터넷(Information Technologies)은 인간이 사물을 프로그램하여 조정(수동적)하며,
ICT사물 인터넷(Information and Communications Technologies)은 인간과 인간 사이의 연결뿐만 아니라
인간과 사물의 연결, 사물과 사물의 연결도 가능(능동적)

산업혁명의 흐름

먼저 산업현장의 인력에 큰 변화를 보여주었는데 그것은 바로 인력 대체였다. 작업에 있어서 사람보다 빠르게 반응할 뿐 아니라 현장의 흐름을 지속적으로 유지할 수 있게 되었으며 인건비의 문제까지 해결하면서 로봇으로 대체되는 현상이 벌어진 것이다. 이는 곧 작업 공간의 변화를 뜻한다. 인간은 휴식을 위해서는 작업 공간 외에 또 다른 공간을 필요로 하기 때문에 이에 따른 동선과 공간을 만들어야 했다. 그러나 로봇이 작업 공간을 차지한 후에는 이런 작업이 무의미해지면서 산업 시설의 설계에 변화를 가져왔다. IT가 인간의 활동 범위를 대신 수행하면서 인간에게 필요한 공간들이 사라지게 되었고, 이는 점차 건축의 변화로 이어졌다.

모든 생산을 자동화하게 할 수 있는 시스템으로 바뀌면서 IT는 인간의 자리를 침범하기 시작했다. 그러나 IT가 우리에게 편안함을 제공하고 있기에 이를 적극적으로 활용하고 있다. 아직은 많은 부분에서 긍정적인 역할을 하고 있기 때문이다. IT와 ICT의 큰 차이는 작업의 주체이다. IT는 인간이 프로그램을 만들고 인간의 의지대로 움직이게 하지만 ICT는 사물이 정보를 받아 자체적으로 작업을 한다는 데 있다.

사물 인터넷은 모든 사물에 인터넷 기능을 탑재하여 자체적으로 데이터를 수집하고, 이를 바탕으로 환경에 적응하며 자체적으로 프로그램화시켜 적절한 환경을 구축한다. 이에 인공지능이 탑재된 로봇이 호모 모빌리언스화되어 인간의 노동력을 대체하면서 우리의 영역을 차지하게 되는 것이다. 그리고 가상현실과 증강현실이라는 개념의 등장으로 우리가 현재 가진 대상과 환경이 무의미해지는 것이다. 이는 건축공간

건축의 형태는 시대를 반영한다

에 지대한 영향을 미칠 것이다. 예를 들어 e-북(e-book)과 같은 시스템의 정착으로 우리가 지금 소유하고 있는 책장이나 책이 무의미해지면서 이러한 가구나 물건은 우리의 공간에서 사라지게 될 것이다. 이는 곧 공간 현실에 대한 변화를 의미한다. 설계 또한 지금처럼 힘들여 작업하지 않고 원하는 데이터를 입력함으로써 많은 샘플 중에 선택하는 시대가 곧 올 것으로 여긴다. 이제는 데이터와 인간의 공동 작업을 통하여 이뤄지는 시대가 될 것이다.

전기의 발명과 산업현장의 변화

제4차 산업혁명이 우리에게 좋은 미래를 갖고 올 것이라는 기대는 하고 있지만 제4차 산업이 다가오는 속도가 우리가 이해하는 속도와 이를 준비하는 속도보다 빠를 것이 우려되는 점 중 하나다. 건축 설계도 이미 가상현실 속에서 진행되고 있고 시공도 3D프린터를 통하여 진행되고 있다. 실제로 달에 지을 건축물에 대한 공모전이 있었는데 폴란드, 독일 그리고 이탈리아의 합작품이 당선되었다. 이뿐만이 아니다. 달에 건축물을 짓기 위해 미국과 유럽이 공동으로 작업을 진행했는데 이에 영국의 건축가 노만 포스터가 주축이 되어 구체적인 구조뿐 아니라 설계안이 등장했다.

　달에 건축물을 짓는 작업에 있어서 1킬로그램당 약 2억 원이라는 비용이 소요됨에 따라 비용을 줄이는 방법으로 3D프린터를 통해 달에 있는 재료를 사용하여 건축물을 짓는 방법이 제안된 것이다.

달나라 건축계획안 〈루나 해비테이션〉

　　　　　　　　　　　　　건축의 형태는 시대를 반영한다

이렇게 제4차 산업혁명은 우리 사회를 빠르게 변화시키고 있다. 이제 우리도 지금의 작업 방법뿐 아니라 곧 다가올 미래의 공간에 대하여 준비해야 한다.

과거 독일에 산업혁명이 시작될 때 규격화의 필요를 주장한 헤르만 무테지우스와 예술의 자유를 주장한 앙리 반 데 벨데 가운데 논쟁이 벌어졌다. 독일은 결국 규격화를 선택하고 유럽의 다른 나라와 차별화를 시도함으로써 산업혁명의 늦은 출발에도 불구하고 당당하게 산업화를 일구었다. 지금 제4차 산업혁명에 있어서는 독일이 그 규격화를 바탕으로 선두에 있다.

건축은 사실 종합예술이라는 취지 아래 산업형태를 빠르게 받아들였고 이를 적용해 왔다. 하지만 그 변화들을 모든 사람이 받아들인 것은 아니었으며, 산업형태의 변화에 맞는 속도를 따라간 것은 아니었다. 그러나 지금 시작하는 산업혁명은 우리의 선택과는 무관하게 변화하고 있으며, 우리의 선택 또한 많지 않다는 것이다. 이러한 변화에 대한 선택은 온전히 우리의 몫이다.

사라짐은
새로운 변화이다

"오늘날 죽음이 없다면 죽음을 발명할 필요가 있다." 스티브 잡스가 죽음을 앞두고 한 말이다. 이렇게 그는 죽음을 인간에게 반드시 필요한 것으로 받아들였다. "죽음은 마지막 성장의 기회다." 프랑스의 루이 16세 처형 투표 때 나온 말이다. 죽음이 끝이라면 받아들인다는 의미 자체가 없으며 성장 또한 불필요한 것이다. 여기서 죽음은 물질적인 의미로 받아들일 수 있지만 그 이상의 단계를 내포하는 것인지도 모른다. 죽음을 사라진다는 의미로 보는 것도 이 내용과 같다.

역사를 정리해 보면 우연이라는 단어에 회의를 갖게 된다. 어떤 사건이 일어났을 때 그 시점에서 그 상황을 받아들이기 쉽지 않다. 특히 과거의 관습에 익숙해져 있는 경우에는 더 어렵다. 예기치 못한 사회문제나 사회제도의 변화가 요구되는 상황이 발생했을 때 이에 대응하는 부류는 두 가지로 분류된다. 과거의 관습에 익숙한 그룹은 변화를 거부하게 되고 익숙하지 않은 그룹은 이 변화를 새로운 희망으로 삼을 것이다(?). 그러나 이 두 그룹의 공통점은 새로운 것이 긍정적으로 나타나기를 바란다는 것이다.

사라진 자리에 새로운 것이 반드시 대체되는 것은 아니다. 즉 사라짐이 끝일 수도 있고 아니면 새로운 시작일 수도 있다. 사라짐과 죽음을 마지막 의미로만 본다면 이는 참으로 슬픈 일이며 감당하기 힘들 것이다. "밀알 하나가 땅에 떨어져 죽지 않으면 한 알 그대로 남아 있고 죽으면 많은 열매를 맺는다"(요한복음 12:24). 이 글귀처럼 죽음이 다른 결과를 가져올 수도 있는 것에 희망을 거는지도 모른다. 어떤 상황이 사라지는가 아니면 살아남는가 하는 문제는 언제나 산 자에게 결정권이 있다.

파리 북동쪽에 위치한 베르나르 추미의 라 빌레트 공원은 도살장이었으며 육류를 판매하던 큰 시장이었다. 죽음이 가득한 장소였고 많은 생명이 사라지던 곳이었다. 이 공원에는 25개의 붉은 색 조형물 및 건축물이 있는데 그중 폴리(folies)라는 조형물의 형태를 보면 바닥의 완전한 형태에서 중간 틀 모양 그리고 상부의 비워진 격자형으로 변화하는 3단계를 볼 수 있다. 이는 시간의 흐름을 나타내는 것으로 서서히 죽어가는 과거, 현재 그리고 미래의 의미를 담고 마지막에는 허공으로 사라지는 형태를 보이고 있다. 건축가 추미는 자신의 작품에 대하여 자신도 모르겠다는 듯 이곳의 이미지를 사라짐과 형태의 죽음으로 표현함으로써 추상적인 답변을 내놓았다.

연대기를 살펴보면 한 시대가 사라지면서 새로운 것이 등장하는데 고대, 중세, 근세 그리고 근대로 이어지면서 한 양식의 죽음은 곧 다른 양식이 탄생되는 것을 볼 수 있다. 사실 우리가 알고 있는 양식보다 더 많은 것들이 있었지만 기록이나 근거로 살아남은 것만 우리는 알고 있고 그 외의 것들은 전해지지 않고 있다. 이러한 것들은 시대 속에서 죽음을 맞이한 것이다. 마야 문명은 화려했지만 그들의 기록들은 사라졌다.

"살아남는 것은 가장 강한 종(種)이거나 가장 똑똑한 종들이 아니라, 변화에 가장 잘 적응하는 종들이다." 찰스 다윈의 말이다. 좋은 예로 역사 속으로 사라진 회사 코닥이 그렇다. 코닥은 필름 회사지만 디지털 카메라를 최초로 만든 회사이기도 하다. 1975년 코닥의 한 엔지니어가 디지털 카메라를 개발하지만 경영진들은 필름에 대한 미련을 버리지 못하고 "하던 일이나 잘하자"며 이를 외면한다. 결국 코닥은 변화에 적응하지 못하고 2012년 역사 속에서 사라진다. 즉 진정으로 사라져야 할 것을 판단하지 못하면 사라지지 말아야 할 것을 잃게 되는 것이다.

"살아야 할 때 죽는 것은 천벌이요, 죽어야 할 때 사는 것도 천벌이다." 이는 석가모니가 한 말로 살아야 할 것과 죽어야 할 것을 빠르게 인식하는 것도 능력이라는 뜻이다.

고딕 이전의 건축물들은 대 부분 필요 이상의 두꺼운 벽 두께를 갖고 있었다. 이러한 이유로 높은 건축물을 만들 수 없었는데 고딕은 하늘을 향하여 좀 더 높이 올라가려는 방법으로 벽의 무게를 줄이려고 머리부터 발끝까지 마치 문신을 새기듯 음각 벽을 만들고 얇아진 벽에 플라잉 버트레스라는 지지대를 만들어 건축물의 형태를 해골처럼 앙상하게 만든 것이다. 이에 익숙하지 않은 사람들은 고딕을 흉측하고 혐오스럽다

건축의 형태는 시대를 반영한다

며 로마의 형태를 다시 갖고 오는데 이를 르네상스라고 부른다. 고딕은 르네상스 때문에 흑역사의 대명사로 사라질 수도 있었지만 대문호 괴테의 경이로운 찬사로 200년 만에 죽음에서 부활한다. 이 후 고딕은 현대 건축에 미적인 부분뿐 아니라 구조에도 영향을 끼치게 되었다.

건축 양식은 크게 근대 이전과 이후 두 가지로 구분할 수 있다. 근대 이전은 조직화된 상류층의 움직임하에 이루어졌다면 이후는 후원제도가 무너지면서 개인적인 역량이 나타나는 시대였다. 탄생을 해야 죽음이 따르고 나타나야 사라짐이 있다. 근대 이후는 기술이 급속도로 발달하면서 이전보다 더 많은 양식이 쏟아져 나오는데 이는 더 많은 것들이 사라지고 있다는 의미도 있다. 즉 새로운 시도가 언제나 성공하지는 않지만 살아남은 것들이 미래를 앞당기는 데 지대한 영향을 주고 있는 것이다. 그중 하나가 바로 해체주의 양식이다. 이는 곧 우리 머릿속에 있는 고정관념을 해체한다는 의미로 모든 건축이 수직과 수평 그리고 읽히는 단순한 형태를 탈피하는 것으로 새로운 고딕의 해체가 일어나고 있는 것이다. 포스트모던의 선두 주자 찰스 젱스는 해체주의를 퇴폐적인 양식이라고 정의를 내렸지만 이는 후대가 결정할 문제이다.

스위스 건축가 기디온은 모든 현상에는 일시적 사실(유행)과 구성적 사실(양식)이 있다고 주장했다. 일시적 사실은 탄생했지만 점차 시간이 흐르면서 사라지거나 역사 속에서 죽음을 맞이한다. 그러나 구성적 사실은 살아남아 미래로 가는 또 하나의 징검다리 역할을 하는 것이다.

급변하는 제 4차 산업혁명시대인 요즘 우리는 변화보다 안정을 택한 코닥의 경우를 한 번쯤 생각해 보아야 할 것이다.

양식을 부정해도
양식이 아닌 것은 없다

르코르뷔지에는 양식이란 귀부인의 머리에 꽂힌 깃털과 같다고 했다. 이는 그렇게 중요하지 않다는 의미이다. 그런데 왜 양식을 알아야 하는가. 양식은 마치 수학 공식 같이 우리가 형태를 만들 때 필요한 공식 같은 것이기 때문이다. 모더니스트들은 양식처럼 틀에 박힌 규칙을 부정했다. 그런데 우리가 만드는 건축물의 형태는 어느 양식이든 한 부류에 속해 있는 것이 일반적이다. 반드시 양식이라는 규칙을 따라 건축 형태를 만들자는 의미가 아니라 기존의 양식을 알아야 양식을 만들 수 있고, 그 양식들에 속하지 않은 것을 만들 수 있다는 것이다. 모든 것은 양식이다.

모더니스트들이 양식을 부정한다고 해서 그들이 만든 것이 양식이 아닌 것은 없었다. 그들이 주장하는 국제양식도 양식이었다. 이 책은 내가

건축의 형태는 시대를 반영한다

디자인한 형태가 어떤 양식에 속하는지 속하지 않는지 알아간다는 데 의미가 있다. 모더니스트들에게 기준을 맞춘다면 양식의 파괴이지만 포스트모더니스트들에게 양식은 또 하나의 디자인이다. 피터 아이젠만이 디자인한 주전자를 놓고 포스트모더니스트들은 퇴폐적이라고 평가했다. 이렇게 자신이 추구하는 디자인 방법에 따라서 가치 기준을 다르게 정의할 수 있는 것이다.

중요한 것은 다양한 디자인이 도시에 있으면 도시민들에게는 그것이 선택권이 될 수 있고 다양한 취향을 위한 배경이 된다는 것이다. 파시스트 건축 디자인이 주목을 받지 못한 이유는 바로 일방적이고 순수하지 못했기 때문이다. 국가가 주도하고 권력이 주도했던 방식들은 오래가지 못했다. 디자인의 생명은 다양함에 있다. 고대, 중세 근세 그리고 근대라는 시기를 거치면서 다양한 디자인이 등장하는 것은 그 디자인들이 가치가 없거나 부족한 것이 아니라 우리가 다양한 예술적인 감각을 갖고 있다는 의미에 더 가깝다.

건축물은 시대를 반영한다. 이 시대라는 것은 마치 바퀴와 같아서 다양한 형태를 생산해 낸다. 바퀴가 하나라면 속도가 더 빨라질지는 몰라도 이는 늘 불안하고 획일적인 주장으로 끝날 것이다. 앞뒤로 놓인 바퀴는 종속적인 관계가 성립될 수 있지만 좌우로 있는 바퀴는 안정되고 경쟁적이며 더 좋은 것을 생산하는 데 장점이 될 수도 있다는 생각이다. 양식이라는 것은 바로 이러한 성격을 지닌 것으로 반드시 어떤 양식에 속하는 형태를 만들어야 하는 것은 아니다. 그러나 자신이 만든 형태가 어떤 성격을 가졌는지 분석한다면 더 심도 있는 형태를 개발할 수 있을 것이다.

전문가들의 공통점이란 자신만의 스타일이 있다는 것이다. 이 스타일은 바로 자신만의 양식이다. 우리가 알고 있는 훌륭한 건축가들은 이름을 먼저 알린 것이 아니라 그의 양식을 먼저 알린 것이며, 우리는 그의 이름을 기억하는 것이다. 그리고 그 건축가의 이름을 떠올릴 때 그의 얼굴은 몰라도 그의 양식을 떠올리게 되는 것이다. 예를 들면 데 스틸, 아르누보, 아방가르드 그리고 아르데코 같은 것들이다.

놀라운 것은 초보자들의 작품을 보아도 그들의 작품이 하나의 양식 범주에 반드시 속한다는 것이다. 그런데 그들은 자신이 만든 것이 어느 양식에 속하는지 모르고 있는 경우가 많다. 전문가의 두 번째 덕목은 바로 언행일치이다. 자신의 작품이 어느 양식의 범주에 속하게 되는지가 중요한 것이 아니라 자신이 어떤 것을 만들지 계획하고 그대로 표현하는 것이 중요하다. 즉 훌륭한 작품과 훌륭하지 않은 작품은 없고 표현을 잘한 작품과 잘하지 못한 작품만이 있을 뿐이다. 의도한 것은 언(言)이고 작품은 행(行)이다. 이 두 가지가 맞아 떨어져야 전문가, 즉 프로이다.

아마추어가 작품마다 다른 표현을 담는 것은 아직 자신의 스타일이 없다는 것이다. 그렇다고 유명한 건축가들이 하나의 스타일을 지속적으로 추구하는 것은 아니다. 르코르뷔지에는 자신의 작품 스타일을 세 번에 걸쳐 진화시켜 나갔다. 이는 르코르뷔지에뿐이 아니었다. 작품 스타일이 중요한 것이 아니라 작품에 자신의 표현을 확고히 설명하고 있는지가 중요한 것이다.

건축의 형태는 시대를 반영한다

어떤 건축가는 작품과 설명이 다르기도 하며, 특히 아마추어는 설명이 너무 추상적인 경우가 있다. 이는 옳지 않은 것이다. 스토리는 구체적이어야 한다. 그 구체적인 내용을 통해 깨달음을 얻을 수 있기 때문이다. 역사적 배경이 없는 지식은 마치 뿌리가 없는 나무와 같다.

이 책은 어떤 양식을 쫓으라는 것이 아니라 양식을 알고 건축 형태를 디자인한다면 훨씬 다양하고 새로운 시도가 가능하다는 것을 말하기 위해 쓴 것이다. 최소한 자신이 한 작업이 어디에 속하는지, 아니면 어디에 속하려고 하는지 알아야 하며 어떻게 다른 것을 시도해야 하는지, 아니면 어떻게 시도해야 다른 것인지를 알게 하는 데 그 목적이 있다.

고대의 서막이 열리다

032쪽 위) ©Iashtial /Shutterstock.com 아래) ©Alexandra Lande / Shutterstock.com

035쪽 ©EQRoy / Shutterstock.com

038쪽 ©Mali lucky / Shutterstock.com

041쪽 왼쪽 아래) ©wikipedia

053쪽 아래) ©H-AB Photography / Shutterstock.com

중세, 비잔틴 문화가 시작되다

087쪽 ©wikimedia

르네상스, 근세의 출발선에 서다

121쪽 ©wikimedia

123쪽 오른쪽) ©wikimedia

124쪽 ©wikimedia

127쪽 ©Renata Sedmakova / Shutterstock.com

135쪽 ©academic-accelerator.com

136쪽 ©marcobrivio.photography / Shutterstock.com

139쪽 ©PhotoFires / Shutterstock.com

143쪽 위) ©Renata Sedmakova / Shutterstock.com 아래) ©wikimedia

144쪽 ©wikimedia

151쪽 ©essevu / Shutterstock.com

155쪽 ©Mistervlad / Shutterstock.com

157쪽 ©wikimedia

158쪽 ©fukez84 / Shutterstock.com 아래) ©www.yonsei.ac.kr

166쪽 ©wikipedia

167쪽 ©wikipedia

171쪽 위) ©MagSpace / Shutterstock.com
아래) ©marcobrivio.photography / Shutterstock.com

178쪽 ©wikipedia

건축의 형태는 시대를 반영한다

근대, 제2의 건축 형태가 시작되다

현대, 새로운 시대를 기대하다